Minha
história
das
mulheres

MICHELLE PERROT

Minha história *das* mulheres

Angela M. S. Corrêa
Tradução

Copyright© Editions du Seuil, 2006
Todos os direitos desta edição reservados à
Editora Contexto (Editora Pinsky Ltda.)

Imagem de capa
Claude Monet, "Mulher com sombrinha –
Madame Monet e seu filho", 1875. (Óleo sobre tela)

Capa e diagramação
Gustavo S. Vilas Boas

Revisão técnica
Carla Bassanezi Pinsky

Revisão
Lilian Aquino
Ruth M. Kluska

Dados Internacionais de Catalogação na Publicação (CIP)
(Câmara Brasileira do Livro, SP, Brasil)

Perrot, Michelle
　Minha história das mulheres / Michelle Perrot;
[tradução Angela M. S. Côrrea]. – 2. ed., 6ª reimpressão. –
São Paulo : Contexto, 2019.

Título original: *Mon* histoire des femmes
Bibliografia.
ISBN 978-85-7244-348-7

1. Mulheres – Condições sociais 2. Mulheres – História
I. Título.

06-8329   CDD-305.409

Índice para catálogo sistemático:
1. Mulheres : História   305.409

2019

Editora Contexto
Diretor editorial: *Jaime Pinsky*

Rua Dr. José Elias, 520 – Alto da Lapa
05083-030 – São Paulo – SP
PABX: (11) 3832 5838
contexto@editoracontexto.com.br
www.editoracontexto.com.br

Proibida a reprodução total ou parcial.
Os infratores serão processados na forma da lei.

Sumário

Apresentação 9
Carla Bassanezi Pinsky

Escrever a história das mulheres 13
    Itinerário 13
        O silêncio rompido 16
            A invisibilidade 16
            Nascimento de uma história das mulheres 19
        As mulheres representadas: discursos e imagens 21
            A torrente dos discursos 22
            A avalanche das imagens 24
         Fontes: as mulheres nos arquivos 25
         Vozes de mulheres nas bibliotecas 31
            Da imprensa e das mulheres 33
            Dos lugares para a história das mulheres 36

O corpo 41
    As idades da vida de uma mulher 41
    As aparências: os cabelos das mulheres 49
        Os cabelos, entre selvageria e identidade 51
        Diferença dos sexos e pilosidade:
        a barba e os cabelos 52

      *Os cabelos, exibição e símbolo
      da feminilidade: representações e imagens*.................54
      *Esconder os cabelos das mulheres:
      a longa história do véu* 56
      *Cobrir, enfeitar ou pentear os cabelos:
      instrumento de sedução*..58
      *Cortar os cabelos: sinal de emancipação.
      Os Anos Loucos, de 1920 a 1930* 59
      Tosquiar as mulheres..61

   O sexo das mulheres..62

   A maternidade..68

   Corpos subjugados...76

A alma 83

   Mulheres e religião..83

   Hereges e feiticeiras...87

   O acesso ao saber 91
      A proibição de saber 91
      As mudanças contemporâneas..94

   Mulheres e criação: escrever...96

   A vida de artista 101

O trabalho das mulheres...109

   As camponesas 109
      Vida cotidiana..111
      Mudanças na vida dos campos e das mulheres 113

   O trabalho doméstico..114
      A dona de casa dos meios operários..................................115
      A dona de casa burguesa 116
      Empregadas domésticas..117
      O trabalho doméstico mudou?...118

   Operárias 119
      Nas fábricas...119
      Operárias da costura..121

As novas profissões do setor terciário:
vendedoras, secretárias,
enfermeiras, professoras primárias..................................123
    Vendedoras, secretárias,
    enfermeiras e outras...124
    Professoras..126
Atrizes 128

Mulheres na Cidade..135
    Mulheres em movimento: migrações e viagens....135
    As mulheres no tempo da história 141
    As formas da ação coletiva 146
        A política: a Cidade proibida........................151
    Feminismos..153

E agora?..165

Bibliografia..171

Livros disponíveis em português 189

A autora...191

Apresentação

Carla Bassanezi Pinsky

A historiadora Michelle Perrot é uma das mais importantes pesquisadoras da história das mulheres. Mundialmente conhecida, tem vários livros publicados e traduzidos em diversos países e línguas, inclusive no Brasil, onde conquistou muitos admiradores. Mas nenhum outro livro seu é tão acessível e tão instigante quanto este.

Minha história das mulheres nasceu de um programa de rádio que fez enorme sucesso na França. Transmitida pela Rádio France Culture na voz da própria historiadora, a série radiofônica sintetizou, "traduziu" e divulgou com clareza e entusiasmo, para um público de não especialistas, o conteúdo de mais de trinta anos de pesquisas e reflexões acadêmicas sobre as mulheres, alcançando uma audiência extraordinária. Publicada em livro, ganhou nas páginas da imprensa francesa elogios como: "texto apaixonante", "bela ideia", "resumo inteligente da história das mulheres", "sensível e pessoal como uma boa conversa ao pé do fogo". Agora, por meio da louvável iniciativa da Editora Contexto, a obra chega aos leitores brasileiros.

Ao denominá-la *Minha história das mulheres*, Michelle Perrot toma a liberdade de dar uma visão pessoal a respeito de um tema que estuda há muitos anos; ao mesmo tempo mostra como essa história é de todas as mulheres, de todos nós, na verdade, já que fala também da relação com os homens, da sexualidade, da família, das crianças, das representações de masculino e feminino, das classes sociais, do poder, da sociedade. Para essa historiadora séria e competente, destacar as mulheres significa verificar que elas têm uma história, da qual são também sujeito ativo. Significa também, sem nenhuma contradição, engajar-se como militante no projeto de emancipação das mulheres. O eixo central dessa história *à la Perrot* é o processo da crescente visibilidade das mulheres em seus combates e suas conquistas nos espaços público e privado. Algo que ainda não terminou, luta em curso, narrativa histórica em construção.

Minha história das mulheres divide-se em cinco capítulos temáticos.

O primeiro capítulo aborda o significado de *escrever a história das mulheres*, quando elas mesmas, mergulhadas em silêncios impostos e sufocadas por imagens distorcidas, por muito tempo desprezaram a importância de sua história. Convém lembrar que a própria Michelle Perrot, além de artífice desta história escrita, foi testemunha ocular e participante pioneira de seu desenvolvimento nas universidades, com a colaboração dos movimentos femininos, desde meados do século XX até esse nosso início de XXI, o que torna seu relato ainda mais interessante.

Em seguida trata do *corpo*, como algo que tem historicidade – "física, estética, política, ideal e material" –, desconstruindo as idades da vida, as aparências (com destaque para os cabelos, evidências nítidas dos códigos sociais envolvidos nas construções do feminino), o sexo, a maternidade e a submissão (repressões, estupros coletivos e "institucionalizados", prostituição, assédio sexual, violência doméstica).

A *alma* vem depois – a religião, a cultura, a educação, o acesso ao saber, a criação – trazendo à tona hereges, santas e feiticeiras, leitoras e escritoras, artistas, sábias e criadoras.

Em "O trabalho das mulheres", vislumbramos o cotidiano das camponesas, os afazeres e protestos das donas de casa, as condições de vida das criadas e empregadas domésticas, as dificuldades e conquistas das operárias, a trajetória das professoras, o desempenho das vendedoras, a performance das atrizes.

Finalmente, em "Mulheres na Cidade", migramos com desesperadas fugitivas ou esperançosas trabalhadoras, militantes e exiladas. Viajamos com missionárias, cientistas e aventureiras. Atravessamos fronteiras da história, redefinindo cronologias em função da especificidade da experiência histórica feminina. Em seguida, invadimos a "Cidade proibida" por meio de todas as formas de ação coletiva adotadas pelas mulheres na luta por direitos civis, políticos, sociais, com destaque para o acesso à contracepção, a liberdade sexual, o combate à violência de gênero de todo tipo, incluindo as abomináveis mutilações genitais ainda praticadas por grupos fundamentalistas.

Apresentação

A abordagem sensível de Michelle Perrot casa-se muito bem com o volume imenso de informações devidamente embasadas que seu livro disponibiliza aos leitores, brindados com o privilégio de enxergar passado e presente com muita clareza, por meio de exemplos concretos, descrições detalhadas, paralelos com situações contemporâneas, análises, inferências e comentários corajosos.

Em certos momentos, a identificação do leitor com personagens que desfilam em suas páginas é inevitável. Chegamos a dar as mãos às feministas em suas passeatas, sentir o ar abafado que respiravam as operárias das indústrias têxteis, vibrar com a conquista da liberdade dos cabelos descobertos e curtos, *à la garçonne*.

Minha *história das mulheres* faz valer o dito de que toda história é história contemporânea: tem um compromisso com o presente, ou seja, interroga o passado tomando como referência questões que fazem parte de nossa vida, como a existência de desigualdades de gênero, os significados das aparências, as manifestações da sexualidade, a luta por direitos, o papel da família, do Estado e das religiões no cotidiano das pessoas, as dificuldades e possibilidades de acesso à cultura, entre outras.

No século XVIII ainda se discutia se as mulheres eram seres humanos como os homens ou se estavam mais próximas dos animais irracionais. Elas tiveram que esperar até o final do XIX para ver reconhecido seu direito à educação e muito mais tempo para ingressar nas universidades. No século XX, descobriu-se que as mulheres têm uma história e, algum tempo depois, que podem conscientemente tentar tomá-la nas mãos, com seus movimentos e reivindicações. Também ficou claro, finalmente, que a história das mulheres podia ser escrita. Hoje já é uma área acadêmica consolidada.

O momento, agora, é de fazer com que um público mais amplo tenha acesso às descobertas dos historiadores. A história precisa sair das universidades e ganhar as ruas. A história das mulheres deve ser discutida nos salões de beleza, nos almoços de família, nas mesas de bar, nos ambientes de trabalho; deve estar presente nas escolas, nas TVs e rádios brasileiras, no judiciário e no legislativo, assim como na elaboração de políticas públicas.

Um país que ainda convive com a exploração sexual, as desigualdades salariais entre homens e mulheres, a discriminação e a violência contra a mulher, os atrasos em conquistas históricas de cidadania já garantidas em muitos países (como educação e saúde de qualidade, acesso fácil aos métodos anticoncepcionais, direito ao aborto) e os problemas sociais, como a pobreza, o descaso das autoridades para com os idosos e a infância, tão imbricados nas questões de gênero, tem muito a ganhar buscando respostas na história.

Escrever a história das mulheres

Itinerário

primeira história que gostaria de contar é a história das mulheres. Hoje em dia ela soa evidente. Uma história "sem as mulheres" parece impossível. Entretanto, isso não existia. Pelo menos no sentido coletivo do termo: não se trata de biografias, de vidas de mulheres específicas, mas das mulheres em seu conjunto, abrangendo um longo período – o que é relativamente recente, pois tem mais ou menos trinta anos. Por que isso? Por que esse silêncio? E como foi quebrado?

Dessa história, eu, assim como muitas outras mulheres, fui testemunha e atriz. Por isso, gostaria de contar minha experiência, porque, sob certos aspectos, ela é significativa da passagem do silêncio à palavra e da mudança de um olhar que, justamente, faz a história ou, pelo menos, faz emergir novos objetos no relato que constitui a história, a relação incessantemente renovada entre o passado e o presente.

A história das mulheres e mesmo as próprias mulheres não eram meu interesse inicial. Adolescente, o que eu queria era ter acesso ao mundo dos homens, o mundo do saber, do trabalho e da profissão. Minha família não opunha obstáculos. Meus pais eram francamente igualitários, feministas sem teoria, e me incentivavam em meus estudos e em minhas ambições. Na universidade do pós-guerra, nos anos 1950, na Sorbonne, os professores eram todos homens. Mas as estudantes eram cada vez mais numerosas, embora muitas abandonassem o curso; eu, particularmente, não sofri nenhuma discriminação. Quando, em 1949, foi publicado *Le deuxième sexe*,* de Simone de Beauvoir, foi um escândalo. Sempre tomei partido em favor dela. Mas a leitura parcial que fiz, na época, não me afetou muito. Só mais tarde pude perceber a riqueza daquele livro.

O econômico e o social dominavam aquele período austero da Reconstrução, tanto no horizonte da sociedade quanto no da história. Discutíamos o comunismo, o marxismo, o existencialismo. A classe operária nos parecia a chave de nosso destino e do destino do mundo, e também "a mais numerosa e a mais pobre", como dizia o conde de Saint-Simon, símbolo de todas as opressões, vítima gloriosa de uma intolerável injustiça.

Escrever a história da classe operária era uma maneira de unir-me a ela. Na Sorbonne, era Ernest Labrousse – que dividia com Fernand Braudel a reputação de grande historiador – quem desenvolvia essa história. Sob sua orientação, redigi uma tese sobre os "operários em greve", na qual as mulheres ocuparam apenas um capítulo. Ao contrário das rebeliões para o abastecimento de víveres, os chamados *motins por alimentos*, comandadas por mulheres, a greve, no século XIX, era um ato viril. Tal dissimetria chamou minha atenção, bem como a derrisão com que as mulheres eram tratadas. Entretanto, não me detive muito nessa questão. Eu era muito mais sensível aos problemas enfrentados pelos trabalhadores menos qualificados ou pelos estrangeiros. Mais sensível à xenofobia do que ao sexismo operário.

A história das mulheres despertou meu interesse nos anos 1970, na esteira dos acontecimentos de maio de 1968 e do movimento das mulheres, com o qual convivi em pleno auge na Sorbonne, onde eu era assistente, e depois na Universidade de Paris VII – Jussieu, que, por ser nova, era aberta a inovações de todos os tipos. Certamente não foi uma iluminação súbita. Em vinte anos, as coisas tinham mudado, e eu também. Engajada no movimento das mulheres, desejava conhecer sua história e trabalhar nela, visto que esta ou não existia ou era escassa. Havia uma demanda real a esse respeito. Quando me tornei titular, após meu doutorado, pude tomar iniciativas. Em

---
* N. E.: Os livros traduzidos em português presentes na bibliografia encontram-se listados na p. 189.

1973, com Pauline Schmitt e Fabienne Bock, oferecemos um primeiro curso, que tinha por título "As mulheres têm uma história?", o que revela nossas incertezas e traduz nosso acanhamento. Não estávamos certas de que as mulheres tivessem uma história, ainda mais pelo fato de que o estruturalismo de Claude Lévi-Strauss insistia no papel da mulher na reprodução e no parentesco: "Troca de bens, troca de mulheres". Não sabíamos como ensiná-la. Não tínhamos nem material nem métodos. Apenas interrogações. Recorremos a sociólogos, mais avançados do que nós,[1] e a nossos colegas historiadores,[2] levantando a questão das mulheres na história que eles haviam pesquisado. O curso foi um sucesso. O movimento estava lançado. Daí em diante nada o deteria. E aqui interrompo a evocação de uma historiografia cuja trajetória e resultados apreciaremos na sequência deste relato.

O itinerário que percorri, de uma descoberta, de um advento, inscreve-se num movimento coletivo. Para só falar do plano universitário, assinalo as iniciativas idênticas e paralelas levadas a efeito em Aix-en-Provence,[3] em Toulouse,[4] em Paris-VIII,[5] em Lyon (no âmbito da psicologia social) etc. O movimento era bem anterior e bem mais intenso em outros países: nos Estados Unidos, na Grã-Bretanha, o papel dos *Women's Studies* era precursor[6] e nós o acompanhávamos com muito interesse. Desenvolveu-se rapidamente, com variantes, na Holanda, na Alemanha (em torno da Universidade de Bielefeld e da Universidade livre de Berlim), na Itália, onde teve uma originalidade e uma vitalidade notáveis, mais tarde um pouco na Espanha, em Portugal etc. Em resumo, foi e é um movimento mundial, hoje particularmente ativo em Quebec, na América Latina (principalmente no Brasil), na Índia, no Japão... O desenvolvimento da história das mulheres acompanha em surdina o "movimento" das mulheres em direção à emancipação e à liberação. Trata-se da tradução e do efeito de uma tomada de consciência ainda mais vasta: a da dimensão sexuada da sociedade e da história.

Em trinta anos várias gerações intelectuais se sucederam, as quais produziram com as teses, os livros, uma acumulação que já não é mais "primitiva". Existe hoje uma revista: *Clio: Histoire, femmes et sociétés*; há também associações,[7] vários colóquios e obras de síntese. Em Blois, os *Rendez-vous de l'histoire* (2004) fizeram muito sucesso com o tema "As mulheres na história".

A história das mulheres mudou. Em seus objetos, em seus pontos de vista. Partiu de uma história do corpo e dos papéis desempenhados na vida privada para chegar a uma história das mulheres no espaço público da cidade, do trabalho, da política, da guerra, da criação. Partiu de uma história das mulheres vítimas para chegar a uma história das mulheres ativas, nas múltiplas interações que provocam a mudança. Partiu de uma história das mulheres para tornar-se mais especificamente uma história do gênero, que insiste nas relações entre os sexos e integra a masculinidade. Alargou suas perspectivas espaciais, religiosas, culturais.

É isso o que gostaria de trazer a público. Da maneira mais aberta possível. Pois essa história das mulheres não é "minha" história das mulheres. O possessivo não implica nenhuma propriedade.

Sem pretender a uma exaustividade, gostaria de desfiar os fios dessa imensa tela. Em torno de alguns temas: "O silêncio e as fontes"; "O corpo"; "A alma"; "Trabalho e criação"; "Mulheres na Cidade". Com exemplos, pessoas, histórias, escolhidos num espaço-tempo o mais vasto possível. Apesar de tudo, pela força das coisas, e por força dos limites de minha competência, serão tomados da história da França e do Ocidente contemporâneos.

Em filigrana, pergunta-se: o que mudou nas relações entre os sexos, na diferença dos sexos representada e vivida? Como e por quê? E com quais efeitos?

O silêncio rompido

Escrever a história das mulheres é sair do silêncio em que elas estavam confinadas. Mas por que esse silêncio? Ou antes: será que as mulheres têm uma história?

A questão parece estranha. "Tudo é história", dizia George Sand, como mais tarde Marguerite Yourcenar: "Tudo é história". Por que as mulheres não pertenceriam à história? Tudo depende do sentido que se dê à palavra "história". A história é o que acontece, a sequência dos fatos, das mudanças, das revoluções, das acumulações que tecem o devir das sociedades. Mas é também o *relato* que se faz de tudo isso. Os ingleses distinguem *story* e *history*. As mulheres ficaram muito tempo fora desse relato, como se, destinadas à obscuridade de uma inenarrável reprodução, estivessem fora do tempo, ou pelo menos, fora do acontecimento. Confinadas no silêncio de um mar abissal.

Nesse silêncio profundo, é claro que as mulheres não estão sozinhas. Ele envolve o continente perdido das vidas submersas no esquecimento no qual se anula a massa da humanidade. Mas é sobre elas que o silêncio pesa mais. E isso por várias razões.

A invisibilidade

Em primeiro lugar, porque as mulheres são menos vistas no espaço público, o único que, por muito tempo, merecia interesse e relato. Elas atuam em família, confinadas em casa, ou no que serve de casa. São invisíveis. Em muitas sociedades, a invisibilidade e o silêncio das mulheres fazem parte da ordem das coisas. É a garantia de uma cidade tranquila. Sua aparição em grupo causa medo. Entre os gregos, é a *stasis*, a desordem.[8] Sua fala em público é indecente. "Que a mulher conserve o silêncio, diz o apóstolo Paulo. Porque primeiro foi formado Adão, depois Eva. E não foi Adão que foi seduzido, mas a mulher que, seduzida, caiu em transgressão."[9] Elas devem pagar por sua falta num silêncio eterno.

Até mesmo o corpo das mulheres amedronta. É preferível que esteja coberto de véus. Os homens são indivíduos, pessoas, trazem sobrenomes que são transmitidos. Alguns são "grandes", "grandes homens". As mulheres não têm sobrenome, têm apenas um nome. Aparecem sem nitidez, na penumbra dos grupos obscuros. "As mulheres e as crianças", "primeiro", ou ao lado, ou para fora, dependendo do caso: a expressão clássica traduz essa globalização. No começo de *Tristes tropiques,* Claude Lévi-Strauss descreve uma aldeia depois da partida dos homens para caçar: não havia mais ninguém, diz ele, exceto as mulheres e as crianças.

Porque são pouco vistas, pouco se fala delas. E esta é uma segunda razão de silêncio: *o silêncio das fontes.* As mulheres deixam poucos vestígios diretos, escritos ou materiais. Seu acesso à escrita foi tardio. Suas produções domésticas são rapidamente consumidas, ou mais facilmente dispersas. São elas mesmas que destroem, apagam esses vestígios porque os julgam sem interesse. Afinal, elas são apenas mulheres, cuja vida não conta muito. Existe até um pudor feminino que se estende à memória. Uma desvalorização das mulheres por si mesmas. Um silêncio consubstancial à noção de honra.

Quanto aos observadores, ou aos cronistas, em sua grande maioria masculinos, a atenção que dispensam às mulheres é reduzida ou ditada por estereótipos. É claro que falam das mulheres, mas generalizando. "As mulheres são...", "A mulher é...". A prolixidade do discurso sobre as mulheres contrasta com a ausência de informações precisas e circunstanciadas. O mesmo ocorre com as imagens. Produzidas pelos homens, elas nos dizem mais sobre os sonhos ou os medos dos artistas do que sobre as mulheres reais. As mulheres são imaginadas, representadas, em vez de serem descritas ou contadas. Eis aí outra razão para o silêncio e a obscuridade: a dissimetria sexual das fontes, variável e desigual segundo as épocas, da qual voltaremos a falar mais adiante.

Mas *o silêncio mais profundo é o do relato.* O relato da história constituído pelos primeiros historiadores gregos ou romanos diz respeito ao espaço público: as guerras, os reinados, os homens "ilustres", ou então os "homens públicos". O mesmo ocorre com as crônicas medievais e as vidas de santos: fala-se mais de santos do que de santas. Além disso, os santos agem, evangelizam, viajam. As mulheres preservam sua virgindade e rezam. Ou alcançam a glória do martírio, que é uma honra suntuosa.

As rainhas merovíngias, tão cruéis, as damas galantes do Renascimento, as cortesãs de todas as épocas fazem sonhar. É preciso ser piedosa ou escandalosa para existir.

No século XVIII e principalmente no XIX, a história torna-se mais científica e profissional. Daria um espaço maior para as mulheres e para as relações entre os sexos? Apenas um pouco maior. Michelet fala das mulheres na história da França: a terrível regência de Catarina de Médici mostra os inconvenientes das mulheres no poder. A Noite de São Bartolomeu seria, a seus olhos, uma consequência da transgressão dos gêneros. Isso, em contraste com o movimento das mulheres do Mercado (*La Halle*), a 5 e 6 de outubro de 1789, que ilustra seu papel positivo quando se assumem como mães e donas de casa.[10] Sua visão da história é muito influenciada pela representação do papel dos sexos. Ele valoriza a "mulher do povo", pois "não há nada mais povo do que a mulher", diz. E é assim que as mulheres aparecem nos manuais escolares da Terceira República. Com exceção de Joana d'Arc, única verdadeira heroína na França, esses manuais falam muito pouco das mulheres.[11]

A principal novidade é trazida por autoras estudadas por uma jovem historiadora, Isabelle Ernot.[12] São elas Louise de Kéralio, autora dos *Crimes des reines de France* (1791), Laure d'Abrantès, Hortense Allart, Mme. de Renneville, mulheres, em sua maioria, de origem aristocrática que tentam ganhar a vida escrevendo. No século XIX, são cada vez mais numerosas, escrevendo biografias de mulheres: rainhas, santas, cortesãs, "mulheres excepcionais", cujo destino atravessa a noite das mulheres. Branca de Castela, Jeanne d'Albret, Mme. de Maintenon e, principalmente, Maria Antonieta, "flagelo e sanguessuga dos franceses" para umas, rainha infeliz para outras, que tentam reabilitá-la, e a quem Olympe de Gouges havia dedicado a *Declaração dos direitos da mulher e da cidadã*, são as que despertam a sua atenção. Mas notam-se também algumas tentativas de captar a evolução da condição das mulheres com uma abrangência maior. Assim, Olympe Audouard publica *Gynécologie. La femme depuis six mille ans* (1873), em que questiona o papel do cristianismo nessa evolução. Isso indica um interesse pelo tema que se afirma mais intensamente no Segundo Império, clerical e conservador, como um desafio ao clericalismo de Monsenhor Dupanloup e à misoginia de Pierre-Joseph Proudhon.

Entre as duas guerras, as mulheres têm acesso à universidade. E várias delas manifestam interesse pela história das mulheres, principalmente pela do feminismo: Marguerite Thibert ou Edith Thomas,[13] por exemplo. Mas continuam marginais com relação à revolução historiográfica trazida pela escola dos *Annales* – como é chamado o núcleo constituído por Marc Bloch e Lucien Febvre em torno da revista *Annales*.

Bastante inovadora, essa escola rompeu com uma visão da história dominada pelo exclusivismo político. Mas o econômico e o social permaneceram como suas prioridades: seus pesquisadores não cogitavam da diferença dos sexos, que, para eles, não constituía uma categoria de análise. Entretanto, Lucien Febvre publicou um brilhante ensaio sobre Margarida de Navarra: *Amour sacré, amour profane: autour de l'Heptaméron* (1944), que esboça uma história do sentimento amoroso e mesmo do ato de violentar: veleidade que não teve prosseguimento com a segunda geração dos *Annales*, a de Ernest Labrousse e de Fernand Braudel.

Como foi que as coisas mudaram? Como é que nasceu uma "história das mulheres", na qual estas se tornaram matéria-prima, sendo ao mesmo tempo sujeitos e objetos do relato?

Nascimento de uma história das mulheres

O advento da história das mulheres[14] deu-se na Grã-Bretanha e nos Estados Unidos nos anos 1960 e na França uma década depois. Diferentes fatores imbricados – científicos, sociológicos, políticos – concorreram para a emergência do objeto "mulher", nas ciências humanas em geral e na história em particular. Faço aqui uma breve evocação.

Fatores científicos: por volta dos anos 1970, dá-se uma renovação das questões, ligada à crise dos sistemas de pensamento (marxismo, estruturalismo), à modificação das alianças disciplinares e à proeminência da subjetividade. A história alia-se à antropologia e redescobre a família, cuja demografia histórica, em plena expansão, serve de medida a todas as dimensões. Através da natalidade, da nupcialidade, da idade ao contrair núpcias, da mortalidade, a história apreendia, sem, no entanto, deter-se nisso, a dimensão sexuada dos comportamentos. Incidentalmente, colocava a questão das mulheres como sujeitos. A trajetória de um Georges Duby, que chegou à história das mulheres pela via da antropologia, ilustra esse percurso. Depois de ter investigado o funcionamento do casamento feudal no século XII, no livro *Le Chevalier, la Femme et le Prêtre*,[15] ele se pergunta: "Mas as mulheres? O que se sabe sobre elas?", questões que a partir de então serão centrais em sua pesquisa.

Pelo viés da família imiscuíam-se novos personagens: as crianças, os jovens; outros questionamentos: as idades da vida, a dimensão da vida privada, à qual Philippe Ariès e Georges Duby dedicaram uma série de fôlego,[16] na qual as mulheres estavam necessariamente presentes. Depois da história da loucura, Michel Foucault dedicou-se à da sexualidade,[17] na qual pretendia incluir um volume sobre "a mulher histérica". A Nova História (como é chamada a terceira geração dos *Annales*) multiplicava os objetos numa "vertigem das florescências",[18] não raro taxada de "esmigalhada", mas que, com certeza, era favorável à inovação. O clima intelectual muda. A maneira de escrever a história também.

Existem *fatores sociológicos*: entre eles, a presença das mulheres na universidade. Como estudantes: elas representam quase um terço das matrículas nos anos 1970. Como docentes: depois de terem sido "indesejáveis" por muito tempo, elas conquistam o seu espaço depois da Segunda Guerra Mundial e constituem atualmente quase um terço dos professores efetivados. Essa feminização podia ser o fermento de uma demanda renovada, ou pelo menos de uma escuta favorável.

Os *fatores políticos*, no sentido amplo do termo, foram decisivos. O movimento de liberação das mulheres, desenvolvido a partir dos anos 1970,[19] não visava de início à universidade e suas motivações não incluíam a história: contava com o apoio de mulheres intelectuais, leitoras de Simone de Beauvoir, que acreditavam que tudo estava resolvido no livro *Le Deuxième sexe*. Esse movimento teve consequências no saber, de duas diferentes maneiras, pelo menos. De início, em busca de ancestrais e de legitimidade, por seu desejo de encontrar vestígios e torná-los visíveis, começou um "trabalho de memória" que continua a desenvolver-se desde então no seio da sociedade em seu conjunto. A longo prazo, esse movimento teve ambições mais teóricas. Pretendia criticar os saberes constituídos, que se davam como universais a despeito de seu caráter predominantemente masculino. Houve, nos anos 1970-1980 uma vontade de "corte epistemológico" que afetou principalmente as ciências sociais e humanas, mas que chegou a tocar o domínio da matemática.[20]

Assim nasceu o desejo de um outro relato, de uma outra história.

As mulheres representadas: discursos e imagens

Para escrever a história, são necessárias fontes, documentos, vestígios. E isso é uma dificuldade quando se trata da história das mulheres. Sua presença é frequentemente apagada, seus vestígios, desfeitos, seus arquivos, destruídos. Há um déficit, uma falta de vestígios.

Inicialmente, por ausência de registro. Na própria língua. A gramática contribui para isso. Quando há mistura de gêneros, usa-se o masculino plural: *eles* dissimula *elas*. No caso de greves mistas, por exemplo, ignora-se quase sempre o número de mulheres.

As estatísticas quase sempre são assexuadas. Principalmente no domínio econômico, nas estatísticas industriais ou naquelas do trabalho. A sexuação das estatísticas é relativamente recente, tendo sido demandada por sociólogas do trabalho feministas. Não é necessário conhecer para analisar? Há atualmente problemas análogos quanto às origens étnicas, cuja identificação causa graves divisões entre os demógrafos.

Pelo casamento, as mulheres perdiam seu sobrenome, o que ocorria na França, mas não somente aí. É bastante difícil, e mesmo impossível, reconstituir linhagens femininas. A pesquisa demográfica chamada TRA, iniciada por Jacques Dupâquier, que estabeleceu a genealogia das famílias cujo patronímico começa por *Tra*, para estudar os fenômenos de mobilidade social, desistiu de incluir as mulheres por conta disso. O "recuo" do casamento, a possibilidade de escolher seu patronímico, tanto quanto aquele que se lega aos filhos, provavelmente complicarão o trabalho futuro dos demógrafos e dos genealogistas. Essa revolução do nome é rica em sentidos.

De maneira geral, quando as mulheres aparecem no espaço público, os observadores ficam desconcertados; eles as veem em massa ou em grupo, o que, aliás, corresponde quase sempre a seu modo de intervenção coletiva: manifestam-se na qualidade de mães, de donas de casa, de guardiãs dos víveres etc. Usam-se estereótipos para designá-las e qualificá-las. Os comissários de polícia falam de "megeras" ou de "viragos" (mulheres de aspecto e atitudes masculinizadas) para designar as manifestantes, quase sempre taxadas de "histéricas" caso soltem o menor grito. A psicologia das multidões empresta a estas uma identidade feminina, suscetível de paixão, de nervosismo, de violência e mesmo de selvageria.

A destruição dos vestígios também ocorre, sendo social e sexualmente seletiva. Num casal cujo cônjuge masculino é célebre, serão conservados os papéis do marido, e não os da mulher. Assim sendo, foram guardadas as cartas de Tocqueville escritas a sua esposa; mas não aquelas que ela lhe enviou. Até recentemente, negligenciavam-se os arquivos particulares. Os arquivos públicos acolhiam com reticências papéis que não sabiam como administrar. Se fossem de políticos e de escritores, eram aceitos. Mas de pessoas comuns? E, o que é pior, de mulheres? Em reação a essa atitude, criou-se, há cerca de dez anos, por iniciativa de Philippe Lejeune, uma associação destinada a acolher e promover o depósito de arquivos privados.

Ocorre igualmente uma autodestruição da memória feminina. Convencidas de sua insignificância, estendendo à sua vida passada o sentimento de pudor que lhes havia sido inculcado, muitas mulheres, no ocaso de sua existência, destruíam – ou destroem – seus papéis pessoais. Queimar papéis, na intimidade do quarto, é um gesto clássico da mulher idosa.

Todas essas razões explicam que haja uma falta de fontes não sobre as mulheres nem sobre *a mulher*, mas sobre sua existência concreta e sua história singular. No teatro da memória, as mulheres são uma leve sombra.

A torrente dos discursos

Em compensação existe uma abundância, e mesmo um excesso, de discursos sobre as mulheres; avalanche de imagens, literárias ou plásticas, na maioria das vezes obra dos homens, mas ignora-se quase sempre o que as mulheres pensavam a respeito, como elas as viam ou sentiam.

Das mulheres, muito se fala. Sem parar, de maneira obsessiva. Para dizer o que elas são ou o que elas deveriam fazer. Isso ocorre com os filósofos. Françoise Collin, Évelyne Pisier e Eleni Varikas realizaram uma *antologia crítica*[21] de textos que tratam não tanto da diferença dos sexos, pouco abordada pela filosofia, quanto das mulheres. "A questão da sexuação apresenta-se no texto filosófico sempre como uma questão de mulheres, a respeito de mulheres." Isso porque a diferença vem delas, de seu afastamento da norma masculina. "O sexo delas e o nosso", como diz Rousseau; "nós e elas". Textos de homens, em sua maioria: 55 homens para 4 mulheres, o que corresponde à dissimetria sexual do discurso filosófico. Esse livro fornece trechos de grandes clássicos, muitas vezes difíceis de se obter, classificados por grupos: o pensamento grego, o dos pais da Igreja e dos teólogos, o dos filósofos das Luzes, o pensamento inglês, muito inovador, e o alemão, Proudhon e a escola de Frankfurt (Adorno); Freud, paradoxalmente pouco eloquente sobre a feminilidade, está presente com um texto raro.

Vamos folhear essa antologia, para entrar em contato com a torrente desses discursos, e não ter que voltar a eles. Vejamos Aristóteles ou o pensador da dualidade dos gêneros. De todos os filósofos gregos, e diferentemente de Platão, é ele quem estabelece de maneira mais radical a superioridade masculina.[22] As mulheres se movem nas fronteiras da civilidade e da selvageria, do humano e do animal. São uma ameaça potencial para a vida harmoniosa da coletividade. Como mantê-las afastadas? As mulheres não são apenas diferentes: modelagem inacabada, homem incompleto, falta-lhes alguma coisa, são defeituosas. A frieza da mulher se opõe ao calor do homem. Ela é noturna, ele é solar. Ela é passiva e ele, ativo. O homem é criador, por seu sopro, o *pneuma*, e por sua semente. Na geração, a mulher não passa de um vaso do qual se pode esperar apenas que seja um bom receptáculo. O pensamento de Aristóteles modela por muito tempo o pensamento da diferença entre os sexos, sendo retomado com modulações pela medicina grega de Galiano. E na Idade Média, pelo teólogo Tomás de Aquino.

Paulo (na primeira Epístola a Timóteo) prescreve o silêncio às mulheres: "A mulher aprenda em silêncio, com toda a sujeição. Não permito que a mulher ensine nem use de autoridade sobre o marido, mas que permaneça em silêncio".

Para Bossuet, existe uma homologia entre o absolutismo conjugal e o absolutismo real: "Eva é infeliz e maldita em todo o seu sexo". E, a título de consolação: "Cabe às mulheres lembrar-se de sua origem; não vangloriar-se de sua delicadeza e pensar, afinal, que têm origem num osso acessório cuja beleza se limita à que Deus houve por bem lhe conferir".

Voltaremos a abordar, mais adiante, as raízes religiosas da hierarquia sexual. As Luzes e a ciência nem sempre são as melhores conselheiras. Muitos filósofos encontram nas ciências sociais e na medicina argumentos suplementares para demonstrar a inferioridade das mulheres. De Rousseau a Auguste Comte:

> [...] não se pode, hoje, contestar seriamente a evidência da inferioridade relativa da mulher, muito mais imprópria do que o homem à indispensável continuidade, tanto quanto à alta intensidade, do trabalho mental, seja em virtude da menor força intrínseca de sua inteligência, seja em razão de sua maior suscetibilidade moral e física.

Isso, sem falar em Proudhon, cuja afirmação da diferença hierárquica é ainda mais sistemática.

Felizmente, há vozes mais consoladoras. Uma delas é a de Condorcet, a mais igualitária. Ele preconiza a admissão das mulheres à cidadania e à ciência:

> As mulheres têm os mesmos direitos que os homens; logo, elas devem poder usufruir das mesmas facilidades para obter as mesmas luzes, pois só estas podem lhes proporcionar os meios de exercer realmente esses direitos com a mesma independência e a mesma amplitude.

Meu propósito aqui não é estudar o pensamento filosófico da diferença dos sexos – é uma questão imensa –,[23] mas sim destacar a presença das mulheres no discurso letrado, no discurso popular, romanesco ou poético. No qual se fala muito delas.

A avalanche das imagens

Elas são descritas, representadas, desde o princípio dos tempos, nas grutas da pré-história, onde a descoberta de novos vestígios das mulheres é uma constante, e chegando à atualidade nas revistas e nas peças publicitárias contemporâneas. Os muros e as paredes da cidade estão saturados de imagens de mulheres. Mas o que se diz sobre sua vida e seus desejos?

O problema das imagens foi abordado, principalmente, pelos historiadores que pesquisam a Antiguidade – Paul Veyne – ou a Idade Média – Georges Duby –, impressionados pelo silêncio das mulheres nas épocas estudadas. Em *Les Mystères du gynécée*, magnífica análise do afresco da casa dos Mistérios de Pompeia, Paul Veyne procura descobrir o que essas representações dizem das mulheres e de seu desejo. "O olhar não é simples", diz ele, "e a relação entre a condição das mulheres e a imagem da mulher, menos ainda". Por seu turno, Françoise Frontisi-Ducroux, ao final de um estudo cativante sobre "o sexo do olhar", conclui de maneira ainda mais radical que é praticamente impossível, para essas épocas antigas, alcançar o olhar das mulheres, pois elas são "construção do imaginário dos homens".

Georges Duby não chega a ser mais otimista. No prefácio ao livro *Images de femmes*, sublinha o que constituía, para ele, uma obsessão enigmática: a força da iniciativa masculina que reduz as mulheres a espectadoras, mais ou menos submissas, de si mesmas. "As mulheres não representavam a si mesmas", escreve ele. "Elas eram representadas. [...] Ainda hoje, é um olhar de homem que se lança sobre a mulher" e se esforça para reduzi-la ou seduzi-la. Ele espera, apesar de tudo, que, em alguns casos, as mulheres tenham algum prazer.

Se é assim, o que fazer dessas imagens que nos trazem principalmente o imaginário dos homens? Pode-se fazer o inventário das representações da feminilidade. Procurar saber o que era a beleza para uma determinada época.[24] Ou estudar a maneira pela qual os pintores percebiam a feminilidade. Nesse aspecto, a experiência de Colette Deblé é bastante singular. Já faz alguns anos que essa artista começou a representar mulheres a partir de quadros e obras de pintores conhecidos, tão diversos quanto Michelangelo, Philippe de Champaigne, Girodet ou Félix Valloton. Dessa longa e íntima convivência com tais quadros, que impressão ela teve do olhar desses artistas sobre as mulheres? "Eles têm medo das mulheres, mas gostam delas", é o que me diz em resposta à minha pergunta.

Podemos nos perguntar sobre a maneira pela qual as mulheres viam e viviam suas imagens, se as aceitavam ou as recusavam, se se aproveitavam delas ou as amaldiçoavam, se as subvertiam ou se eram submissas. Para elas, a imagem é, antes de mais nada, uma tirania, porque as põe em confronto com um ideal físico ou de indumentária ao qual devem se conformar. Mas também é uma celebração, fonte possível de prazeres, de jogos sutis. Um mundo a conquistar pelo exercício da arte, como é mostrado por Marie-Jo Bonnet num livro que renova a abordagem desse assunto (*Les Femmes dans l'art*, 2004). Voltaremos a ele ao abordar a moda, as aparências e a criação. Sem dúvida é necessário abandonar a ideia de que a imagem nos traz um painel da vida das mulheres. Mas não abandonar a ideia do poder, da influência das mulheres sobre a imagem pela maneira como a usam, pelo peso de seu próprio olhar. Por outro lado, convém estabelecer diferenças entre a natureza das imagens. Entre o quadro e a foto. Entre a imagem fixa ou animada: o cinema é um mundo muito pouco explorado sob o ângulo da diferença dos sexos,[25] a qual, no entanto, estrutura a sua linguagem. Entre as épocas e os artistas, uns são mais simbólicos, puramente idealistas, outros são mais reais, e mesmo realistas. Isso não impede que a imagem das mulheres seja um mistério, ora escondendo ora revelando o que sabemos, tanto sobre as épocas quanto sobre os artistas.

Fontes: as mulheres nos arquivos

Discursos e imagens cobrem as mulheres como uma vasta e espessa capa. Como alcançá-las, como quebrar o silêncio, os estereótipos que as envolvem?

Existem, entretanto, muitas fontes. Fontes que falam delas. Fontes que emanam delas, nas quais se pode ouvir suas vozes diretamente. Podem ser achadas em bibliotecas, local do impresso, dos livros e dos jornais; como nos arquivos públicos ou privados. Lugares solitários e complementares, que não deveriam ser excludentes, mas que se diferenciam, entretanto, por um grau maior ou menor de espontaneidade discursiva. São caminhos que eu gostaria de seguir ou, pelo menos, de assinalar alguns.

Entremos inicialmente nos arquivos públicos. Os arquivos policiais e judiciários são os mais ricos no que concerne às mulheres. Principalmente a partir dos séculos XVII e XVIII, quando a ordem das ruas, como a do campo, torna-se uma obsessão. Ora, as mulheres perturbam a ordem com mais frequência. Os trabalhos de Arlette Farge são significativos a esse respeito. Como desejava encontrar, através do contato com o arquivo, a emoção da presença dos desconhecidos, dos silenciosos da história, ela foi buscar nos arquivos do Châtelet (da polícia de Paris) a matéria-prima de uma obra em que palpita o povo de Paris. Em *Vivre dans la rue* e *La Vie fragile*,[26] as mulheres se esgueiram e se afirmam. Comerciantes determinadas, domésticas hábeis, esposas em fúria, moças casadoiras "seduzidas e abandonadas" ocupam o lugar central de histórias do cotidiano que expressam conflitos, situações familiares difíceis, mas também a solidariedade, a vitalidade de pessoas humildes que tentam de tudo para sobreviver no emaranhado da cidade. Nos processos elaborados pelos comissários, processos esses menos codificados do que atualmente, perpassam as recriminações, as queixas, as injúrias, as palavras do povo e das mulheres.

Jean Nicolas, em *La Rébellion française*,[27] faz um estudo aprofundado dos motins por alimentos, do final do século XVII até a Revolução Francesa. Ele mostra o papel das mulheres, "rainhas das ruas", "sempre as mais ardentes", guardiãs do "preço justo" dos grãos nesses confrontos. E isso esclarece o papel público das mulheres, muito mais importante sob o Antigo Regime do que no século XIX, quando a regularização do abastecimento e a taxação do preço do pão eliminaram progressivamente esse tipo de rebelião.

Há também Anne-Marie Sohn, que se interessa pela vida privada dos casais e das mulheres entre 1870 e 1930, numa época em que se modificam o regime sexual e a expressão do desejo.[28] Nos arquivos departamentais, ela examinou uns sete mil processos judiciários de tribunais correcionais e de tribunais do júri sobre conflitos privados. Cerca de três quartos desses conflitos põem em cena mulheres do povo vítimas dos ciúmes ou da violência conjugais (os crimes passionais são, em sua maioria, atos masculinos), mas que se rebelam contra essa situação. Nem um pouco resignadas, essas mulheres se comportam como seres movidos pelo desejo, para quem a cidade se tornou, afinal, um espaço de liberação.

Annick Tillier pesquisou a respeito do crime principal das mulheres no século XIX: o infanticídio, nas aldeias da Bretanha ocidental. Essa pesquisadora examinou detidamente os processos sobre a questão:[29] são camponesas, em sua maioria criadas de propriedades rurais, que, por não suportarem a maternidade indesejada, suprimem os rebentos em circunstâncias sórdidas. Trata-se de um mergulho surpreendente na condição social dos campos bretões e no abandono e extrema solidão daquelas jovens, confinadas num mutismo sem esperança.

Interrogatórios, resultados das investigações para instrução dos processos, testemunhos, permitem abordar, de alguma forma, as mulheres das classes populares em suas realidades cotidianas. Ouve-se o eco de suas palavras que os comissários de polícia, ou os próprios policiais, esforçam-se por registrar, e mesmo por traduzir. Percebem-se as reticências, a imensidão do não dito. Sente-se o peso do seu silêncio.

Em virtude de sua posição na família, há mais chances de encontrar vestígios das mulheres nos *arquivos privados*. Por definição, o *status* desses arquivos foi e continua a ser necessariamente incerto. Destinados a receber material administrativo, que acabam por ocupá-los excessivamente, os arquivos públicos, nacionais ou departamentais, os acolhem com reservas, a conta-gotas e de maneira seletiva. Escritores, políticos, empresas... transpõem a barreira. Mas é muito mais difícil para as pessoas comuns, e ainda mais para as mulheres.

Para preencher essa carência, também ligada à saturação dos depósitos públicos, diversos organismos foram criados. O Imec (Institut Mémoires de L'Édition Contemporaine [Instituto Memórias da Edição Contemporânea], situado na abadia de Ardennes, perto da cidade de Caen) recebe os arquivos dos editores, das revistas, e também, embora com menos frequência, os dos escritores e dos pesquisadores. Isso foi feito com os de Marguerite Duras e de Michel Foucault. É um local bastante rico para a vida intelectual contemporânea.

Em 1993, Philippe Lejeune, eminente especialista da autobiografia e das "escritas da vida cotidiana" cuja fragilidade atraiu sua atenção, criou a Association pour L'Autobiographie et le Patrimoine Autobiographiques [Associação para a Autobiografia e o Patrimônio Autobiográficos] (APA). Está sediada em Ambérieu-en-Bugey (no Departamento do Ain), que se tornou a "cidade da autobiografia", e guarda atualmente mais de dois mil documentos. Desses, quase a metade é produto das mulheres. Abarcam os três grandes tipos de literatura pessoal: autobiografia, diário íntimo, correspondência. Uma revista, *La Faute à Rousseau*, faz o inventário do acervo, propõe temas de reflexão, dá informações sobre os grupos de discussão e de leitura criados em diferentes lugares. Colóquios regulares são organizados por essa rede autobiográfica que ilustra a necessidade de expressão individual de nosso tempo. Vê-se que, nesse campo, na escrita tanto quanto na fala, mulheres e homens estão em pé de igualdade.

De maneira geral, a presença das mulheres nesses arquivos se dá em função do uso que fazem da escrita: é uma escrita privada, e mesmo íntima, ligada à família, praticada à noite, no silêncio do quarto, para responder às cartas recebidas, manter um diário e, mais excepcionalmente, contar sua vida. Correspondência, diário íntimo, autobiografia não são gêneros especificamente femininos, mas se tornam mais adequados às mulheres justamente por seu caráter privado. De maneira desigual.

Há poucas autobiografias de mulheres. Por quê? O olhar voltado para si, numa fase de mudança ou ao final de uma vida, mais frequente em pessoas públicas que querem fazer o balanço de sua existência e marcar sua trajetória, é uma atitude pouco feminina. "Minha vida não é nada", diz a maioria das mulheres. Para que falar dela? A não ser para evocar os homens, mais ou menos importantes, que conheceram, acompanharam ou com quem conviveram. Aquelas que tentaram, o fizeram sob a forma de "Memórias" de seu tempo. Foi assim com Marie d'Agoult; ou com Malwida von Meysenbug, cujas *Mémoires d'une idéaliste*[30] falam das revoluções, do exílio e dos grandes homens que encontrou: Alexandre Herzen, Wagner, Nietzsche, Gabriel Monod, Romain Rolland. George Sand, em *Histoire de ma vie*,[31] uma autobiografia extraordinária muito pouco íntima, mas muito pessoal, escrita entre 1847 e 1854, pretende contar a história de sua família ao longo de três gerações, toda individualidade sendo aí o produto do tempo e das transmissões operadas pela família, verdadeiro "lugar de memória" para Sand. Essa "grande mulher" inova. Já no século XX, a situação mudou consideravelmente à medida que as mulheres ingressam no domínio público.

A *correspondência*, entretanto, é um gênero muito feminino. Desde Mme. de Sévigné, ilustre ancestral, a carta é um prazer, uma licença, e até um dever das mulheres. As mães, principalmente, são as epistológrafas do lar. Elas escrevem para os parentes mais velhos, para o marido ausente, para o filho adolescente no colégio interno, a filha casada, as amigas de convento.

Suas epístolas circulam eventualmente pela parentela. A carta constitui uma forma de sociabilidade e de expressão feminina, autorizada, e mesmo recomendada, ou tolerada. Forma distanciada do amor, mais conveniente e menos perigosa do que o encontro, a carta de amor toma o lugar do próprio amor, a ponto de representar o essencial. Torna-se um tema e um motivo da literatura (no romance epistolar) e da pintura de gênero, principalmente a pintura holandesa. A mulher que lê uma carta em seus aposentos, ou perto de uma janela, na fronteira entre o interior e o exterior, sonha com o amante ou o marido viajante ou guerreiro (cf. Vermeer de Delft).

As correspondências femininas privadas raramente são publicadas, exceto quando põem em cena grandes homens: correspondência de François Guizot com sua filha Henriette, das filhas de Marx com o pai, Karl. A *Correspondance* de George Sand é excepcional por sua amplitude (25 volumes publicados por George Lubin),[32] extensão, variedade, densidade familiar, amorosa, amical, artística e política. De Musset a Flaubert, de Agricol Perdiguier e Pierre Leroux a Mazzini, a Barbès e ao príncipe Napoleão Bonaparte, seus interlocutores são incontáveis. Mas ela também escrevia para seu marido, Casimir Dudevant, para dizer-lhe, em 22 páginas, suas decepções e expectativas quanto ao modo de vida que levavam (1822). A seu filho, Maurice, ainda na escola, era pródiga em conselhos para uma educação cívica e cidadã. Ao amante que a abandona, Michel de Bourges, ela envia cartas cheias de paixão frustrada. Com Flaubert, o "prezado trovador", ela discute sobre literatura, sobre as dificuldades da idade e os prazeres da amizade.[33]

A destruição e o anonimato ameaçam as cartas pessoais. Paula Cossart publicou recentemente uma correspondência amorosa, de relações adúlteras, aproximadamente mil e quinhentas cartas, encontradas quase por acaso nos Arquivos de Paris. É um testemunho excepcional sobre o sentimento e as práticas amorosas do século XIX, num casal da burguesia intelectual romântica cujo ideal é a vida conjugal.[34] Mas permanecem ocultos muitos segredos nos sótãos das casas das famílias, infelizmente fadados ao desaparecimento.

Do *diário íntimo*, prática adolescente, e especialmente feminina, foi feito um inventário inicial por Philippe Lejeune,[35] num trabalho a ser completado. A escrita do diário era um exercício recomendado, principalmente pela Igreja, que o considerava um instrumento de direção de consciência e de controle pessoal. O mesmo ocorria com os protestantes. As educadoras laicas, entretanto, eram reticentes quanto a essa prática que impunha uma excessiva introspecção.

O diário ocupa um momento limitado, mas intenso, na vida de uma mulher, interrompido pelo casamento e pela perda do espaço íntimo. Está ligado ao quarto das meninas. Por um breve tempo permite a expressão pessoal.

Esses diversos tipos de escritos são infinitamente preciosos porque autorizam a afirmação de um "eu". É graças a eles que se ouve o "eu", a voz das mulheres. Voz em tom menor, mas de mulheres cultas, ou, pelo menos, que têm acesso à escrita. E cujos papéis, além do mais, foram conservados. São condições difíceis de ser cumpridas.

Organizar arquivos, conservá-los, guardá-los, tudo isso supõe uma certa relação consigo mesma, com sua própria vida, com sua memória. Pela força das coisas é um ato pouco feminino. A perda, a destruição, a autodestruição são muito mais frequentes. Os descendentes se interessavam com muito mais frequência pelos homens importantes da família, e muito pouco por suas mulheres, apagadas e obscuras, cujos papéis destruíam ou vendiam. Georges Ribeill encontrou num brechó de Saint-Ouen um volume isolado do diário de Caroline Brame, jovem que morava no bairro de Saint-Germain na época do Segundo Império, misturado a um lote de livros piedosos que formavam a sua biblioteca.[36] Trata-se do exemplo clássico de uma liquidação corriqueira. É por isso que, prevendo a negligência ou mesmo a zombaria de herdeiros indiferentes, muitas mulheres, no outono de suas vidas, punham suas coisas em ordem, selecionavam a correspondência, queimavam as cartas de amor – ainda mais quando havia o risco de que atentassem contra a sua honra –, destruíam o seu diário, testemunha de emoções, esperanças e sofrimentos passados que convinha fazer calar. Para que se expor inutilmente à curiosidade indelicada ou à incompreensão de olhares indiscretos?

Daí a vontade das mulheres, muitas delas feministas, de constituir arquivos de mulheres para lutar contra a dispersão e o esquecimento, desde o começo do século XX. Marie-Louise Bouglé, modesta assalariada e amiga de Marguerite Durand, fundadora do jornal *La Fronde*, teve a iniciativa de reunir textos, prospectos, cartazes, cartas, objetos provenientes do feminismo contemporâneo, recolhidos, na maioria das vezes, em sebos. O objetivo de Marie-Louise era repassar este acervo para a biblioteca Marguerite Durand. No entanto, como veio a falecer antes de fazê-lo, seu marido, convocado na Segunda Guerra Mundial, entregou tudo à Biblioteca Nacional, com a cumplicidade do administrador Julien Cain. Com o falecimento de seu marido, o acervo que havia organizado foi esquecido, tendo sido redescoberto apenas na década de 1970. Transferido para a Biblioteca Histórica da Cidade de Paris, foi classificado tardiamente pela historiadora Maïté Albistur e está disponível para consulta.

Para evitar tais vicissitudes, Christine Bard organizou em Angers, em 2000, no âmbito de um convênio com a Biblioteca universitária, os "Arquivos do feminismo", que já contêm vários acervos importantes, provenientes de Cécile Brunschvicg (1877-1946), feminista do partido radical, uma das três subsecretárias de Estado nomeadas por Léon Blum no governo da Frente Popular (numa época em que as mulheres não tinham direito ao voto), defensora de todas as causas das mulheres; do Conselho Nacional das Mulheres Francesas, criado em 1901, a mais antiga das associações feministas francesas; de Yvette Roudy, antiga ministra socialista dos Direitos das mulheres; de Suzanne Képès (1918-2005), figura importante para o planejamento familiar. E de muitas outras fontes além dessas.[37]

Dos arquivos de mulheres para uma história das mulheres.

Vozes de mulheres nas bibliotecas

Procuramos os vestígios das mulheres nos arquivos. Cabe igualmente procurá-los nos materiais impressos e nas bibliotecas. Para ouvir suas vozes – *as palavras das mulheres* –,[38] é preciso abrir não somente os livros que falam delas, os romances que contam sobre elas, que as imaginam e as perscrutam – fonte incomparável –,[39] mas também aqueles que elas escreveram. Folhear os jornais lançados por elas desde o século XVIII. Por conseguinte, transpor, com elas, os obstáculos que, durante tanto tempo, impediram seu acesso à escrita, fronteira proibida do saber e da criação, cuja superação abordaremos mais adiante.

Quais foram as *vias da escrita* para as mulheres nesse mundo proibido? De início, a religião e o imaginário: as vias místicas e literárias; a oração, a meditação, a poesia e o romance. Tais são os caminhos das primeiras mulheres que escrevem, das pioneiras da escrita: Safo, a misteriosa poetisa grega que, ao final do século VII, anima, em Lesbos, um grupo coral onde cantam as jovens da boa sociedade; a religiosa Hildegarde de Bingen, autora, no século XII, do *Hortus deliciarum* (*Le Jardin des délices*, coletânea de cantos gregorianos); Marguerite Porete (*Le Miroir des ames simples et anéanties*), morta na fogueira como herética no século XIV; Catarina de Siena, letrada e conselheira do papa; a grande Christine de Pisan, cuja obra *La Cité des dames* marca uma ruptura

31

no século xv. "Em minha loucura eu me desesperava por Deus me ter feito nascer num corpo feminino", dizia ela numa sede de igualdade que saía por todos os poros desse período pré-renascentista.

Dois lugares foram propícios à escrita: os conventos e os salões, o claustro e a conversação. Na Idade Média, os conventos favorecem a leitura e mesmo a escrita das mulheres, a tal ponto que, ao final do século xiii, as mulheres da nobreza pareciam culturalmente superiores aos homens que se dedicavam a guerrear, como nas cruzadas ou em outras circunstâncias. Cultas e desejosas de amar de uma outra maneira: daí surge, talvez, o amor cortês. As religiosas copiam os manuscritos e se apropriam do latim proibido. Os conventos diversificam sua clientela e sua função no século xvii, mas permanecem como centros de cultura para as mulheres, cada vez mais exigentes. Teresa de Ávila, as religiosas de Port-Royal, a borgonhesa Gabrielle Suchon (1632-1703) afirmam-se como mulheres do livro. Gabrielle, religiosa secularizada, publica em 1693 um *Traité de la morale et la politique* muito apreciado,[40] o que prova que as mulheres não se isolam mais na piedade religiosa. No século xvii, o salão de Mme. de Rambouillet é o bastião das Preciosas, que exigem galanteria e linguagem elevada. Seguindo essa linha, Madeleine de Scudéry escreve romances intermináveis que renovam a expressão do sentimento amoroso. E Mme. de La Fayette, com a mais breve das obras-primas: *La Princesse de Clèves*. O caminho encontra-se então aberto para as "mulheres que escrevem", para essas mulheres autoras que o século xix misógino tentará, em vão, limitar e conter. Mulheres que, em sua maioria, são de origem aristocrática, com poucos recursos, e que tentam ganhar a vida de maneira honrosa com "a pena", tanto quanto com o pincel. Assim foi George Sand, cuja obra ocupa atualmente muitas estantes da Biblioteca Histórica da Cidade de Paris e da Biblioteca Nacional. No catálogo "autores" desta última, a bibliografia das obras de Sand ocupa várias páginas.

Outros fatores estimularam a produção das mulheres. Por exemplo, a existência de um público leitor feminino ao qual as mulheres autoras estavam mais bem adaptadas, ou que acreditavam estar. Alguns gêneros pareciam particularmente pertinentes: os livros de cozinha, de "*savoir-vivre*" (a baronesa Staff, foi autora, em 1899, do *Guide des usages du monde*), de pedagogia, a imprensa de moda, os romances, que despertavam o desejo das mulheres. George Sand dirige-se mais explicitamente a suas "leitoras", cuja maneira de pensar, aliás, ela gostaria de mudar.

Enfim, o feminismo sob todas as suas formas, laico ou cristão, foi um incentivo poderoso. Principalmente no domínio da imprensa, que era seu modo de expressão.

É claro que não se pode falar de "febre" ou de "invasão", como o fazem os que são hostis à escrita das mulheres. Mas sim de um "acesso" à escrita, de uma inscrição no universo impresso, cada vez mais normal. Há paridade hoje? Não sei dizer. Em todo caso, daí em diante ouve-se muito mais a voz das mulheres; ou pelo menos vozes de mulheres. Podem-se consultar seus livros. Podem-se ler suas palavras.

Da imprensa e das mulheres

Além dos livros, há os jornais e as revistas – dos quais as mulheres são leitoras e produtoras. Elas pouco leem os jornais diários cujo conteúdo político se destina mais aos homens. Mas apoderam-se das colunas dos folhetins. Anne-Marie Thiesse dirigiu uma sondagem, já lá se vão 25 anos, junto às leitoras que viveram os anos 1900.[41] Colheu as lembranças felizes das velhas leitoras que, à luz de um abajur, ou em seu quarto, liam escondido, com um sentimento de culpa persistente e delicioso, as desventuras da "entregadora de pão" ou da "criança da lavanderia".

A primeira imprensa feminina especializada é a de moda, que se inicia no século XVIII. Em sua maioria, são os homens que escrevem, mas as mulheres se introduzem pouco a pouco, como no *Journal des dames* (1750-1778) de Paris. Em Londres, Eliza Haywood havia conseguido publicar durante dois anos (1774-1746) o sério *Female Spectator*.[42]

Essa imprensa tem um grande desenvolvimento no século XIX, em razão de seu sucesso junto às mulheres, em busca de conselhos de moda. Mas, nesse caso, elas se infiltram e mesmo se apoderam dela. Isso ocorreu com o *Journal des demoiselles*, que Christine Léger (prematuramente falecida) estudou numa tese inédita. Trata-se de uma publicação mensal composta, escrita e mesmo parcialmente financiada por mulheres. Ecléticas, as rubricas vão da moda às receitas de cozinha, das narrativas de viagens, ilustradas com gravuras imaginativas, às biografias de mulheres "ilustres". O gênero biográfico está em pleno desenvolvimento. Rainhas e santas obtêm um grande sucesso nesse campo. Por trás dessa fachada algo banal, observa-se, na escolha e no tom, uma vontade de emancipação das mulheres pela educação e mesmo pelo saber e pelo trabalho. Há conselhos para as jovens estudarem línguas estrangeiras porque a tradução é uma ocupação, eventualmente uma profissão, conveniente para a mulher. Haveria naturalmente muito a dizer sobre essa atribuição da tradução às mulheres. Mas é um começo, uma brecha nas zonas proibidas.

As revistas femininas tiveram um papel crescente nos séculos XIX e XX, como bem notou Évelyne Sullerot.[43] Os patrocinadores procuram, principalmente, captar consumidoras potenciais, guiar seus gostos e suas compras. A indústria dos cosméticos, a das artes domésticas, visam, de início, às mulheres mais sofisticadas. Entre as duas guerras, a revista *Mon chez moi*, de Paulette Bernège, rival da americana Christine Frederiks, ligada inclusive aos produtores de eletricidade, pretende fazer da dona de casa uma profissional bem equipada. Mas algumas mulheres aproveitam-se dessas tribunas para desenvolver a emancipação das mulheres. Assim, Marcelle Auclair, em *Marie Claire*, responde de maneira bastante liberal ao "correio sentimental" e defende o direito à contracepção, dando a esse respeito os primeiros conselhos. Aí está toda a ambiguidade da imprensa feminina, presa de imagens e de condutas.

A *imprensa feminista* é mais engajada. Laure Adler[44] mostrou a emergência das *primeiras jornalistas,* cujo papel político ao criticar o poder foi analisado por Michèle Riot-Sarcey.[45] As feministas têm consciência do papel da imprensa na opinião pública. Elas tomam essa tribuna com profissionalismo e também com muito idealismo. Recusando-se, por exemplo, a adotar o sobrenome do marido, as mulheres se apresentam apenas com o primeiro nome. Marie-Jeanne, Désirée, Eugénie, Claire, e outras entram em cena, em duas fases distintas: em 1830-1832, a imprensa sansimonista – *La Femme libre* – põe em primeiro plano a reivindicação dos direitos civis (direito ao divórcio) e da liberdade, sentimental, amorosa, sexual, que ecoa nos romances de George Sand *Indiana* (1832) e *Lélia* (1833), tanto quanto na própria vida dessa escritora. Claire Démar, em *Ma loi d'avenir* (1833), protesta contra uma "promiscuidade dos costumes" que põe as mulheres em posição de inferioridade; um grito vibrante contra a dominação masculina, antes de seu suicídio.

Os jornais publicados em 1848 por Eugénie Niboyet, Désirée Gay, Jeanne Deroin são mais políticos e sociais.[46] Essa imprensa reivindica o direito das mulheres ao trabalho, a igualdade dos salários, a formação de cooperativas; e, por outro lado, o direito de voto para as mulheres, o que, como se sabe, será recusado.

Essa primeira imprensa feminista é muito original, não somente por seu conteúdo, mas também por sua apresentação. Além do uso antipatriarcal do patronímico, abre uma "tribuna das leitoras", que suscita muito interesse e manifesta a vontade de criar uma rede. Liberada pela lei de 1881, que funda o regime do jornalismo moderno, a imprensa feminista da Terceira República, estudada por Laurence Klejman e Florence Rochefort,[47] é mais abundante. São dezenas de títulos entre 1880 e 1914, dentre os quais *La Citoyenne* de Hubertine Auclert e principalmente *La Fronde* de Marguerite Durand, que constituiu uma experiência excepcional. *La Fronde*, que, de início, era diário (1897-1901), e posteriormente mensal (1901-1905), foi inteiramente concebido, redigido e mesmo composto tipograficamente por mulheres, o que não era o mais fácil, tendo em vista a hostilidade dos ofícios do livro ao emprego das mulheres.

Desde então o jornal faz parte das formas de expressão das mulheres, na França e na maioria os países ocidentais. Ao mesmo tempo, as mulheres ganham acesso a uma profissão que antes era exclusivamente masculina: o jornalismo. Na esteira de George Sand e de Delphine de Girardin, jornalistas ocasionais, Colette, Séverine, Gyp, Louise Weiss tomam novos caminhos, mais bem definidos e mais ousados. Entre as duas guerras, há mulheres que aceitam o desafio da grande reportagem, como Andrée Viollis, que, em 1935, alerta a opinião pública sobre a situação dos camponeses de Tonquim, no jornal *Le Petit Parisien*.[48] Atualmente, as mulheres estão presentes em todas as partes do mundo.

A essas fontes clássicas convém acrescentar aquelas produzidas pela história dita "oral", "autobiografia daqueles que não escrevem", gravadas em fita. Esse procedimento se difundiu bastante, tendo mesmo despertado um entusiasmo exagerado nos anos 1970, na esteira de um certo populismo cultural que queria fazer falar os mudos, os ausentes da história: os operários, as mulheres. Essas últimas despertavam um duplo interesse: como testemunhas da vida privada (num casal de militantes, o marido fala de sua ação e a mulher, da vida em família: divisão imemorial dos papéis) e testemunhas de si mesmas. O Institut D'histoire du Temps Présent [Instituto de História do Tempo Presente] mostrou-se particularmente ativo a esse respeito.[49] Anne Roche e Marie-Claude Taranger coletaram as lembranças de mulheres da região de Marseille, apresentadas num livro-manifesto, *Celles qui n'ont pas écrit*,[50] que se compõe, ao mesmo tempo, de um guia metodológico e de textos sugestivos, como "A vida de uma jovem operária de Marselha".

Os museus das Artes e Tradições populares, os ecomuseus, fornecem também inúmeros elementos sobre a arqueologia do cotidiano das mulheres: assim pode-se ver o ateliê de uma costureira, apresentado há pouco tempo no museu da Porte Maillot, em Paris.

Dos lugares para a história das mulheres

As fontes para a história das mulheres estão em toda parte, misturadas às dos homens, mas existem algumas bibliotecas ou acervos especializados.

A Biblioteca Nacional é "o mar das histórias", a mãe da história das mulheres. Abriga livros delas e sobre elas, manuscritos (integral dos manuscritos de Simone de Beauvoir, de Simone Weil) e numerosas fontes audiovisuais repertoriadas recentemente num colóquio do INA (Institut National de l'Audiovisuel [Instituto Nacional do Audiovisual]). O *Guide* (2004) redigido por Annick Tillier contém uma apresentação das fontes impressas sobre as mulheres (e também para história religiosa), dispersas no acervo da Biblioteca Nacional. Contém igualmente um inventário dos recursos do departamento de manuscritos (acervo Louise Weiss, Nathalie Sarraute, Hélène Cixous...); um inventário dos acervos da Biblioteca do Arsenal, documentos de comediantes e de artistas; uma importante bibliografia classificada, com centenas de títulos. É um instrumento de trabalho notável.[51]

Existem algumas bibliotecas especializadas, na Europa (em Amsterdã), nos Estados Unidos (a Schlesinger Library) e em Paris, a célebre biblioteca Marguerite Durand,[52] fundada entre as duas guerras por Marguerite Durand e enriquecida por numerosas doações. Comporta milhares de livros e documentos e um importante acervo de jornais e manuscritos. Nos últimos trinta anos tornou-se um lugar de pesquisa muito frequentado.

Mencionemos enfim o Musea, um cibermuseu de história das mulheres e do gênero (musea.univ-angers.fr) realizado por Christine Bard e Corinne Bouchoux, que fornece informações variadas, enriquecidas e atualizadas constantemente.

Assim, as fontes jorram para o olhar de quem as procura. Esse olhar que faz o relato que é a história.

E a pré-história. Claudine Cohen, que interroga de uma outra maneira os afrescos das grutas e os objetos pré-históricos, nos mostra uma *mulher das origens*,[53] liberta da crosta religiosa e erótica que a limitava. E os estudiosos da pré-história, que, a partir das pinturas rupestres, analisam hoje a que sexo pertenciam as mãos que pintavam, nos dizem que as mulheres estavam em toda parte: o que se imaginava agora está provado. As mãos falam por elas.

Notas

[1] Andrée Michel abriu o curso com uma palestra sobre "os modelos da família", que alguns estudantes contestaram porque se equivocaram sobre o sentido da palavra "modelo": de modelos familiares eles não queriam mais ouvir falar, disseram. Andrée Michel esclareceu do que se tratava.

[2] Pierre Vidal-Naquet, Jacques Le Goff, Emmanuel Le Roy Ladurie, Jean-Louis Flandrin, pioneiro no estudo das sexualidades, Mona Ozouf, Jean Chesneaux, colaboraram conosco.

[3] Yvonne Knibiehler havia fundado, com seus colegas, o primeiro *Bulletin d'information et d'études sur les femmes*, o BIEF, e organizado o primeiro colóquio (1975), "As mulheres e as ciências humanas". Seus trabalhos sobre a maternidade, o nascimento, as mulheres e os médicos, as enfermeiras e assistentes sociais, principalmente, têm grande autoridade.

[4] Com Rolande Trempé e Marie-France Brive.

[5] Com Claude Mossé, Madeleine Rebérioux, Béatrice Slama.

[6] Graças a Françoise Basch, professor titular de civilização anglo-americana no Instituto Charles-v (Paris-VII), estabeleceu-se um vínculo com a pesquisa anglo-americana desde o começo dos anos 1970.

[7] Mnémosyne, a SIEFAR (Sociedade Internacional para o Estudo das Mulheres do Antigo Regime), Arquivos do feminismo (centro dos arquivos em Angers).

[8] Sobre este assunto, ver os trabalhos de Nicole Loraux.

[9] Primeira Epístola a Timóteo, 2, 12-14.

[10] Jules Michelet, *Histoire de la Révolution française*, Paris, Gallimard, col. "Bibliothèque de la Pléiade", t. 1, p. 254: "As mulheres estiveram na vanguarda de nossa Revolução. Não é de espantar. Elas é que sofriam mais".

[11] Denise Guillaume, *Le Destin des femmes à l'École. Manuels d'histoire et société*, Paris, L'Harmattan, 1999. Françoise e Claude Lelièvre, *L'Histoire des femmes publiques contée aux enfants*, Paris, PUF, 2001.

[12] Isabelle Ernot, "Historiennes et enjeux de l'écriture de l'histoire des femmes, 1791-1948", tese da Universidade Paris-VII, 2004.

[13] Marguerite Thibert (1886-1982) defende uma das primeiras teses de história sobre as sansimonistas. Edith Thomas (1909-1970) é autora de várias obras sobre as mulheres de 1848, Pauline Roland, George Sand, Louise Michel. A biografia de Dorothy Kaufmann, *Édith Thomas. A Passion for Resistance*, Cornell University Press, 2004.

[14] Sobre essa historiografia, cf. Françoise Thébaud, *Écrire l'histoire des femmes*, Fontenay-aux-Roses, ENS Éditions, 1998.

[15] Georges Duby, *Le Chevalier, la Femme et le Prêtre. Le mariage dans la France féodale*, Paris, Hachette, 1981.

[16] *Histoire de la vie privée. De l'Antiquité à nos jours*, Philippe Ariès e Georges Duby (dir.), Paris, Seuil, 5 vol., 1986-1987. Destes, o volume dedicado ao século XIX foi dirigido por mim.

[17] Michel Foucault, *La Volonté de savoir*, t. 1 da *Histoire de la sexualité*, Paris, Gallimard, 1976.

[18] De acordo com a expressão *"vertige des foisonnements"*, de Alain Corbin, ele próprio "historiador do sensível", e representante dessa evolução. Após sua tese sobre *Archaïsme et modernité en Limousin au XIXe siècle* (Paris, Marcel Rivière, 1975), seu primeiro livro é sobre *Les Filles de noce. Misère sexuelle et prostitution au XIXe siècle* (Paris, Aubier, 1978).

[19] Françoise Picq, *Libération des femmes. Les années-mouvement*, Paris, Seuil, 1993.

[20] Em torno da associação "Mulheres e ciências", de Claudine Hermann, por exemplo. Tratava-se menos do conteúdo da matemática do que das condições sexuadas de seu ensino.

[21] Françoise Collin, Évelyne Pisier e Eleni Varikas, *Les Femmes de Platon à Derrida. Anthologie critique*, Paris, Plon, 2000.

[22] Françoise Héritier. *Masculin/Féminin. I. La Pensée de la différence*. Paris, Odile Jacob, 1996.

[23] Cf. Geneviève Fraisse, *La Différence des sexes*, Paris, PUF, 1996.

Minha história das mulheres

[24] Tal como Georges Vigarello, em *Histoire de la beauté. Le corps et l'art d'embellir de la Renaissance à nos jours*, Paris, Seuil, 2004.

[25] Os trabalhos de Geneviève Sellier são pioneiros. Cf. a bibliografia ao final deste livro.

[26] Arlette Farge, *Vivre dans la rue au XVIIIe siècle*, Paris, Gallimard, col. "Archives", 1979; *La Vie fragile. Violence, pouvoirs et solidarités à Paris au XVIIIe siècle*, Paris, Hachette, 1986.

[27] Jean Nicolas, La Rébellion française. *Mouvements populaires et conscience sociale, 1661-1789*, Paris, Seuil, col. "L'univers historique", 2002.

[28] Anne-Marie Sohn, Chrysalides. *Femmes dans la vie privée, XIXe – XXe siècles*, Paris, Publications de la Sorbonne, 1996.

[29] Annick Tillier, *Des criminelles au village. Femmes infanticides en Bretagne (XIXe siècle)*, Rennes, Presses Universitaires, 2002.

[30] Sobre Malwida, ver a biografia de Jacques Le Rider, *Malwida von Meysenbug. Une Européenne du XIXe siècle*, Paris, Bartillat, 2005. Ele transcreve longos trechos das *Mémoires d'une idéaliste* (edição em francês, Genebra, 1869; edição francesa, prefácio de Gabriel Monod, Paris, Fischbacher, 1900; edição alemã completa, 1876), hoje esgotadas.

[31] Edição apresentada por Martine Reid, Paris, Gallimard, col. "Quarto", 2004.

[32] Publicados por Garnier e Bordas (1964-1971). É preciso acrescentar, a esses, o volume *Lettres retrouvées*, publicado por Thierry Bodin, Paris, Gallimard, 2004.

[33] A *Correspondance* trocada por Sand e Flaubert foi publicada por Alphonse Jacobs na editora Flammarion. Sob o título *Chère Maître*, como dizia Flaubert a Sand, foi apresentado um espetáculo de leitura com Marie-France Pisier, em Gaîté-Montparnasse, na temporada do inverno 2004-2005.

[34] Paula Cossart, Vingt-cinq ans d'amours adultères. *Correspondance sentimentale d'Adèle Schunck et d'Aimé Guyet de Fernex, 1824-1849*, Paris, Fayard, 2005.

[35] Philippe Lejeune, *Le Moi des demoiselles. Enquête sur le journal de jeune fille*, Paris, Seuil, 1993; Philippe Lejeune e Catherine Bogaert, *Le Journal intime. Histoire et anthologie*, Paris, Textuel, 2006.

[36] Diário publicado com o título *Journal intime de Caroline B. Une jeune fille sous le second Empire*, por Georges Ribeill e Michelle Perrot (org.), Paris, Arthaud-Montalba, col. "Archives privées", 1985.

[37] Remetemos ao boletim *Archives du féminisme* (dezembro 2005, n. 9) que traz informações sobre o estado dos acervos, e, de maneira mais geral, sobre todas as ações levadas a efeito para preservar a memória das mulheres.

[38] Mona Ozouf, *Les Mots des femmes. Essai sur la singularité française*, Paris, Fayard, 1995.

[39] Mona Ozouf, *Les Aveux du roman. Le XIXe siècle entre Ancien Régime et Révolution*, Paris, Fayard, 2001; Nathalie Heinich, *États de femme. L'identité féminine dans la fiction occidentale*, Paris, Gallimard, 1992.

[40] Séverine Auffret publicou diversas obras de Gabrielle Suchon pela editora Arléa, dentre as quais o *Petit traité de la faiblesse, de la légèreté, de l'inconstance qu'on attribue aux femmes mal à propos* (Paris, Arléa, 2002), que se inscreve na "querela das mulheres" do século XVII, quando se começa a falar de uma possível igualdade dos sexos.

[41] Anne-Marie Thiesse, *Le roman du quotidien. Lectures et lecteurs à la Belle Époque*, Paris, Le Chemin vert, 1983.

[42] Nina Ratner-Gelbart, "Les femmes journalistes et la presse (XVIIe-XVIIIe siècles)", em *Histoire des femmes en Occident*, 5 vol., Paris, Plon, 1991-1992; ed. bolso, col. "Tempus", Perrin, 2001; t. 3, Arlette Farge (dir.), p. 427-443.

[43] Évelyne Sullerot, *Histoire de la presse féminine en France, des origines à 1848*, Paris, Armand Colin, 1966.

[44] Laure Adler, *À l'aube du féminisme: les premières journalistes (1830-1850)*, Paris, Payot, 1979.

[45] Michèle Riot-Sarcey, *La Démocratie à l'épreuve des femmes. Trois figures critiques du pouvoir (1830-1848)*, Paris, Albin Michel, 1994.

[46] *La Voix des femmes, La Femme libre, L'Opinion des femmes*.

[47] Laurence Klejman e Florence Rochefort, *L'Égalité en marche. Le féminisme sous la IIIe République*, Paris, Presses de la FNSP/Des femmes, 1989.

[48] Andrée Viollis, *Indochine SOS*, 1935, reportagem para *Le Petit Parisien*.

[49] Em torno de Sylvie Schweitzer e de Danièle Voldman.

[50] Anne Roche e Marie-Claude Taranger, *Celles qui n'ont pas écrit. Récits de femmes dans la région marseillaise, 1914-1945*, Aix-en-Provence, Édisud, 1995, prefácio de Philippe Lejeune.

[51] A completar por Françoise Thébaud (dir.), *Pas d'histoire sans elles*, guia realizado pelo CRDP da academia de Orléans-Tours, 2004, por ocasião dos *Rendez-vous de l'histoire* de Blois sobre "As mulheres na história".

[52] Bibliothèque Marguerite Durand, 70, rue Nationale, 75013. Pode-se consultar também *Aspasie*, acervo documentário sobre a história das mulheres e do gênero, no IUFM (Institut Universitaire de Formation des Maîtres [Instituto Universitário de Formação dos Mestres]) de Lyon.

[53] Claudine Cohen, *La Femme des origines. Images de la femme dans la préhistoire occidentale*, Paris, Belin-Herscher, 2003; sobre as pinturas rupestres e as mãos das mulheres, cf. *Le Monde*, 10 de janeiro de 2006; o índice de Manning (University of Central Lancashire) tenta medir o dimorfismo sexual.

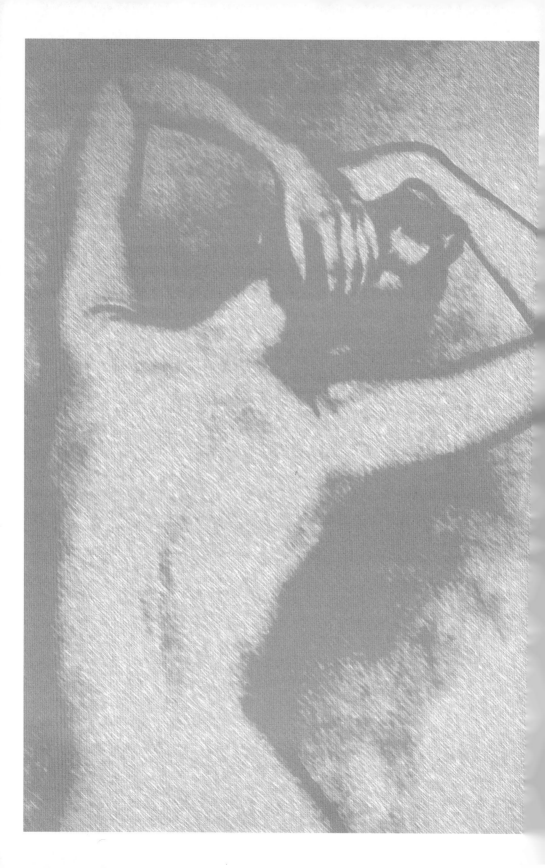

O corpo

O corpo das mulheres: é isso que abordaremos a partir de agora. Não o corpo imóvel com suas propriedades eternas, mas o corpo na história, em confronto com as mudanças do tempo, pois o corpo tem uma história, física, estética, política, ideal e material, da qual os historiadores foram tomando consciência progressivamente.[1] E a diferença dos sexos que marca os corpos ocupa uma posição central nessa história. Não é a mesma coisa ser uma moça, ou um rapaz, na Idade Média ou no século XXI. No discernimento das idades da vida, Philippe Ariès foi pioneiro com sua obra *L'Enfant et la Vie de famille sous l'Ancien Régime*,[2] criança relativamente assexuada, sem que se saiba verdadeiramente por quê: representação da época? Ou do historiador que a descreve?

Alguns dos aspectos que abordaremos em sua historicidade são os seguintes: as idades da vida de uma mulher; as aparências; a cabeleira como exemplo; a sexualidade; a maternidade; a prostituição.

As idades da vida de uma mulher

O que se destaca, de início, é a *longevidade* das mulheres: nos dias atuais, na França, elas têm uma expectativa de vida oito anos maior que a dos homens.

Mas não foi sempre assim. A taxa de mortalidade das mulheres era, ao que parece, superior à dos homens na Idade Média e na Época Moderna, por conta da alta mortalidade nos partos. A maternidade era devastadora, ainda mais que, em caso de dificuldades, se preferia salvar a criança antes da mãe: assim aconteceu nas primeiras cesarianas, praticadas na Itália. No século XIX, a tuberculose atingiu gravemente as mulheres, principalmente as mulheres do povo, subnutridas crônicas.

A longevidade feminina é um fato recente, ligado aos progressos da obstetrícia e da ginecologia, ao melhor regime alimentar das mulheres, que vão ao médico mais vezes e são mais sóbrias. A precaução é um ingrediente antigo na educação das mulheres. "As meninas devem ser refreadas desde cedo", segundo Rousseau. O risco, sob todas as formas, é inerente à cultura da virilidade. Entretanto, a distância entre os sexos tende a reduzir-se, à medida que o modo de vida das mulheres se aproxima do modo dos homens; elas fumam, bebem, trabalham, circulam, viajam como eles, vivem e morrem quase como eles. E tal constatação sugere a que ponto essa longevidade não é um fato de natureza, mas de cultura e de comportamento. O biológico se dissolve no existencial.

Resultado: a quarta idade é feminina. As mulheres povoam as casas de repouso. A solidão das mulheres idosas, empobrecidas, com uma aposentadoria reduzida e poucos recursos, é um dos problemas de nosso tempo que sugere a ambivalência do progresso.

Comecemos pelo começo, o *nascimento*: a menina é menos desejada. Anunciar: "É um menino" é mais glorioso do que dizer: "É uma menina", em razão do valor diferente atribuído aos sexos, o que Françoise Héritier chama de "valência diferencial dos sexos". Nos campos de antigamente, os sinos soavam por menos tempo para o batismo de uma menina, como também soavam menos para o enterro de uma mulher.[3] O mundo sonoro é sexuado.

O infanticídio das meninas é uma prática muito antiga, que perdura maciçamente na Índia e principalmente na China, por causa da limitação a um único filho: eliminam-se as filhas (sendo atualmente mais através do aborto) até que se tenha um filho. Por causa disso, há uma falta de centenas de milhares de meninas. A tal ponto que as sociedades de obstetrícia e de ginecologia da Índia declararam em 1986 o "feticídio" feminino um "crime contra a humanidade". Um déficit demográfico das meninas se acentua, o que começa a preocupar os demógrafos, como um freio possível à reprodução.

A pequena infância (0 a 6 anos) é relativamente assexuada. A palavra "*enfant*" [que significa *criança* e é do gênero masculino em francês] funciona como um neutro. Até os três ou quatro anos, as crianças vestem roupas idênticas, uma túnica, mais prática para suas "necessidades"; os cabelos de ambos os sexos são longos, meninos e meninas participam das mesmas brincadeiras, vivem agarrados às saias das mulheres. Nas salas das creches, meninos e meninas se confundem. Depois começa um longo processo de sexuação.

A menina é uma desconhecida. Antes do século XX, existem poucos relatos de infância de meninas. George Sand é uma exceção. Em *Histoire de ma vie*, ela conta longamente sua vida cotidiana, as relações com sua mãe, as brincadeiras, fala de suas bonecas, evoca as primeiras leituras, os devaneios em torno do tapete ou dos papéis de parede, contemplados durante as sestas intermináveis da infância. Mais tarde, as autobiografias de escritoras multiplicam esses relatos: dentre os mais belos, os de Marguerite Audoux, Colette, Nathalie Sarraute, Christa Wolf. No século XIX, a literatura educativa ou romanesca fornece elementos para uma galeria de meninas: Sophie (a condessa de Ségur), Alice (Lewis Carroll), a pequena Fadette (Sand), Cosette (Victor Hugo). Uma exposição do Museu D'Orsay[4] destaca a presença das meninas na pintura, principalmente impressionista. Élisabeth Vigée-Lebrun pinta sua filha, Berthe Morisot – a sua Júlia – em todas as fases de sua vida.

Mas além dessas representações, não é fácil delinear a vida real das meninas. Elas passam mais tempo dentro de casa, são mais vigiadas que seus irmãos, e quando se agitam muito são chamadas de "endiabradas". São postas para trabalhar mais cedo nas famílias de origem humilde, camponesas ou operárias, saindo precocemente da escola, sobretudo se são as mais velhas. São requisitadas para todo tipo de tarefas domésticas. Futura mãe, a menina substitui a mãe ausente. Ela é mais educada do que instruída.

A escolarização das meninas é mais atrasada que a dos meninos, principalmente nos países católicos. Sob esse ângulo, o protestantismo, que promove uma leitura da Bíblia pelos dois sexos, é muito mais igualitário. Nos meios católicos, as religiosas se encarregam de ateliês onde ensinam às meninas: rudimentos de leitura, a prece e, principalmente, a costura. Elas formam a mão de obra ideal para as indústrias da renda, por exemplo, como aconteceu na baixa Normandia, nas vizinhanças de Bayeux e de Caen, no século XVII e mais ainda no século XVIII.

Logo cedo se estabelece um vínculo entre meninas e religião... Elas são "educadas nos joelhos da Igreja", segundo a fórmula de Monsenhor Dupanloup. A piedade, para elas, não é somente um dever: é o seu *habitus*.

Quando as leis Ferry (1881) instauram a escola laica, obrigatória, gratuita para os dois sexos, *até os 12 anos*, com os mesmos programas – para um mesmo certificado de estudos que as meninas vão demorar mais a obter do que seus irmãos –, é uma forma de revolução, embora as meninas já fossem em grande parte alfabetizadas. Por uma questão de reputação moral, a Escola separa os sexos num espaço *não misto*.

Em comparação com as meninas, as jovens são muito mais visíveis, tendo suscitado numerosos trabalhos.[5] Na literatura, as personagens das jovens solteiras se multiplicam; são constantes no romance inglês, nos de Jane Austen, por exemplo, e, com menos intensidade, nos de Balzac – *Ursule Mirouet, Eugénie Grandet* – ou nos de George Sand. E na obra de Proust elas andam em bando. As jovens fascinam por seu frescor, sua indecisão, seu mistério, pela imagem de pureza que encarnam e que reduzia Kafka, o eterno noivo, à impotência.

Sua existência se abre num momento chave: a puberdade, que, no entanto, é pouco celebrada nas sociedades ocidentais, que prefeririam ignorá-la. Os ritos de passagem para esse momento crucial da adolescência praticamente não existem. Nos campos da Borgonha, na aldeia de Minot estudada por Yvonne Verdier (1979), as moças passam o inverno de seus 15 anos na casa da costureira, fazendo uma pequena marca vermelha nos lençóis de seu futuro enxoval, sendo este ato considerado uma iniciação aos segredos da vida da mulher. Mas, geralmente, o que se vê é o silêncio do pudor, ou mesmo da vergonha, ligado ao sangue das mulheres: sangue impuro, sangue que ao escorrer involuntariamente é tido como "perda" e sinal de morte. O sangue macho dos guerreiros "irriga os sulcos da terra"* de glória. O esperma é sementeira fecunda. A diferença dos sexos hierarquiza

---

* N.T.: Tradução de *abreuve nos sillons*, trecho de um verso do refrão da Marselhesa: *qu'un sang impur abreuve nos sillons*.

as secreções. "Ver correr seu sangue" ou não vê-lo mais é essencial para as mulheres, mas na intimidade do corpo, no segredo do sexo, e quase sempre no maior desconforto. Somente a partir dos anos 1970 é que as mães falam preventivamente de menstruação com suas filhas, os produtos de higiene levam em conta o "incômodo", como se dizia antigamente, e a publicidade anuncia as melhores proteções.

A virgindade das moças é cantada, cobiçada, vigiada até a obsessão. A Igreja, que a consagra como virtude suprema, celebra o modelo de Maria, virgem e mãe. Os pintores da Anunciação, grande tema medieval, representam o anjo prosternado no quarto da jovem virgem, diante de seu leito estreito. Essa valorização religiosa foi laicizada, sacralizada, sexualizada também: o branco, o casamento de branco, no Segundo Império, simboliza a pureza da prometida.

Preservar, proteger a virgindade da jovem solteira é uma obsessão familiar e social.

Pois a *violação* é um grande risco, porque constitui um rito de iniciação masculina tolerado na Idade Média: Georges Duby e Jacques Rossiaud[6] descreveram os bandos de rapazes em busca de presas. Infeliz daquela que se deixa capturar. Torna-se para sempre suspeita de ser uma mulher fácil. Uma vez deflorada, principalmente se foram muitos os que o fizeram, não encontrará quem a queira como esposa. Desonrada, está condenada à prostituição. No século XIX, somente o estupro coletivo é suscetível de punição pelos tribunais. No caso de estupro cometido por apenas um homem, a jovem (ou a mulher) é quase sempre considerada complacente: ela poderia ter-se defendido. O estupro é julgado em tribunais correcionais, a título de "agressão com ferimentos". Será qualificado como "crime" pela lei apenas em 1976.

Diferenças sociais consideráveis marcam a condição das jovens. A liberdade da jovem solteira aristocrata, que monta a cavalo, pratica esgrima, tem um preceptor ou uma governanta, como seus irmãos, e aprende rudimentos de latim, contrasta com a vigilância exercida sobre a jovem solteira burguesa, educada por sua mãe, iniciada às atividades domésticas e às artes de entretenimento (o indefectível piano), refinada por alguns anos de estudo ou de colégio interno e submetida aos rituais de ingresso no mundo social, que visam ao casamento. A filha das classes populares é posta para trabalhar muito cedo, geralmente em serviços domésticos. Serviçal de propriedade rural (como a Marie-Claire, natural do Berry, retratada por Marguerite Audoux), ela é quase sempre exposta a trabalhos pesados e constrangida à promiscuidade; criada doméstica "para todo serviço" na cidade, é exposta aos riscos da sedução. Outras são admitidas como aprendizes em oficinas de costura ou numa fábrica.

Não é simples manter-se na condição de jovem solteira, com as restrições do corpo e do coração, quase sem liberdade de escolha quanto a seu futuro, seus projetos amorosos, exposta à sedução, à maternidade indesejada, impedida de procurar o pai da criança pela lei napoleônica, relegada à solidão e ao abandono. As jovens solteiras são vítimas de diversos males: a melancolia, a anorexia – palavra surgida na Inglaterra por volta de 1880 –, que traduz mal-estar, obsessão pela magreza, mas também recusa da única opção colocada à sua frente, o casamento.

Ápice do "estado de mulher",[7] o casamento é a condição normal da grande maioria das mulheres (da ordem de 90% por volta de 1900 na França, um pouco menos na Grã-Bretanha). A porcentagem seria mais elevada ainda nos países do Islã ou na África, que ignoram o celibato, instituído pelo cristianismo como via de perfeição. Não é mais o caso no século XIX, que faz a apologia da maternidade e da utilidade. O celibato é considerado a situação das "desprezadas", das "solteironas", que serão boas tias (deixando herança) ou intrigantes temíveis (*La Cousine Bette* de Balzac). O celibato é uma escolha difícil que supõe uma certa independência econômica. Entretanto, torna-se mais frequente no começo do século XX, sobretudo na Inglaterra, onde *redundant women* são deploradas, sem se saber o que delas fazer.

O casamento, "arranjado" pelas famílias e atendendo a seus interesses, pretende ser aliança antes de ser amor – desejável, mas não indispensável. Os pais desconfiam da paixão, destruidora, passageira, contrária às boas relações, às uniões duráveis que fundam as famílias estáveis. "Casamentos que começam com paixonites acabam com chiliques",* dizia Brantôme.

---

* N.T.: Tradução livre de *mariages qui se font par des amourettes finissent par noisettes*, em que *noisettes*, em português "avelãs", seriam a metáfora da frivolidade.

O holismo familiar é total na Idade Média, principalmente na aristocracia, dominada pelas estratégias da linhagem. O apoio da Igreja foi fundamental, ao instituir o casamento como um dos sacramentos, ligado, em princípio, ao consentimento dos esposos. Este era mais nominal do que real, mas contém em germe um reconhecimento da autonomia das mulheres e uma personalização do casamento. Ocorre uma longa e lenta expansão do casamento por amor, processo no qual as mulheres do século XIX têm um papel determinante, e cuja apologia é feita por romancistas como Jane Austen e George Sand. Sinal claro da individualização das mulheres, e também dos homens, o casamento por amor anuncia a modernidade do casal, que triunfa no século XX. Os termos da troca se tornam mais complexos: a beleza, a atração física entram em cena. Um homem de posses pode desejar uma jovem pobre, mas bela. Os encantos femininos constituem um capital.

É claro que o amor conjugal pode existir. Mas é um golpe de sorte ou o triunfo da virtude. O amor se realiza mais fora do casamento: amplamente tolerado para os homens, cuja sexualidade seria incoercível, é muito menos tolerado para as mulheres, cujo adultério é passível de ser levado aos tribunais, enquanto o dos maridos só pode ser condenado se praticado no domicílio conjugal. O casamento por amor é, por conseguinte, a única opção honrosa para uma mulher, seu abrigo seguro.

A mulher casada é, ao mesmo tempo, dependente e dona de casa. Cabe a ela usar dos poderes que lhe são conferidos ou relegados.

Dependente juridicamente, ela perde seu sobrenome. Está submetida a regras de direito que têm por objetivo principal proteger a família: costumes do Antigo Regime; Código civil eminentemente patriarcal, dado por Napoleão à França e mesmo à Europa, que, de algum modo, o adota e que praticamente deixa as mulheres sem nenhum direito.

Dependente sexualmente, está reduzida ao "dever conjugal" prescrito pelos confessores. E ao dever de maternidade, que completa sua feminilidade. Temida, vergonhosa, a esterilidade é sempre atribuída à mulher, esse vaso que recebe um sêmen que se supõe sempre fecundo. A esterilidade torna legítimo o ato de repudiá-las: é o que aconteceu a Josephine de Beauharnais.

Dependente em seu corpo, ele pode receber "corretivos", como uma criança indócil, pelo chefe da casa, depositário da ordem doméstica. "Quem ama castiga." Bater na mulher é uma prática tolerada, admitida, desde que não seja excessiva. Se os vizinhos escutam os gritos de uma mulher maltratada, não interferem. "O homem deve ser rei em sua casa."

A esposa é dependente economicamente, na gestão dos bens (em função do contrato de casamento e na comunidade), na escolha do domicílio e com relação a todas as grandes decisões da vida familiar, inclusive quanto à educação e ao casamento dos filhos.

Entretanto, dona de casa, dispõe de influência e poderes que sabe como usar. Frédéric Le Play (1806-1882),[8] um dos primeiros sociólogos a estabelecer monografias de famílias, destacou o papel das mulheres do povo na economia familiar e na gestão do orçamento. As burguesas do norte da França, casadas com industriais, focalizadas por Bonnie Smith,[9] são muito apegadas ao espaço da casa; católicas em sua maioria, constroem uma vida cotidiana ativa e uma mística feminina em torno da função materna e de dona de casa. Mães de famílias muito grandes, detêm um senso de dever elevado, principalmente com relação às filhas, quanto à transmissão de sua função doméstica e social, em que refeições e recepções têm um papel relevante. Essas mulheres, muito ocupadas, podem encontrar a felicidade no cumprimento de suas tarefas e na harmonia de seu lar. A romancista Mathilde Bourdon e Joséphine de Gaulle, avó do General de Gaulle, descreveram suas respectivas existências e seus dramas em *domestic novels* bastante vitorianas.

A vida de mulher dura pouco: a menopausa, tão secreta quanto a puberdade, marca o final da vida fértil, e, por conseguinte, o término da feminilidade segundo as concepções do século XIX: "eu que não sou mais uma mulher", diz George Sand. Não ver mais seu sangue, é sair do campo da maternidade, da sexualidade e da sedução.[10]

A viuvez atinge necessariamente grande parte das mulheres. É um período bastante ambivalente, vivido diferentemente de acordo com os meios sociais, as situações de fortuna e os contratos de casamento. É nesse momento que a relação com o dinheiro mais se diferencia: a velha camponesa das regiões do sudoeste francês (em Gévaudan, por exemplo), onde persiste a prática de um direito do filho mais velho, é obrigada à co-habitação e é marginalizada quando se torna uma boca inútil; a burguesa parisiense de Balzac, que tem uma boa renda por ser proprietária ou usufrutuária, tem uma vida social, com uma carreira de dama patronesse adulada e respeitada nas associações dedicadas à beneficência e à caridade. Para algumas, a viuvez marca um tempo de poder e de revanche.[11]

A velhice das mulheres se perde nas areias do esquecimento. Figuras de avós, entretanto, emergem nos relatos, autobiográficos ou romanescos. George Sand evocou longamente sua avó, Marie-Aurore de Saxe, no livro *Histoire de ma vie*, e em seus romances "campesinos", *Nanon* por exemplo. Muito cuidadosa quanto à educação de sua neta Aurore, Sand lhe dedica o livro *Contes d'une grand-mère*. Proust conta o falecimento de sua avó, primeira experiência de morte para ele. Na sociedade argelina dos romances-relatos de Assia Djebar (eleita para a Académie Française [Academia Francesa] em 2005), as avós e demais antepassadas ocupam uma posição central, tal como ocorre na tradição da cultura rural, quanto à transmissão, à memória, à oralidade, coletiva ou familiar.

As migrações, o êxodo rural, fragilizam particularmente as mulheres idosas que não têm mais espaço nas novas estruturas, e que sobreviviam na aldeia. Elas povoam os asilos de idosos, que se multiplicam no século XIX para remediar a solidão dessas vidas abandonadas que se vão.

A morte das mulheres é tão discreta quanto suas vidas. Os testamentos, as despedidas das câmaras mortuárias põem em cena chefes de família, proprietários, agricultores, empresários ou homens públicos. Os "grandes" enterros são os dos homens. Os de Louise Michel ou de Sarah Bernhardt são excepcionais e destacam mulheres quase heroicizadas. De resto, em alguns países, inclusive na Inglaterra do século XIX, as mulheres não vão ao cemitério nesse dia, embora sejam elas que cuidarão da manutenção dos túmulos.

Uma mulher que desaparece não representa muita coisa no espaço público. Mas no coração dos descendentes, é quase sempre a avó, que sobrevive por mais tempo, que é lembrada. Como a testemunha mais antiga, a ternura mais persistente.

As aparências: os cabelos das mulheres

A mulher é, antes de tudo, uma imagem. Um rosto, um corpo, vestido ou nu. A mulher é feita de aparências. E isso se acentua mais porque, na cultura judaico-cristã, ela é constrangida ao silêncio em público. Ela deve ora se ocultar, ora se mostrar. Códigos bastante precisos regem suas aparições assim como as de tal ou qual parte de seu corpo. Os cabelos, por exemplo, condensam sua sedução.

Primeiro mandamento das mulheres: a beleza. "Seja bela e cale-se", é o que se lhe impõe, desde a noite dos tempos talvez. Em todo caso, o Renascimento, particularmente, insistiu sobre a partilha sexual entre a beleza feminina e a força masculina. Georges Vigarello[12] mostra as modificações do gosto e, principalmente, a valorização das partes do corpo de acordo com as épocas. Até o século XIX, perscruta-se a parte superior, o rosto, depois o busto; há pouco interesse pelas pernas. Depois o olhar desloca-se para a parte inferior, os vestidos se ajustam mais à cintura, as bainhas descobrem os tornozelos. No século XX, as pernas entram em cena, haja vista à valorização das pernas longilíneas nas peças publicitárias. Progressivamente, a busca da esbeltez, a obsessão quase anoréxica pela magreza sucedem à atração pelas generosas formas arredondadas da "bela mulher" de 1900.

A beleza é um capital na troca amorosa ou na conquista matrimonial. Uma troca desigual em que o homem se reserva o papel de sedutor ativo, enquanto sua parceira deve contentar-se em ser o objeto da sedução, embora seja bastante engenhosa em sua pretensa passividade. A Marianne de Marivaux sabe perfeitamente armar suas tramas com graça. As feias caem em desgraça, até que o século XX as resgate: todas as mulheres podem ser belas. É uma questão de maquiagem e de cosméticos, dizem as revistas femininas. De vestuário também, daí a importância da moda, que, num misto de prazer e tirania, transforma modelando as aparências. Questão de vontade, segundo Marcelle Auclair da revista *Marie Claire*. Em suma, ninguém tem o direito de ser feia. A estética é uma ética.

Daí a revolta de algumas mulheres contra essa tirania. "São as roupas que nos usam e não o contrário", diz Virginia Woolf, nada ingênua. E George Sand, sentindo-se pouco à vontade para se descrever nas primeiras páginas de sua autobiografia, transcreve com humor os dados antropométricos de seus documentos de identidade, para não mais voltar ao assunto. Ela afirma que não se acha bonita e que isso pouco lhe importa, tendo mais o que fazer do que ficar diante do espelho. Quando criança, ela foi tomada de surpresa ao se ver nua diante de um espelho, num palácio de Madri onde seu pai, oficial dos exércitos imperiais, estava em serviço com sua família.

Escolhi falar dos cabelos das mulheres porque são o símbolo da feminilidade, condensando sensualidade e sedução e atiçando o desejo.

Os cabelos, entre selvageria e identidade

Os cabelos, antes de mais nada, são uma questão de pilosidade.[13] O pelo está duplamente colado ao íntimo: por sua penetração interna, por sua proximidade com o sexo. Suas raízes penetram no corpo, no "Eu-pele", retomando a expressão de Didier Anzieu,[14] essa fina película que limita interior e exterior. O pelo recobre o sexo.

O pelo sugere a animalidade da lã, das peles de animais. O menino selvagem – o de Jean Itard ou o de Rudyard Kipling (Mogli em *Le Livre de la jungle*) – tem cabelos longos, os quais são cortados ao ser levado para a civilização. Os *selvagens* têm longas cabeleiras. Buffon descreve assim um hotentote, que, aos seus olhos, está muito próximo da animalidade: "sua cabeça coberta de cabelos eriçados ou de uma lã carapinhada; o rosto velado por uma barba longa sobre a qual caíam dois tufos de pelos ainda mais grosseiros".[15] O pelo mal domesticado sugere a presença inquietante da natureza. Daí a domesticação levada ao extremo pela peruca, indispensável máscara da *sociedade da corte*, que, segundo Norbert Elias, teve o seu papel no processo global de civilização.

Os cabelos, a pilosidade, fazem parte da pessoa. A mecha de cabelos é uma lembrança que o século XIX eleva à dignidade de relíquia. Guardam-se, piedosamente conservados num medalhão, os cabelos louros de uma criança ou a mecha de cabelos do ser amado. Uma mulher apaixonada presenteia seu amante com uma mecha para ele guardar sobre o coração; ela faz o mesmo. Assim aconteceu com Adèle e Aimé, segundo a *Correspondance* excepcional publicada por Paula Cossart.[16] Levei duas horas, acho, desembaraçando os cabelos que te envio para que os ponha junto daqueles que você já tem", escreve Adèle. "Não há mérito na paciência que tive em recolhê-los, mas afirmo que só você, neste mundo, me dá a coragem necessária para arrumar todos esses cabelos, um a um. É verdade que o tempo que passei nessa tarefa me embalou de mil ideias deliciosas. Dar seus cabelos é dar uma parte de si, uma parcela de seu corpo ao outro. Um fragmento que resiste ao tempo.

Raspar os cabelos de alguém, homem ou mulher, é tomar possessão dele ou dela, é torná-lo anônimo: os militares são raspados "a zero", por motivos de higiene, mas também de disciplina; os escravos na Antiguidade são submetidos à tosquia, assim como os prisioneiros. Nas prisões francesas do século XIX, os detentos reivindicam o direito de conservar a barba e os cabelos cujo porte diferencia visivelmente os condenados dos acusados. É um dos primeiros "direitos" reconhecidos a estes últimos na Terceira República. Do mesmo modo, as mulheres são poupadas da humilhação que seria a raspagem de seus cabelos, que são apenas cortados, segundo o visconde de Haussonville.[17] Entretanto, as jovens encarceradas são obrigadas a usar uma touca "da qual nenhum fio de cabelo pode escapar". A disciplina carcerária passa pela disciplina do corpo, pela ordenação das aparências, dentre as quais a cabeleira constitui a parte mais sensível.

Os deportados passam pela humilhação do crânio raspado, da cabeleira cortada. Simone Veil[18] evocou o drama que a tosquia representou nos campos de concentração; ela não sofreu completamente essa humilhação, pois lhe deixaram os cabelos curtos, o que, a seu ver, a ajudou. Os cabelos dos deportados constituem os mais terríveis restos dos campos de concentração, por serem os últimos vestígios, quase vivos, da pessoa.

Sofrimento para todos, a perda dos cabelos é particularmente sensível para as mulheres por serem o sinal mais visível da feminilidade. Ver-se no espelho sem cabelos, após uma quimioterapia, constitui uma prova terrível.

Diferença dos sexos e pilosidade: a barba e os cabelos[19]

O apóstolo Paulo escreve aos coríntios:[20] "A própria natureza não vos ensina que é uma desonra para o homem usar cabelo comprido? Ao passo que é glória para a mulher uma longa cabeleira, porque lhe foi dada como um véu". Tudo está dito: a "natureza" dita a honra que comanda o comprimento dos cabelos de acordo com os sexos. Deus nada mais faz além de seguir as regras criadas por ele mesmo. Do mesmo modo os fiéis.

A diferença dos sexos é marcada pela pilosidade e seus usos: os cabelos para as mulheres, a barba para os homens. Os cabelos são considerados, com frequência, signo da efeminação. As épocas andróginas deixam-nos crescer: como durante o romantismo ou nos anos posteriores a 1968. Nas empresas, nessa época, os "cabelos longos" eram censurados e os jovens ameaçados de exclusão, ou efetivamente despedidos, se persistissem em não cortá-los. Os conflitos foram frequentes a esse respeito.

A virilidade se afirma frequentemente pelo crânio raspado; foi assim na Roma antiga, e posteriormente cristã. Paulo preconiza o véu para as mulheres, mas não para os homens, que, ao contrário, devem cortar os cabelos: "É uma desonra para o homem usar cabelo comprido". Os guerreiros trazem o crânio liso. Os neonazistas fazem disso uma proclamação de virilidade.

A barba é outra coisa. Pode ser um sinal de virilidade. Molière fala da "potência da barba". "A barba é onipotente", diz Arnolphe na *L'École des femmes*. A santa que quer conservar a virgindade pede a Deus para lhe fazer crescer pelo no queixo: a "santa barbuda" se preserva adotando a identidade do outro sexo.

Há um simbolismo viril da barba. Ela significa potência, calor e fecundidade, coragem (a juba dos leões) e sabedoria: Deus Pai é representado barbudo, como Abraão, seu substituto. A barba mostra a ancianidade do homem, sua anterioridade com relação à mulher segundo Clemente de Alexandria. Ela representa a idade, a duração fundadora, o tempo. A paternidade. Mas ela deve ser domesticada. No século IV, os Pais da Igreja combatem "os monjes barbudos",[21] principalmente os discípulos de um certo Eustátio de Sebaste, que prega um ascetismo rigoroso, o abandono da sexualidade, e preconiza deixar crescer barba e cabelos. A indiferenciação da cabeleira encobre o desejo de indiferenciação sexual. Assim ocorreu com o *unissex* apregoado nos últimos trinta anos do século XX por nossos cabeleireiros urbanos, o que hoje em dia já saiu de moda.

Os cabelos, exibição e símbolo da feminilidade: representações e imagens

A representação dos cabelos das mulheres é um tema maior de sua figuração, principalmente quando se quer sugerir a proximidade da natureza, da animalidade, do sexo e do pecado. Eva e Maria Madalena são dotadas de espessas cabeleiras que fazem a beleza da estatuária medieval e da pintura do Renascimento alemão (Dürer, Cranach).

Maria Madalena, a prostituta (para alguns, amante de Cristo; o autor do *best-seller O código Da Vinci* chega a fazer dela a esposa de Cristo, com o qual tivera uma filha, Sarah – logo, ela faz sonhar...), enxuga os pés de Cristo com seus longos cabelos. Mesmo na condição posterior de santa, é representada com sua abundante cabeleira.[22]

O inventário abundante das representações picturais dos cabelos das mulheres reservaria muitas surpresas: a Virgem da Anunciação visitada em seu quarto usa longos cabelos de menina, na maior parte das vezes cobrindo os ombros. Como o anjo anunciador Gabriel, tão farto de cabelos quanto ela. Os anjos, aliás, sempre têm muito cabelo, a ponto de se utilizar, na decoração da árvore de Natal, guirlandas cintilantes chamadas de "cabelos de anjo". Sinal da ambiguidade sexual dos anjos e dos cabelos: os anjos não têm sexo, mas têm cabelos que talvez substituam o sexo. Por outro lado, as mulheres cruéis, Judith ou Salomé, também têm muito cabelo. Os homens decapitados por elas – Holofernes, João Batista – também são muito cabeludos, como se elas quisessem atacar o seu excedente de virilidade.

A sensualidade dos pintores do Renascimento explode na pintura do corpo das mulheres e de sua cabeleira: Boticelli, Tintoreto, Veronese, assim como a escola de Fontainebleau e a escola alemã retrataram a Eva, a Melancolia e as feiticeiras com cabelos ondulantes e drapeados.

Os impressionistas jogam com os reflexos dos cabelos daquelas que eles retratam no interior de suas casas, ao piano ou costurando, e em seus jardins. Principalmente Renoir. Os pintores vienenses acrescentam aos reflexos um toque erótico.

O *art nouveau*, cheio de volutas, faz dos cabelos das mulheres um de seus motivos principais,[23] uma forma familiar; um elemento essencial da decoração das cidades (fachadas de imóveis, estações de metrô) e dos interiores. Assim ocorre na arte decorativa da escola de Nancy, como se pode ver na mansão Majorelle dessa cidade: vasos, ornamentos de chaminé, maçanetas, cornijas dos tetos... entortam-se nesses cabelos.

A antologia literária também é abundante – em menor quantidade nos romances, reduzidos à evocação da cor de cabelos ocultos por chapéus, do que nos poemas. Como aquele que, em *Les Fleurs du mal*, Baudelaire intitula "A cabeleira":[24] cores, odores, evocação do mar, onda dos sentidos, sensualidade e êxtase, que dão ritmo a esse magnífico poema, um dos mais belos jamais inspirados pela cabeleira feminina.

A linguagem de Kierkegaard, torturada pela sexualidade feminina, é totalmente diferente. No *Journal du séducteur*, ele evoca o que lhe inspira a cabeleira, que mantém os homens cativos:

> O que de mais belo existe que a cabeleira abundante de uma mulher, que essa profusão de cachos? E, no entanto, é um sinal de sua imperfeição, segundo as Escrituras que apontam várias razões para isso. E seria isso mesmo! Que se olhe a mulher quando inclina a cabeça para o chão, e quase o toca com suas longas tranças, semelhantes a sarmentos floridos que a prendem à terra; não é então uma natureza mais imperfeita que o homem, cujo olhar é voltado para o céu e que apenas toca o solo? No entanto, essa cabeleira é a sua beleza, mais ainda, a sua força; pois é com ela, segundo o poeta, que cativa o homem, o acorrenta e o liga à terra. Eu gostaria de dizer a um desses tolos que pregam a emancipação: olhe, ei-la em sua imperfeição, mais fraca que o homem; se tiver coragem, corte seus cachos abundantes, rompa as pesadas correntes e deixe-a correr como uma louca, como uma criminosa, aterrorizando a todos.[25]

Fascinação, medo, ódio irrigam esse texto emblemático, em que se aborda a questão de tosquiar as mulheres, tratadas todas como loucas ou criminosas, para se libertar da obsessão de suas cabeleiras e talvez da culpabilidade de desejá-las.

Os cabelos são a mulher, a carne, a feminilidade, a tentação, a sedução, o pecado.

Há uma erotização dos cabelos das mulheres, principalmente no século XIX, grande século do esconder/mostrar, que fortalece o erotismo. Isso se estende do erotismo refinado dos pintores, em particular dos pintores vienenses (Klimt, Schiele...), ao erotismo mais vulgar dos cartões postais de 1900 que retratam o nu e os cabelos, ainda mais quando representam as mulheres das colônias ou as judias.

Esconder os cabelos das mulheres: a longa história do véu

O véu[26] era de uso corrente no mundo mediterrâneo antigo. Mas sem obrigação religiosa. É certo que em vários ritos sacrificiais greco-romanos deve-se cobrir a cabeça; mas isso vale para os dois sexos. Nem o Antigo Testamento nem os Evangelhos fazem exigências quanto a isso.

O apóstolo Paulo inova. Na primeira Epístola aos Coríntios (11, 5-10), ele escreve que, nas assembleias, os homens devem se descobrir e as mulheres se cobrir.

> Toda mulher que ora ou profetiza, não tendo a cabeça coberta, falta ao respeito ao seu senhor, porque é como se estivesse rapada. Se uma mulher não se cobre com um véu, então corte o cabelo. Ora, se é vergonhoso para a mulher ter os cabelos cortados ou a cabeça rapada, então que se cubra com um véu.

Porque a mulher foi criada para o homem, "a mulher deve trazer o sinal da submissão sobre sua cabeça, por causa dos anjos". As mulheres devem calar-se nas assembleias. Usar o véu ao profetizarem. Usar o véu como sinal de dependência: "a mulher deve trazer sobre sua cabeça o sinal da autoridade".

Depois de Paulo, os Pais da Igreja acrescentam exigências. Tertuliano, de sua parte, dedica dois tratados ao que se tornou uma preocupação maior da cristandade nascente: *Le Voile des Vierges* e *La Toilette des femmes*.

Assim, o véu reveste-se de significações múltiplas, religiosas e civis, para com Deus, e para com o homem, seu representante. Ele é sinal de dependência, de pudor, de honra.

O véu é sinal de autoridade: já em Roma, uma mulher casada que sai sem seu lenço, a *rica*, pode ser constrangida ao divórcio. As moças não usam véu; reivindicam não usá-lo. A mulher casada é propriedade de alguém, logo deve ser velada. O véu é instrumento de pudor. Tertuliano considera as toucas e os lenços insuficientes. É preciso velar o corpo das mulheres e sua cabeleira, objetos de tentações.

Sinal de virgindade, o véu figura o hímen. O véu da noiva é um véu nupcial que apenas o marido deve retirar, assim como é ele que deflora o hímen. Significa oblação, oferenda, sacrifício da esposa.

Ou ainda, véu de oblação da *religiosa*, que, no dia em que professa, oferece sua cabeleira a Deus e põe o véu para ele. A Igreja faz do véu das religiosas uma obrigação, o selo de sua castidade e de seu pertencimento a Deus, sobretudo a partir do século IV. A Igreja impõe o véu às religiosas e aconselha-o às demais mulheres; devem, pelo menos, ter a cabeça coberta.

Essa prescrição, por vezes, é difícil de aceitar. Marguerite Audoux, em seu romance autobiográfico, *Marie-Claire*, põe em cena uma religiosa que sofre com essa exigência: "Quando me visto, parece que entro numa casa que está sempre às escuras", diz a irmã Désirée des Anges; à noite, ela tira, com prazer, hábito e véu. Em sua agonia, ela tenta se desfazer dele; tira o véu e deixa livres os seus cabelos, para grande escândalo de suas "irmãs", que suspeitam de que ela tenha traído seus votos de castidade. Véronique "julgou que era vergonhoso para uma religiosa deixar ver seus cabelos".

A questão do véu foi um ponto central nas discussões do Concílio Vaticano II, entre os clérigos e as religiosas, que pediam para tornar mais leves suas roupas, tão pouco compatíveis com as exigências da vida moderna. Fiéis aos Pais da Igreja, os clérigos, eles próprios dispostos a se laicizar, resistiram e mantiveram a obrigação do véu, simplificando-o, no entanto.

As relações entre o islã e o véu são controversas e não as resolveremos aqui. Segundo Malek Chebel,[27] o Corão não estabelece nenhuma obrigação a esse respeito. Mas o islã cresceu no seio de culturas mediterrâneas que ocultam as mulheres, as mantêm confinadas (gineceu, harém, mulher escondida da cultura árabe-andaluza). O uso do véu pelas próprias mulheres é complexo, como o mostram, para as argelinas, os romances de Assia Djebar. Num mundo de homens, o véu é, para elas, a única possibilidade de circular no espaço público. Na época da Guerra da Argélia, a "mulher sem sepultura" de Cesareia (Cherchell) dissimula suas ligações com o maquis* sob o seu véu. Hoje, as mulheres iranianas, mesmo sendo muito liberadas,

---

* N. T.: Na França, designação de local de difícil acesso onde se reuniam os membros do movimento clandestino de resistência à ocupação alemã durante a Segunda Guerra Mundial.

usam o véu para se proteger, abrigar-se do olhar, do poder e dos homens. Sob o véu, elas se vestem como querem.

Mas, e talvez seja um sinal de resistência à arabização, as mulheres berberes não usam véu. As feministas do Magreb, embora minoritárias, fazem da recusa ao uso do véu uma afirmação de sua liberdade: é o que acontece no Marrocos.

Ainda mais quando o fundamentalismo pretende submetê-las a isso. O véu é um símbolo de dominação das mulheres e de seu corpo. Eu te ponho um véu porque tu me pertences. Compreende-se que seja um objeto de discórdia, que, na França, está presente tanto no movimento de reivindicações *Ni putes ni soumises* [Nem putas nem submissas] quanto nos debates em torno da lei sobre a proibição do véu na escola pública, os quais dividiram as próprias feministas.

Cobrir, enfeitar ou pentear os cabelos: instrumento de sedução

Cobrir ou enfeitar os cabelos, por conseguinte, é objeto de convenções, de distinção e de moda.

No século XIX, uma mulher "de respeito" traz a cabeça coberta, uma mulher de cabelos soltos é uma figura do povo, vulgar; nas feiras, distinguem-se as burguesas que usam chapéu, que saem às compras, das feirantes que nada usam para cobrir os cabelos. A moda logo impõe o chapéu tanto para os homens como para as mulheres. Mas foi a partir dos séculos XVII e XVIII que se produziu uma espantosa inflação de chapéus para as mulheres, que se tornam verdadeiros "bolos de noiva", como os que Maria Antonieta gostava de usar.

Posteriormente, voltou-se a atenção para os próprios cabelos. São vários os penteados. Mas em público, raramente são deixados soltos: na maioria dos casos são presos num coque que só se desfaz na intimidade do lar, ou mesmo apenas no quarto de dormir. Na noite de núpcias, a esposa solta os cabelos para o marido, e a partir de então apenas ele terá esse privilégio. Adorno observa que há, nas mulheres, um fetichismo do penteado. A mulher jovem que se entrega ao amante se mostra ansiosa quanto a suas roupas e seus cabelos, se estão ou não penteados e cobertos pelo chapéu.

O penteado transforma os cabelos em peça do vestuário, em objeto de arte e de moda. Passam a fazer parte da *mise-en-scène* da sedução, da elegância. Como a modista, o cabeleireiro entra em cena, torna-se o cúmplice, até mesmo o confidente, das mulheres; os "salões de cabeleireiro" funcionam como verdadeiros *boudoirs*.

Comprimento, corte, cor dos cabelos são objeto de códigos e de modas. A cor dos cabelos seria um capítulo à parte. Os homens, segundo dizem, preferem as louras.[28] Isso é certo para a maioria dos pintores: a preferência é marcante pelas cabeleiras que iluminam suas telas (as de Veronese ou Tintoretto, por exemplo). Influenciado pela Espanha de Goya e pelo Oriente, o romantismo aprecia o brilho de azeviche dos bandós negros. Mas pouco tempo depois, os cabelos dourados recuperam seu lugar: a cabeleira doce e cândida do anjo louro à inglesa e a de *Nana*, luxuriante e sensual, cujos cabelos de ouro são acariciados no romance de Zola – além daquelas cabeleiras que se desdobram nas telas impressionistas, principalmente nas de Renoir. No século XX, as *vamps* são louras em sua maioria: Marilyn, Brigitte Bardot, Grace Kelly, Madonna. Em contraste, as ruivas, preferidas de Toulouse-Lautrec, não têm boa fama, pois têm cabeça quente e são tidas como feiticeiras.[29]

Cortar os cabelos: sinal de emancipação. Os Anos Loucos,[30] de 1920 a 1930

As primeiras mulheres a cortar os cabelos foram as estudantes russas dos anos 1870-1880, partidárias ou não do niilismo, que entram para as faculdades de medicina para cuidar da saúde do povo. Esboça-se assim uma silhueta de mulher jovem de cabelos curtos ("tosquiada", diziam alguns) que seduziu Louise Michel. A própria Louise cortou seus cabelos para combater durante a Comuna e sempre os usou semilongos. Liberação política, liberação dos costumes, afirmação de um safismo andrógino ou de uma extrema feminilidade (a poetisa Renée Vivien com sua aparência de pajem) caracterizam a *new woman* da Belle Époque. Por volta de 1900, o feminismo europeu ganha força, se desenvolve e reivindica a libertação do corpo. Os espartilhos caem em desuso, as saias ficam mais curtas, assim como os cabelos. Colette, já em 1902, corta as longas tranças de Claudine (sua primeira identidade literária). Ela gaba os prazeres de "travestir-se num sexo indefinido".

A guerra acelera o movimento. Para as comodidades do trabalho, enfermeiras, motoristas de ambulância, condutoras de bonde, operárias das fábricas de munição, presentes em tantos cartões postais, se modernizam.

Após a guerra, o novo corte se generaliza com variantes.[31] Ora são cabelos frisados, em "permanentes" produzidos por *bigoudis* elétricos: as mulheres ficam com a aparência de carneiros. Ora são cortes retos que dão às mulheres a aparência de rapazes, principalmente quando elas usam *tailleur*, gravata e piteira. A canção de Dréan reflete a nova moda: "Ela mandou cortar seus cabelos/ Como uma menina/ Gentil/ Ela cortou seus cabelos/ Dizendo/ Assim vai ficar muito melhor/ Pois as mulheres são como os homens/ Para seguir a moda/ Cômoda/ Todas elas cortaram seus cabelos".

De início, essa moda era aceita com reservas, mesmo por Colette, que, embora tenha dado o exemplo, a critica por sua falta de feminilidade. Os representantes da alta costura – Worth, Madeleine Vionnet, Poiret – resistem à "masculinização". Outros, ao contrário – principalmente as mulheres –, experimentam um sentimento de liberação, tal como a italiana Sibila Aleramo (1876-1960), que tece loas aos cabelos *alla maschietta*: "É como uma iluminação. Tenho o sentimento, simplesmente, de ter passado de uma época à outra".

Muitas tendências se afirmam: a juventude, a modernidade, a vontade de se emancipar das modas de outrora, do mundo de antes da guerra, morto para elas. Um desejo de leveza, propício ao esporte. De liberação sexual: as lésbicas apoiam essa moda que lhes convém. Depois, essa prática se generaliza. Revistas – *Minerva, Vogue* – se convertem a ela, assim como alguns costureiros célebres, tendo à frente Coco Chanel.

Assim se delineia uma silhueta andrógina. Novos tipos de vestuário: o chapéu sem abas, o *tailleur* (Chanel), a saia-calça, a calça comprida. Novas atitudes: fumar, dirigir automóvel, ler jornal em público, frequentar cafés. Nova sexualidade numa onda de homossexualidade que se estende a toda a Europa.[32] Aparecem novos tipos de mulheres, muitas vezes aos pares: Colette e a baronesa de Zuylen, Sylvia Beach e Adrienne Monnier, as famosas livreiras da rua do Odeon, editoras de James Joyce,[33] e Suzanne Malherbe, também chamada de Marcel Moore, Gertrude Stein e Romaine Brooks, Claude Cahun, a célebre fotógrafa etc. As mulheres aspiram a novos papéis, entram para a universidade, apoderam-se de novas disciplinas (psicanálise, etnologia, como Germaine Tillion e Denise Griaule, que exploram a África), exercem profissões que até então lhes eram vedadas, aventuram-se na criação literária ou artística (principalmente na pintura) e penetram até mesmo nas vanguardas. Tais avanços, definitivos sob vários aspectos, são brutalmente detidos, ou freados, pela crise e pela ascensão dos totalitarismos, francamente antifeministas.

O corte dos cabelos, nesse momento brilhante dos "Anos Loucos", significa nova mulher, nova feminilidade.

Tosquiar as mulheres

A tosquia dos cabelos é, de longa data, um sinal de ignomínia, imposto aos vencidos, aos prisioneiros, aos escravos. Desde a Antiguidade, e mesmo na Idade Média. Tosquiavam-se as feiticeiras como se sua longa cabeleira fosse maléfica. Assim ocorreu com Joana d'Arc (Jany Holt encarna de forma definitiva a Joana tosquiada de Dreyer).

Depois da Segunda Guerra e da Ocupação, a "tosquia" tornou-se, na França, uma prática maciçamente utilizada contra as mulheres suspeitas de "colaboração horizontal". Trata-se de um dos aspectos mais sinistros da liberação: *um carnaval sem graça*, como diz Alain Brossat, um dos primeiros a estudar o assunto.[34] Fabrice Virgili o estudou em sua tese. Mostrou a extensão, e mesmo a generalização, de uma prática que tomou toda a França e que atingiu aproximadamente vinte mil mulheres, tanto nas grandes cidades quanto nos campos. Essa prática começa já na primavera de 1944, com uma segunda onda em maio-junho 1945, no retorno dos prisioneiros do STO (Service du Travail Obligatoire [Serviço do Trabalho Obrigatório]), e na descoberta dos campos de concentração. O ritual era sempre o mesmo: tosquias públicas, praticadas sobre estrados, eram acompanhadas de desfiles, o que dava vazão à caçoada, ao insulto, à desforra sobre mulheres tomadas como bode expiatório das fraquezas de todos.

O que chama a atenção, uma vez mais, é a importância simbólica dos cabelos. "Quando é que o aparelho de tosquiar vai retirar-lhe [à mulher] um de seus meios de sedução?" – lê-se num editorial do jornal *La Libération de l'Aunis et de la Saintonge*. O corpo degradado pelo corte dos cabelos. Posto a nu. No crânio raspado desenha-se a cruz gamada. "Com a tosquia, trata-se não somente de excluir a mulher da comunidade nacional, mas também de destruir a imagem da feminilidade. A erotização que precede a tosquia é seguida de um processo de dessexulização" – escreve Fabrice Virgili.[35] É preciso punir as mulheres por sua conduta vergonhosa, purificar o povo da França de seus comprometimentos, tomando o corpo das mulheres como bode expiatório. "Tudo acontece como se a tosquia fosse encarregada de levar para o deserto do exílio social todos os pecados, todos os crimes da colaboração", comenta Alain Brossat. A tosquia é um rito expiatório de purificação. Uma medida higiênica de asseio, de desinfecção e de erradicação do mal. Calcula-se o valor político do corpo da mulher, ponto de honra, objeto de poder. E em particular o valor de seus cabelos.

Isso explica, de uma outra maneira, as paixões que envolvem o véu. Na França e no mundo. Pôr véu nas mulheres corresponde a mostrar sua dependência, restabelecer a hierarquia dos sexos que, para muitos, é o fundamento da ordem social.

Os cabelos das mulheres ainda são uma questão em pauta. Como se o destino do mundo repousasse sobre suas cabeças.

O sexo das mulheres

O sexo das mulheres: é o que abordaremos agora.

Como pano de fundo: a tela de Courbet, *L'Origine du monde*, hoje no Museu d'Orsay. Essa tela foi pintada para um colecionador de telas eróticas, Kalil Bey, ex-embaixador turco, que a guardava secretamente sob uma cortina, como um tesouro escandaloso; e escandalosa era ela, com efeito; nunca ninguém ousara representar a vulva entreaberta de uma mulher. O quadro, mais tarde, pertenceu ao psicanalista Jacques Lacan.

O sexo é "a pequena diferença" anatômica que inscreve os recém-nascidos num ou noutro sexo, que faz com que sejam classificados como homem ou mulher. A indiferenciação é um drama. Michel Foucault publicou em 1978 as recordações de *Herculine Barbin dite Alexia B*, único título de uma coleção que ele havia lançado, intitulada "*Les vies parallèles*". Conta o drama de um hermafrodita, considerado mulher, que se sentia um homem, obteve o reconhecimento de que o era, mas acabou por se suicidar por causa da dificuldade em viver tal situação. A transexualidade é hoje reconhecida, sem que, no entanto, seja mais fácil conviver com ela.

Na maior parte das vezes, as pessoas se inscrevem na dualidade, no *arranjo entre os sexos*, para retomar a expressão de Erving Goffman,[36] através do qual a sociedade organiza a diferença. Os trabalhos pioneiros vêm dos antropólogos: como Margaret Mead (1935), que inspirou Simone de Beauvoir, no *Le Deuxième sexe* (1949). "Não nascemos mulher. Tornamo-nos mulher": a fórmula famosa rompe com o naturalismo e convida à desconstrução das definições tradicionais. As relações do sexo (biológico) e do gênero (social, cultural) são o cerne da reflexão feminista contemporânea, que hesita a respeito desse recorte: o sexo é a determinação primeira? Ele não pertenceria ao gênero, num corpo cuja historicidade seria prioritária?

Limitar-me-ei a algumas observações sobre a história da diferença dos sexos.

Primeiramente sobre *a representação* do sexo feminino. De Aristóteles a Freud, o sexo feminino é visto como uma carência, um defeito, uma fraqueza da natureza. Para Aristóteles, a mulher é um homem mal-acabado, um ser incompleto, uma forma malcozida. Freud faz da "inveja do pênis" o núcleo obsedante da sexualidade feminina. A mulher é um ser em concavidade, esburacado, marcado para a possessão, para a passividade. Por sua anatomia. Mas também por sua biologia. Seus humores – a água, o sangue (o sangue impuro), o leite – não têm o mesmo poder criador que o esperma, elas são apenas nutrizes. Na geração, a mulher não é mais que um receptáculo, um vaso do qual se pode apenas esperar que seja calmo e quente. Só se descobrirá o mecanismo da ovulação no século XVIII e é somente em meados do século XIX que se reconhecerá sua importância. Inferior, a mulher o é, de início, por causa de seu sexo, de sua genitália.

A importância atribuída ao sexo não é a mesma ao longo das épocas. Algumas a minimizam. Assim ocorre na Idade Média, quando se considera que os sexos são variedades de um mesmo gênero. O Renascimento, como já foi dito, distingue o "alto" e o "baixo" do corpo, exalta o alto, nobre sede da beleza, e deprecia o "baixo", animal.

O século XVIII, das ciências naturais e médicas, descobre a parte de "baixo", como a do prazer e da vida. Ele "inventa" a sexualidade, com uma insaciável "vontade de saber" o sexo, fundamento da identidade e da história dos seres. Sexualiza os indivíduos, em especial as mulheres, como mostrou, seguindo a linha de Foucault, Thomas Laqueur.[37] A mulher é identificada com o seu sexo, que a absorve e a impregna completamente. "Não há nenhuma paridade entre os dois sexos quanto à consequência do sexo, escreve Rousseau (*Émile*). O macho é macho apenas em certos momentos, a fêmea é mulher ao longo de sua vida ou, pelo menos, ao longo de toda a sua juventude; tudo a liga constantemente a seu sexo, e, para o bom cumprimento de suas funções, é-lhe necessário ter uma constituição que o propicie": cuidados, repouso, "vida suave e sedentária". Ela precisa da proteção da família, da sombra da casa, da paz do lar. A mulher se confunde com seu sexo e se reduz a ele, que marca sua função na família e seu lugar na sociedade.

O sexo das mulheres deve ser protegido, fechado e possuído. Daí a importância atribuída ao hímen e à virgindade. Principalmente pelo cristianismo, que faz da castidade e do celibato um estado superior. Para os Pais da Igreja, a carne é fraca. O pecado da carne é o mais terrível dos pecados. Ainda hoje, para a Igreja de João Paulo II e de Bento XVI, a sexualidade constitui um bastião de resistência ao mundo moderno, uma linha Maginot da moral cristã, ou mesmo do sagrado.

A virgindade é um valor supremo para as mulheres e principalmente para as moças. A Virgem Maria, em oposição a Maria Madalena, é seu modelo e protetora. Ela é, ao mesmo tempo, concebida sem pecado (dogma da Imaculada Conceição, Pio IX, em 1854) e concebe sem o homem, "pela intervenção do Espírito Santo". A Virgem, entretanto, é mãe em toda plenitude; ela carrega seu filho no ventre, o alimenta, o segue em suas predicações, o sustenta em sua paixão, o assiste em sua morte: a mãe perfeita, mas somente mãe. A Virgem é rainha e mãe da Igreja medieval, mediadora, protetora. "No século XIII, Deus mudou de sexo", escreve Michelet. As virgens das catedrais e das igrejas transmitem essa presença pacificadora, mas também obsedante, de Maria, rainha dos conventos, patrona das moças.

Filhas de Maria, elas são sujeitas à pureza. O pudor é o seu ornamento. A virgindade no casamento é seu capital mais precioso. Elas devem se defender da sedução e do estupro, que, entretanto, é praticado por bandos de jovens em busca de iniciação. Moças sozinhas à noite precisam ter cuidado. Não estão mais protegidas do que as mulheres na cidade noturna moderna. O corpo das mulheres está em perigo.

A virgindade das moças pertence aos homens que a cobiçam. Mais mito do que realidade, o direito do senhor feudal de deflorar a mulher do servo não deixa de ser rico de significações. O direito do esposo é mais real, pois se apodera de sua mulher na noite de núpcias, verdadeiro rito de tomada de posse. Ritual que, por muito tempo, era público (a verificação do lençol manchado que sobrevive na África do Norte), tornou-se cada vez mais íntimo. Principalmente a partir dos séculos XVIII e XIX, como o mostra a prática da viagem de núpcias.

A sexualidade das mulheres: um mistério, e considerado como tal.

Misteriosa, a sexualidade feminina atemoriza. Desconhecida, ignorada, sua representação oscila entre dois polos contrários: a avidez e a frigidez. No limite da histeria.

Avidez: o sexo das mulheres é um poço sem fundo, onde o homem se esgota, perde suas forças e sua vida beira a impotência. É por isso que para o soldado, o atleta, que precisam de todas as suas forças para vencer, há a necessidade de se afastarem das mulheres. Segundo Kierkegaard, "a mulher inspira o homem enquanto ele não a possui". Essa posse o aniquila. Esse medo da sexualidade da mulher que não se pode jamais satisfazer é a origem do fiasco, temor constante de Stendhal.

Frigidez: a ideia segundo a qual as mulheres não sentem prazer, não desejam o ato sexual, uma canseira para elas, é bastante difundida. Balzac, em *La Physiologie du mariage*, texto alusivo e preciso ao mesmo tempo, mostra mulheres que alegam estar com enxaqueca para furtar-se ao dever conjugal, o qual, no entanto, é prescrito por seus confessores.

Daí surge, para os homens, a necessidade, a justificativa de procurar o prazer em outro lugar: amantes, prostitutas, mulheres sedutoras das casas de má fama, em plena expansão no século XIX, são encarregadas de remediar essa "miséria sexual".[38]

Os homens sonham, cobiçam, imaginam o sexo das mulheres. É a fonte do erotismo, da pornografia, do sadomasoquismo. E provavelmente da excisão das meninas, prática largamente difundida ainda hoje na África muçulmana, e mesmo na Europa, em consequência das migrações. O prazer feminino é tolerável?

As mulheres cuja sexualidade não tem freios são perigosas. Maléficas, assemelham-se a feiticeiras, dotadas de "vulvas insaciáveis". Mesmo quando ficam velhas, fora da idade permitida para o amor, as feiticeiras têm a reputação de cavalgar os homens, de tomá-los por trás, o que, na cristandade, é contrário à posição dita natural: em suma, têm a reputação de fazer amor como não se deve fazer. Diana figura a sexualidade liberada. A feiticeira alimenta a escuridão das noites de sabá.

A histérica é a mulher doente de seu sexo, sujeita a furores uterinos que a tornam quase louca, objeto da clínica dos psiquiatras. Charcot, nas segundas-feiras do hospital da Salpêtrière, perscruta seus movimentos convulsivos, que explodem, por vezes, em manifestações coletivas de internatos ou de fábricas no século XIX. Novas feiticeiras, as convulsionárias assemelham-se às possuídas de Loudun que Urbain Grandier tentava exorcizar. Mas é o seu útero, e não o diabo que é incriminado. A histeria abre o caminho para as "doenças das mulheres" e para a psiquiatrização e psicanálise dessas doenças.

No século XIX, a histérica sofre uma metamorfose, produzindo-se um duplo movimento, identificado por Nicole Edelman:[39] 1) a histeria "remonta" do útero ao cérebro; ela atinge os nervos, doentes. A mulher torna-se "nervosa"; 2) com isso, nota-se uma extensão ao outro sexo. A histeria atinge os homens. "Estou histérico", escreve Flaubert a Sand. Charcot confirma. A guerra acentuará o diagnóstico da bissexualidade da histeria.

A sexualidade consentida, e mesmo exigida, é conjugal. Mas não sabemos muita coisa sobre ela. Altar da sexualidade, o leito conjugal escapa aos olhares. Até a Igreja recomenda discrição aos confessores, apesar de sua reprovação ao pecado de Onan.[40] Não há, entretanto, outro meio de evitar a concepção, e o coito interrompido, numa França que restringe seus nascimentos desde o século XVII, é bastante praticado. "Engana-se a natureza até mesmo nas aldeias", escreve Moheau em *Recherches et considérations sur la population de la France* (1778). Cada vez mais preocupadas em limitar a dimensão de sua família e prevenir a gravidez não desejada, as mulheres apreciavam os maridos "atentos" e elas próprias sabiam se furtar. Não era sempre que repudiavam as carícias conjugais, longe disso, e queixavam-se da negligência e mesmo da impotência de seus companheiros.

A descoberta do prazer feminino é antiga. Os cavaleiros da Idade Média temem o leito e a mulher insaciável que não estão certos de poder satisfazer, segundo Georges Duby. O Renascimento favorece esse reconhecimento do desejo. Os médicos detectam um líquido feminino, que seria sinal de gozo e que ajuda a reprodução. A corte dos Valois era propícia às experiências de todos os tipos e mesmo às palavras para dizê-los.

O desejo das mulheres se expressa em certos textos da Idade Média e mais ainda do Renascimento, como as poesias eróticas de Pernette du Guillet. As mulheres galantes, cuja vida é evocada por Brantôme, sabem gozar do sexo. Segundo Pierre Camporesi, Catherine Sforza vangloriava-se de tomar posições favoráveis ao *orgasmo*,[41] palavra não utilizada, embora não se ignorasse a coisa, que é preciso buscar no eufemismo e nas expressões da linguagem poética.

O século XVII da Contrarreforma e do jansenismo é cheio de pudores. A libertinagem do século XVIII é sobretudo masculina, como o erotismo do século XIX. Alain Corbin, que prepara uma antologia de textos eróticos do século XIX, diz ter muita dificuldade para encontrar textos de mulheres. Falar do sexo é então objeto de profundo recalque. Mesmo George Sand, de costumes tão livres, guarda silêncio, inclusive em sua autobiografia, na qual ela se recusa a qualquer confidência íntima. As cartas ardentes de sensualidade que ela dirige a Michel de Bourges, seu amante, quando ele a abandona, são uma exceção à sua obra. Alguns processos por crime passional[42] fazem ouvir o desejo carnal de mulheres do povo que esperam de seus companheiros que sejam bons em fazer amor, e cujo defeito é traí-las.

Fala-se ainda menos da homossexualidade feminina, em razão dos tabus que a dissimulam. A tal ponto que Marie-Jo Bonnet, uma de suas primeiras historiadoras, quase renunciou à tarefa de estudá-la, tendo encontrado tão somente raros testemunhos literários (como *Lélia* de George Sand, que causou escândalo ao ser publicado),[43] recorrendo mais tarde à imagem para decifrá-la. As meninas, entretanto, não ignoram a excitação do coração e do corpo, sobretudo nos pensionatos ingleses, mais livres, que foram estudados por Caroll Smith-Rosenberg.

Tudo muda por volta de 1900. "Naquele tempo, Safo ressuscitou em Paris", escreve Arsène Houssaye. As "Amazonas de Paris" – Natalie Clifford Barney, Renée Vivien, Colette e muitas outras – reencontram os caminhos de Lesbos e animam, na *rive gauche*, círculos literários livres e refinados.[44] É o tempo das "raparigas em flor", que atormentam o narrador proustiano.

A guerra separa e fere os casais. Ela autoriza inúmeras descobertas sexuais, não raro dramáticas. Radclyffe Hall evoca esses sofrimentos identitários em *The Well of Loneliness* (1928). Os "Anos Loucos" marcam, nas grandes capitais europeias, a explosão de uma homossexualidade muito mais alegre e liberada, na qual as lésbicas estão muito presentes. Virginia Woolf, Violette Trefusis e seus amigos do grupo de Bloomsbury, Gertrude Stein, Romaine Brooks, Adrienne Monnier e Sylvia Beach[45] são as personalidades mais conhecidas. Sabemos que elas se amavam, que tinham prazer em estar juntas, que aliavam gozo e criação. Não muito mais que isso.

A expressão de um erotismo feminino, ou mesmo de uma pornografia, é, em suma, um fenômeno recente, que atingiu o romance (Virginie Despentes, Catherine Millet) e principalmente o cinema (Catherine Breillat).

Rosa ou negro, rosa e negro, o continente da sexualidade feminina continua uma terra desconhecida, um universo por explorar.

A maternidade

A maternidade é o grande caso das mulheres. "A mãe deveria ser nossa religião", dizia Zola.

A maternidade foi objeto de numerosos trabalhos, principalmente graças a Yvonne Knibiehler,[46] que preside atualmente a Société d'Histoire de la Naissance [Sociedade de História do Nascimento], e a Jacques Gélis.[47]

A maternidade é uma realidade multiforme, da qual é necessário destacar alguns traços históricos mais importantes.

Para as mulheres, é uma fonte da identidade, o fundamento da diferença reconhecida, mesmo quando não é vivida. Uma mulher gera uma mulher, diz Luce Irigaray; o que ela produz ora é o outro, ora é o mesmo. Discípula italiana de Irigaray, Luisa Muraro fala do corpo a corpo com a mãe, da "felicidade extraordinária que é ter nascido do mesmo sexo que minha mãe".[48]

A maternidade é um momento e um estado. Muito além do nascimento, pois dura toda a vida da mulher. O mesmo acontece, embora em menor grau, com os filhos, que dela recebem a vida, o alimento, uma primeira socialização. Daí o drama do abandono. E o das dificuldades da adoção, consequência do abandono.[49]

A sociedade ocidental promove a assunção da maternidade. Ela é "aureolada" de amor, "o amor a mais", segundo a expressão de Elisabeth Badinter, que descreve o crescimento do sentimento maternal a partir do século XVII[50] e o da figura da mãe, tanto nas práticas (saúde, puericultura, educação na infância) quanto na simbólica. Um dos traços mais marcantes da época contemporânea reside na politização da maternidade, tanto nos Estados totalitários quanto na República. Esta se encarna na Marianne, mãe dos cidadãos franceses, celebrada por Zola em seu romance *Fécondité*. A América inventa o Dia das Mães, nos anos 1920, mas é o governo de Vichy que promulga uma lei para instituí-lo.

Como a função materna é um pilar da sociedade e da força dos Estados, torna-se um fato social. A política investe no corpo da mãe e faz do controle da natalidade uma questão em evidência.

O primeiro problema é o da concepção: ter ou não ter a criança. Conceber ou não. A mensagem do anjo Gabriel é válida para todas as mulheres que passam, todas ou quase todas, pela anunciação, desejada ou temida, da maternidade próxima. O que era uma fatalidade tornou-se uma escolha. E uma escolha das mulheres, também: o que constitui uma revolução.

Como se dava o controle da natalidade? Como evoluiu através do tempo? A demografia histórica tentou achar respostas a essas perguntas, graças à reconstituição das famílias – que é possível fazer, na França, através da pesquisa nos registros paroquiais, antes da instituição do registro civil. A limitação voluntária da natalidade aparece nas sociedades ocidentais a partir do Renascimento. Na França, isso ocorre no final do século XVII.

De várias maneiras: pelo casamento tardio que reduz o período fecundo do casal; pela abstinência, que não impedia que se recorresse a outras formas de sexualidade; pelo coito interrompido, reprovado pela

Igreja (o pecado de Onan), mas largamente praticado, tanto pelos homens "atentos" que "se retiram", quanto pelas mulheres, que se retraem.

Entretanto, os nascimentos não desejados eram muito frequentes, e talvez os mais frequentes. A mortalidade infantil acentuada limitava a dimensão das famílias, que, contudo, permaneciam numerosas. A morte de uma criança era considerada uma fatalidade. O bebê ainda não é uma pessoa. O que não quer dizer que a mãe não sofra com sua morte. E não chore por ele. Esse sofrimento, quando expresso mais intensamente, acompanha a tomada de consciência do *baby*/bebê, que se delineia mais fortemente e se generaliza a partir dos séculos XVIII e XIX – o que tornará o infanticídio cada vez mais inaceitável. Em nossos dias, a tomada de consciência, a própria visão do feto, que outrora não tinha nenhuma existência, pela ecografia, tornam ainda mais dolorosa a decisão do aborto.[51]

Infanticídios e *abortos* eram bastante praticados, a ponto de constituírem métodos de regulação da natalidade. O *infanticídio* era uma velha prática rural, mais complicada na cidade, onde também ocorria. No século XIX, tal prática persiste, mas é cada vez mais reprovada e reprimida. Segundo os processos bretões estudados por Annick Tillier,[52] trata-se quase sempre de serviçais que trabalham em propriedades rurais, jovens, sozinhas, seduzidas pelo patrão ou por um criado. Reduzidas à desonra, escondem a gravidez, desfazem-se jurtivamente do recém-nascido, que elas enterram ou afogam como se fossem gatos. Saias rodadas e aventais longos permitem uma dissimulação surpreendente, tanto quanto a brevidade do parto e do ato infanticida. As mulheres jovens desaparecem por algumas horas e retomam o trabalho, como se nada tivesse acontecido. Denunciadas, são levadas aos tribunais, onde padecem de uma extrema solidão. Os pais das crianças desaparecem e não são culpabilizados. O Código Napoleônico o proíbe. O infanticídio é um assunto de mulher; a jovem pode contar apenas com sua mãe. No começo do século XIX, principalmente no período da Restauração, mais rigorosa, mulheres infanticidas são condenadas à morte, embora a pena seja frequentemente atenuada. Há uma indulgência crescente a esse respeito. Julgando muito severos os artigos 300 e 302 do Código Penal que preveem a pena de morte, os juízes preferem libertar as mulheres, aceitando a tese da criança natimorta. Alegam também a loucura passageira da mãe no momento do parto. Seguem Kant, para quem "a criança nascida fora do casamento nasceu fora da lei e não deve, por conseguinte, se beneficiar da tutela da lei". Percebe-se o desconforto dos magistrados diante da impunidade dos sedutores. Percebe-se também a reprovação crescente do infanticídio suscitada pela tomada de consciência de que o recém-nascido já é uma pessoa.

O *recurso do aborto* era muito mais tolerado, pois o feto não representava nada. Parteiras, curandeiros, médicos clandestinos, prestavam-se a tal prática, mas o faziam às ocultas e em condições sanitárias quase sempre deploráveis, ligadas à clandestinidade. Era praticado não somente por mulheres que não eram casadas, mas também por mães de família multíparas que viam no aborto o único meio de limitar o tamanho de uma família que elas consideram já suficientemente numerosa. Por volta de 1900, calcula-se que os números sejam muito elevados. Essa banalização relativa é denunciada pelos médicos demógrafos: o doutor Bertillon acusa a prática do aborto como a causa da *diminuição da população da França* (1912); e também pelos republicanos, como Zola em *Fécondité* (1899). Disso decorre a intervenção constante do Estado, alarmado pela baixa da natalidade francesa. Após a hecatombe da Primeira Guerra Mundial, as leis de 1920 e 1923 reforçam uma repressão que visa não somente a coibir o aborto, mas também a propaganda anticoncepcional, que tem muita dificuldade em se fazer ouvir.

Os neomalthusianos eram, entretanto, muito ativos na Grã-Bretanha (Annie Besant) e na França. O movimento Génération Consciente [Geração Consciente] tinha militantes como Paul Robin, Eugène e Jeanne Humbert, e desenvolvia uma propaganda engenhosa junto aos operários e às mulheres, através de brochuras, panfletos e flâmulas com *slogans* simples, como: "Mulher, aprende a ser mãe só por vontade própria". O sindicalismo de ação direta era francamente partidário dessas teses, que figuravam, inclusive, como um artigo dos estatutos sindicais: um operário consciente e organizado deve se controlar e ter poucos filhos.

Os militantes neomalthusianos foram perseguidos, condenados, aprisionados.

Entre as duas guerras, o *Birth Control* de Marie Stopes e Margaret Sanger abre clínicas e centros de prevenção nos Estados Unidos e na Grã-Bretanha. Os países protestantes eram muito mais favoráveis ao controle da natalidade, questão de responsabilidade. Na França, Lucien Dalsace e Bertie

Albrecht tentam fazer o mesmo. Mas a resistência era muito forte, inclusive por parte das feministas, muito divididas quanto a isso.

O *Birth Control* é o precursor do Planejamento familiar, desenvolvido na França do pós-guerra, na segunda metade da década de 1950, por Évelyne Sullerot e pela doutora Lagroua-Weill-Hallé, criadoras da "Maternidade feliz", sendo hostis ao aborto, razão pela qual se opuseram, posteriormente, ao MLAC (Mouvement pour la Liberté de l'Avortement et de la Contraception [Movimento para a Liberdade do Aborto e da Contracepção]). Os problemas da contracepção e do aborto ocupam o centro das lutas do MLF (Movement de Libération des Femmes [Movimento de Libertação das Mulheres]) dos anos 1970. Com o progresso da ciência (em 1956, o médico americano Pincus elabora a pílula), houve uma tolerância maior, graças a uma parte do corpo médico, à influência da franco-maçonaria e aos progressos do liberalismo. A lei Neuwirth, em 1967, legalizou os contraceptivos. A lei Veil (1975), votada pela esquerda contra uma parte dos deputados de direita, legalizou a interrupção voluntária da gravidez. Simone Veil teve muita coragem.

Por que tais *obstáculos* a um controle da natalidade, inevitável em decorrência da redução da mortalidade infantil e do interesse crescente dos pais, principalmente das mães, em relação à educação de seus filhos?

Esses obstáculos eram impostos pela Igreja e pelo Estado.

A Igreja Católica é francamente hostil a qualquer procedimento de contracepção que não seja "natural". Martine Sèvegrand[53] mostrou as dificuldades dos jovens casais cristãos do período de entreguerras diante da intransigência de Roma; a encíclica *Casti connubii* não faz nenhuma concessão ao desejo de se amar corpo a corpo. O método Ogino, que se baseia na observação arriscada do ciclo de fertilidade feminina, tem vários "furos".

Os Estados-nação, quer se trate dos Estados totalitários ou de democracias, têm uma política demográfica natalista, favorável às famílias numerosas e às mulheres que não trabalham fora. Sua legislação persegue o aborto como um crime de Estado, opõe-se à contracepção e institui os primeiros benefícios do salário família.[54]

Tolerantes quanto ao aborto, os Estados e os partidos comunistas rejeitam a contracepção, numa tradição marxista fortemente antimalthusiana, visto que Marx havia se insurgido fortemente contra Malthus, por seu pessimismo e por recorrer à restrição dos nascimentos para resolver a questão social. O desenvolvimento das forças produtivas devia proporcionar o acolhimento de todos os pobres ao "banquete da vida". Nada poderia frear o crescimento do proletariado, ator das revoluções por vir. Os comunistas não aceitavam os neomalthusianos, pequenos burgueses individualistas. As mulheres do povo deviam ter todos os filhos que pudessem ter, e não imitar "os vícios das mulheres da burguesia", segundo Jeannette Vermeersch. A companheira de Maurice Thorez, secretário geral do PCF, atacou enfaticamente Jacques Derogy, que, em 1956 (*Des enfants malgré nous*) contestava esse ponto de vista. Ele deplorava a hipocrisia que obrigava tantas mulheres das classes populares a recorrer ao aborto em condições dramáticas e preconizava a livre contracepção. Com isso, foi excluído do partido.

As feministas hesitavam em abordar as questões sexuais. Apenas uma minoria apoiava o neomalthusianismo: Nelly Roussel, Gabrielle Petit, a doutora Madeleine Pelletier, que, já em 1912, publicou um livro que defendia o direito ao aborto. Mas a maior parte delas era francamente hostil, reservada, a respeito da contracepção e da sexualidade, assunto tabu para o pudor feminino. Daí a novidade das reivindicações do MLF.

"Um filho se eu quiser, quando eu quiser, como eu quiser": a conquista da liberdade de contracepção e, ainda mais, do direito ao aborto, não tinha nada de evidente. Constitui o fundamento de um *habeas corpus* para as mulheres (Yvonne Knibiehler). Uma revolução de consequências determinantes para as relações entre os sexos. Talvez o maior acontecimento de sua história contemporânea. Suscetível de "dissolver a hierarquia" do masculino e do feminino, que parecia, entretanto, uma estrutura simbólica imóvel e universal.

O *nascimento* evoluiu muito.[55] De início nas práticas do parto, que por muito tempo foram problemáticas e mesmo dramáticas. O parto era a principal causa de mortalidade das mulheres e o primeiro fator de sua fraca esperança de vida. A mortalidade infantil era também muito elevada. Aparece hoje como um indício de subdesenvolvimento.

A cesariana, inventada na Itália na Época Moderna, põe em evidência o conflito que se estabelecia em torno do dilema: a mãe ou a criança? Na maior parte das vezes, os médicos escolhiam a criança.

Os progressos do século XVIII foram decisivos. Graças aos médicos das Luzes, e às parteiras, como Louise Bourgeois, que elaborou manequins para ensinar os melhores métodos de parto, muitas vidas foram salvas. A medicinização crescente do parto revestia-se por vezes de aspectos ambíguos; desencadeava conflitos de saber e de poder que opunham médicos e parteiras. Estas se sentiram excluídas pelo desenvolvimento de saberes mais formalizados que resultaram em novos ramos da medicina, a obstetrícia e a ginecologia, precedendo a pediatria e a puericultura. As mulheres tiveram de buscar seu lugar nesse campo, pelo estudo e pelo diploma, mas resta alguma coisa dessas rivalidades nas dificuldades recentes da ginecologia para ser reconhecida como uma verdadeira especialidade médica.

Inicialmente, ato próprio à mulher, praticado em casa, por uma matrona ou uma parteira, entre mulheres, excluindo os homens, quase sempre mantidos fora do acontecimento e do ambiente, o parto medicinizou-se, masculinizou-se, hospitalizou-se. O parto no hospital era para as mulheres pobres, ou sozinhas, desamparadas ao ponto de não poderem recorrer a um parteiro ou a uma parteira. Depois, o hospital tornou-se o lugar privilegiado da medicinização e da segurança, tendo havido uma total inversão na relação com as mulheres. As mulheres de posses seguiram o caminho da clínica, depois o do hospital maternidade já a partir do período entre guerras. Depois da Segunda Guerra Mundial, a prática se generaliza e o nascimento em casa torna-se uma exceção.

Outro ponto sensível: a dor, maldição bíblica – "Tu darás a luz na dor", diz Deus a Eva, expulsa do Éden – era fatal, considerada como inevitável, ou mesmo indispensável, principalmente para certos médicos católicos, impregnados do espírito do Gênesis. Hoje ainda, alguns praticam o aborto sem anestesia como se fosse necessário punir as mulheres. Daí a luta quase ideológica em torno do "parto sem dor", cujo epicentro nos anos 1950-1960 foi a *Clinique des Bleuets*. Tratava-se de tornar as mulheres mais responsáveis de seu parto para superar a dor, sinal arcaico de aceitação passiva do destino – e isso chegou até a criar um sentimento de culpabilidade no caso de dor persistente. Entretanto, a ideia de que o sofrimento não é inevitável nos momentos que precedem o parto é positiva. Mais segura e mais alegre, a cena do nascimento, que passou a reintegrar os parceiros masculinos, mudou bastante.

Paralelamente, acontecia a tomada de consciência do *baby*, na Inglaterra e na França, no século XVIII. Jean-Jacques Rousseau lhe concede os títulos de nobreza e de utilidade social. E, principalmente, sacraliza o leite como elixir de longa vida do recém-nascido. No romance *La Nouvelle Héloïse*, ele celebra a amamentação pelas mães e a honra das mães que a praticam. O seio materno se descobre, se exibe e se torna o próprio símbolo da República. Em *Mémoires de deux jeunes mariées* de Balzac, Renée de l'Estoril encarna a jovem mãe escrupulosa e feliz por estar ocupada com os cuidados de seu filho recém-nascido, em contraste com sua amiga, de vida social intensa, mas infeliz apaixonada.

Entretanto, no século XIX, a mulher de sociedade entra em disputa com a mãe. Os maridos acham excessivo o tempo dedicado ao bebê. Ainda mais porque o ato conjugal é desaconselhado às lactantes. Burguesas e comerciantes recorrem então a amas de leite, que vêm em domicílio, selecionadas por médicos, que as examinam em locais de seleção das candidatas vindas do campo. Bem nutridas, elas também são vigiadas de perto, principalmente sob o aspecto sexual.

Mais frequentemente, as crianças eram enviadas ao campo, entregues a amas de leite, que as levavam consigo. A região do Morvan era a mais procurada. Milhares de bebês parisienses sugaram o leite de amas do Morvan. Mas o transporte era muito arriscado e mortífero. Em determinados períodos, metade dos bebês morria no caminho. De tal modo que, cada vez mais criticado, sobretudo pelos médicos, o sistema foi tão rigidamente regulamentado pela lei Roussel (1876), que acabou por desaparecer.

Não havia mais necessidade disso: com a pasteurização, a mamadeira deixava de ser um perigo mortal. O museu Fécamp mostra seu sucesso, paralelamente ao fim das amas de leite.

A Terceira República declara guerra à mortalidade infantil, instituindo uma vigilância mais estrita da saúde dos bebês e das mães através de uma rede cada vez mais densa de dispensários e de associações como "La Goutte de lait" [A gota de leite]. A medicinização da maternidade e da pequena infância passa então a ser um interesse nacional[56] que recai obsessivamente sobre o corpo da mãe.

O bebê torna-se uma pessoa, acariciado, mimado pela mãe, e em grau menor, pelo pai. A pintura impressionista mostra poucos bebês, mas se ocupa dos berços (vide Berthe Morisot). Ajudantes dos médicos, agentes da puericultura, as mães são estimuladas a registrar por escrito o crescimento de seu bebê, peso, estatura, mamadas. Algumas mantêm assim verdadeiros diários, muito mais psicológicos, como a mãe de Hannah Arendt, cujas cadernetas foram encontradas por Laure Adler.[57] Ela não é a única.

Paralelamente ao controle sanitário, e em seus desdobramentos, desenvolvem-se uma individualização da maternidade e o desejo de ter um filho.

Para além das vicissitudes da história, o essencial permanece: a concepção. Todo nascimento é uma natividade, dizia justamente Hannah Arendt. "Uma criança nasceu de nós, um filho nos foi dado."

E por que não uma filha?

Corpos subjugados

Corpo desejado, o corpo das mulheres é também, no curso da história, um corpo dominado, subjugado, muitas vezes roubado, em sua própria sexualidade. Corpo comprado, também, pelo viés da prostituição a qual abordarei em seguida. A gama de violências exercidas sobre as mulheres é ao mesmo tempo variada e repetitiva. O que muda é o olhar lançado sobre elas, o limiar de tolerância da sociedade e o das mulheres, a história de sua queixa. Quando e como são vistas, ou se veem, como vítimas?

O *direito de defloração* do senhor medieval, por exemplo: é uma questão controversa que o senhor tenha exercido o direito de gozar da noite de núpcias de suas servas, em seus vestígios jurídicos menos do que em sua efetividade. Alain Boureau contesta, a esse respeito, as tese de Marie-Victoire Louis.[58] Para ele, trata-se de um mito, construído num contexto de desvalorização de uma Idade Média sombria.

O estupro coletivo é, no entanto, identificado pelos medievalistas (Jacques Rossiaud, Georges Duby) como uma prática bastante usual dos bandos de jovens, um ritual de virilidade. Fenômeno análogo, mas estigmatizado, ocorre nos bairros populares da atualidade, mesmo que se considere que haja um exagero das mídias a esse respeito.

O que chamamos de "assédio sexual" já era corrente, principalmente no trabalho. Ele ameaçava várias categorias de moças e de mulheres: serviçais de propriedades rurais, com frequência engravidadas no torpor estival das granjas, "criadinhas" cujo alojamento ficava no último andar dos imóveis urbanos, descritas por Zola em *Pot-Bouille*, às voltas com as visitas frequentes dos patrões, muitas vezes com a cumplicidade das patroas, que preferiam que seus filhos se envolvessem com uma jovem doméstica sadia, recém-chegada do interior, a que frequentassem o bordel arriscando-se a pegar sífilis.

As operárias eram expostas às investidas dos contramestres mais do que dos diretores da fábrica, mais afastados. Ao fim do século XIX, os jornais operários do norte da França – *Le Forçat*, *Le cri du forçat*... – abrem "tribunas dos abusos" nas quais denunciam a lubricidade dos "porcos do capital". Em 1905, na fábrica de porcelana Haviland, a principal de Limoges, um fato desse tipo deu origem a uma das greves mais duras da época. Georges-Emmanuel Clancier contou o que ocorreu no livro *Le Pain noir* (1975), o qual foi adaptado numa novela de televisão. Em todos os casos, as moças são as mais visadas. O que reforçava a hostilidade dos moralistas, mas também dos operários, ao trabalho das mulheres na fábrica, lugar brutal, contrário à feminilidade.

A quantidade de mulheres que apanhavam dos maridos era imensa. Bater na mulher e nos filhos era considerado um meio normal, para o chefe de família, de ser o senhor de sua casa – desde que o fizesse com moderação. Tal comportamento era tolerado pela vizinhança, principalmente nos casos em que as esposas tinham reputação de serem donas de casa "relaxadas". Havia mulheres que, no entanto, se defendiam, como relata Marguerite Audoux. Uma das operárias do *Atelier de Marie-Claire* (1920) se vangloria de seus pugilatos com o marido, que nem sempre levava vantagem. Apanhar e bater era o cotidiano de muitos casais (e não somente da camada popular), situação que se acentuou pela incidência do alcoolismo na segunda metade do século XIX. Entretanto, a reprovação dessas práticas é cada vez maior. De início, para com as crianças, eventualmente retiradas das famílias em casos de maus tratos, uma vez que, a partir de 1889, a lei reconheceu a tese da "incapacidade paterna". Mais tarde, bem recentemente, a reprovação dessas práticas inclui as mulheres, graças às associações e às *"maisons pour femmes battues"* ["abrigos para mulheres vítimas de violência"], abertas nos últimos trinta anos.

Nessas condições, a *sexualidade venal* seria quase um progresso se ela se limitasse à remuneração de um "serviço sexual". É esse o princípio – o da mulher livre num mercado livre – que leva certas feministas a defender o direito à prostituição. Mas motivada, na maior parte do tempo, pela miséria, pela solidão, a prostituição é acompanhada de uma exploração, ou mesmo de uma superexploração, do corpo e do sexo das mulheres. O que coloca em questão o comércio do corpo das mulheres.

A prostituição é um sistema antigo e quase universal, mas organizado de maneira diferente e diversamente considerado, com *status* diferentes e diferentes hierarquias internas. A reprovação da sociedade é bastante diversa. Depende do valor dado à virgindade e da importância atribuída à sexualidade. As civilizações antigas ou orientais não têm a mesma atitude que a civilização cristã, para a qual a carne é a sede da infelicidade e a fornicação é o maior pecado.

Figura complexa, Maria Madalena encarna ao mesmo tempo a sedução, a pecadora e a doçura do arrependimento. Ela introduz no universo austero da santidade uma doçura estranha. Paradoxalmente, Zola é muito mais sombrio. Flor extenuada e venenosa da luxúria, *Nana* condensa a podridão da burguesia parisiense. Ela está destinada à decadência e ao desastre.

Nada a ver com as gueixas do Japão medieval descritas por Jacqueline Pigeot,[59] a partir de uma abundante documentação literária e quase etnográfica. Essas mulheres têm como ofício divertir os homens, pelo canto, pela dança, eventualmente pelo sexo. Mas elas não são nem confinadas nem estigmatizadas. São de origem modesta, passando muitas vezes o ofício de mãe para filha. Vivem de maneira relativamente livre e autônoma, em grupos autogerenciados e bastante hierarquizados. Algumas são verdadeiras artistas que deixaram um nome (a dançarina Shizuka Gozen; Gio, favorita de um ministro do Império) na arte de viver, e mesmo na criação musical e na representação teatral. "Menos tabus sobre o sexo, logo, menos condenação da prostituição", escreve Jacqueline Pigeot, que nota, entretanto, que essa condição se degrada no século XIII, principalmente sob a influência do budismo tântrico, que prega a pureza.

No Ocidente cristão, a prostituição era mais estigmatizada. Sua expansão acompanhava a das cidades, e foi considerável no século XVIII. Londres e Paris eram capitais da prostituição, e divulgavam-se números enormes, fantasiosos mesmo. Falava-se de 50 mil prostitutas em Paris – Parent-Duchatelet reduziu essa quantia a 12 mil – às vésperas da Revolução, da qual elas participaram. Em 1789, as prostitutas desfilaram na capital reivindicando o reconhecimento de seus direitos e a liberdade de circulação.

O que ocorreu foi o inverso: o medo da sífilis, um "flagelo" sanitário, conduziu, ao contrário, a uma completa reorganização no que concerne à regulamentação preconizada pelo doutor Parent-Duchatelet, pesquisador dos meios de prostituição. Seu livro, *De la prostitution dans la ville de Paris* (1836), é uma pesquisa médica e social notável sobre o aliciamento, as práticas, a vida cotidiana e a saúde das prostitutas.

Parent-Duchatelet tenta isolar as prostitutas em "casas de tolerância", facilmente identificáveis por um número de tamanho grande e por uma lanterna vermelha, como ainda existem atualmente em Stuttgart, bordéis patenteados, proibidos pela Lei Marthe Richard, de 1946. Essas casas são gerenciadas por "madames", antigas prostitutas, em conluio com autoridades policiais, e garantidoras da ordem. Existem duas categorias de prostitutas: "de carteira", autorizadas e submetidas ao controle médico; e "da clandestinidade", que são perseguidas o tempo todo pela polícia, que às vezes se confunde, provocando incidentes com mulheres "honestas", vítimas de engano. Detidas, elas são submetidas a exame médico, sendo eventualmente mantidas na prisão: em Paris, Saint-Lazare é a prisão-abrigo das mulheres, na qual Edmond Goncourt se inspirou para escrever *La Fille Élisa* (1877).

Mundo em expansão, a prostituição diversifica sua oferta. As casas de *rendez-vous*, mais refinadas, distinguem-se dos prostíbulos sórdidos, onde as mulheres emendam coitos de cinco minutos. A maior parte delas vêm do campo e circulam, segundo a idade e a antiguidade, de um lugar para outro, e também entre Paris e a província. Elas fazem carreira, que pode se encerrar ou pela idade ou pelo casamento. A reprovação popular à prostituição é, de início, moderada. No terço final do século XIX, o "tráfico de escravas brancas" amplia o mercado; das zonas pobres da Europa central, mulheres polonesas e provenientes dos guetos judeus são levadas para as zonas boêmias das cidades sul-americanas.

Esse modelo de regulamentação foi exportado para toda a Europa e também para as colônias, como mostra Christelle Taraud para os países do Magreb.[60] A colonização não importou a prostituição. Mas a modelou consideravelmente pela regulamentação e pelo confinamento. Nos subúrbios de Casablanca, tem-se o exemplo típico de Bousbir, que é um bairro totalmente fechado e controlado, com uma dupla hierarquia, europeia e local, e coexistência de sistemas, antigo e novo. A violência e a exploração aí imperam, sob o verniz do pitoresco e do exotismo cinematográfico. Os testemunhos de prostitutas são raros e recentes. O de Germaine Azis é contundente. Nancy Huston publicou as Memórias de Marie-Thérèse,[61] prostituta, que fala de sua sujeição e de seu sofrimento.

As feministas mobilizaram-se contra a prostituição, símbolo da exploração das mulheres. Josephine Butler e as anglo-americanas preconizavam o abolicionismo radical. Higiene e responsabilidade moral cristalizavam as energias protestantes. Na França, Émilie de Morsier, de origem suíça, fundou a associação das "Libérées de Saint-Lazare" [Libertas de Saint-Lazare], que se tornou o centro da solidariedade antiprostituição. As obras de proteção às jovens tentavam fazer a prevenção nos lugares de aliciamento, principalmente nas estações de trem, onde militantes abordavam as moças migrantes do interior.

Um século depois, em 1975, as feministas apoiaram os movimentos de prostitutas, principalmente em Lyon, nas redondezas da igreja Saint-Nizier. Mas dessa vez, como em 1789, as prostitutas tomaram as rédeas de seu destino. Elas reivindicavam o reconhecimento da profissão e, por conseguinte, as garantias do seguro social. O que é considerado pelas abolicionistas como a aceitação do inaceitável.

Hoje, as feministas continuam divididas entre aquelas que veem na prostituição a suprema alienação do corpo das mulheres, e recusam considerá-la uma profissão, e aquelas que defendem o direito das mulheres de dispor de seu corpo, logo, de vendê-lo. Esse debate recorrente foi particularmente agudo em 2002. A visão da mercantilização do sexo empresta à obra de Michel Houellebecq alguns de seus tons mais fortes.

A visão atual é a de uma globalização com redes estruturadas que se abastecem em todos os bolsões de pobreza – Europa Oriental, África Subsaariana, "paraíso tailandês" etc. –, e utilizam os recursos infinitos da internet para uma circulação acentuada num mercado em expansão e fonte de lucros consideráveis. Um mercado no qual o corpo das mulheres é objeto e valor.

Notas

[1] Alain Courbin, Jean-Jacques Courtine, Georges Vigarello (dir.), *Histoire du corps*, Paris, Seuil, 3 vol., 2005-2006.
[2] Paris, Plon, 1958.
[3] Alain Corbin, *Les Cloches de la terre*, Paris, Albin Michel, 1994.
[4] *Les Petites Filles modernes* (1989), sob a direção de Nicole Savy.
[5] Gabrielle Houbre, *La Discipline de l'amour*, Paris, Plon, 1997; (dir.), "Le temps des jeunes filles", *Clio, Histoire, femmes et sociétés*, n. 4, 1996; G. Houbre et alii, *Le Corps des jeunes filles, de l'Antiquité à nos jours*, Paris, Perrin, 2001.
[6] Jacques Rossiaud, "Prostitution, jeunesse et société dans les villes du Sud-Est au xve siècle", *Annales ESC*, n. 2, 1976, p. 289-325.
[7] Nathalie Heinich, *États de femme. L'identité féminine dans la fiction occidentale*, Paris, Gallimard, 1992.
[8] Nas séries intituladas *Les Ouvriers européens* ou *Les Ouvriers des Deux Mondes*, fontes excepcionais para o conhecimento das famílias populares do século XIX.
[9] Bonnie Smith, *Les Bourgeoises du nord de la France*, Paris, Perrin, 1989.
[10] Annick Tillier, "Un âge critique. La ménopause sous le regard des médecins des XVIIIe et XIXe siècles", *Clio. Histoire, femmes et sociétés*, "Maternités", n. 21, 2005, p. 269-280.
[11] Cf. Adeline Daumard, *La Bourgeoisie parisienne de 1815 à 1848*, Paris, Albin Michel, 1996; Scarlett Beauvalet-Boutouyrie, *Être veuve sous l'Ancien Régime*, Paris, Belin, 2001.
[12] Georges Vigarello, *Histoire de la beauté*, op. cit.
[13] Christian Bromberger, "Trichologiques: les langages de la pilosité", em Pascal Duret, Jean-Claude Kaufmann, David Le Breton, François de Singly, Georges Vigarello (dir.), *Un corps pour soi*, Paris, PUF, col. "Pratiques physiques et sociétés", 2005, p. 11-40.
[14] *Le Moi-peau*, Paris, Dunod, 1985.
[15] Citado por Claudine Haroche e Jean-Jacques Courtine, *Histoire du visage. Exprimer et taire ses émotions (XVIe siècle-début du XIXe siècle)*, Paris, Rivages, 1988 (reed. "Petite bibliothèque Payot", 1994), pp. 126-7.
[16] Paula Cossart, *Vingt-cinq ans d'amours adultères*, op. cit.
[17] D'Haussonville, *Enquête parlementaire sur les prisons*, 1872.
[18] Em programa do canal France 2, a 29 de janeiro de 2005.
[19] Sylviane Agacinski, *Métaphysique des sexes. Masculin/ féminin aux sources du christianisme*, Paris, Seuil, 2005; principalmente "Le voile et la barbe".
[20] Primeira Epístola aos Coríntios 11, 14-15.
[21] Sylviane Agacinski, *Métaphysique des sexes, op. cit.*, p. 183.
[22] Exemplos entre mil: igreja Notre-Dame de Écouis, estátua do século XIV; no Louvre, estátua de Gregor Erhart, 1510.
[23] Claude Quiguer, *Femmes et machines de 1900. Lecture d'une obsession modern style*, Paris, Klincksieck, col. "Bibliothèque du XXe siècle", 1979.

24 "La chevelure", em: *Oeuvres complètes*, Paris, Gallimard, col. "Bibliothèque de la Pléiade", t. 1, p. 38.
25 Extratos de *Ou bien... ou bien. Le journal du séducteur*, Paris, Robert Laffont, 1993; citado por Françoise Collin, Évelyne Pisier e Eleni Varikas, em: *Les Femmes de Platon à Derrida, op. cit.*, p. 541.
26 Rosine A. Lambin, *Le Voile des femmes. Un inventaire historique, social et psychologique*, Berne, Peter Lang, 1999; Jean-Claude Flügel, *Le Rêveur nu, de la parure vestimentaire*, Paris, Aubier-Montaigne (1930), 1982.
27 Cf. principalmente *L'Esprit de sérail. Mythes et pratiques sexuels au Maghreb*, Paris, Payot, 1988, reed. 1995; *Encyclopédie de l'amour en Islam*, Paris, Payot, 1995.
28 Joanna Pitman, *Les Blondes. Une drôle d'histoire, d'Aphrodite à Madonna*, Paris, Autrement, 2005.
29 Xavier Fauche, *Roux et rousses. Um éclat très particulier*, Paris, Gallimard, col. "Découvertes", 1997.
30 Christine Bard, *Les Garçonnes. Modes et fantasmes des Années folles*, Paris, Flammarion, 1998.
31 Steven Zdatny, "La mode à la garçonne, 1900- 1925: une histoire sociale des coupes de cheveux", *Le mouvement social*, n. 174, janvier-mars 1996, p. 23-56.
32 Florence Tamagne, *Histoire de l'homosexualité en Europe. Berlin, Londres, Paris, 1919 – 1939*, Paris, Seuil, 2000.
33 Laure Murat, *Passage de l'Odéon. Sylvia Beach, Adrienne Monnier et la vie littéraire à Paris dans l'entre-deux-guerres*, Paris, Fayard, 2003.
34 Alain Brossat, *Les Tondues. Un carnaval moche*, Paris, Manya, 1992.
35 Fabrice Virgili, *La France "virile". Des femmes tondues à la Libération*, Paris, Payot, 2000.
36 Erving Goffman, *L'Arrangement des sexes (1977)*, Paris, La Dispute, 2002, apresentação de Claude Zaidman.
37 Thomas Laqueur, *La Fabrique du sexe. Essai sur le corps et le genre en Occident*, Paris, Gallimard, 1992.
38 Alain Corbin, *Les Filles de noce. Misère sexuelle et prostitution au XIXe siècle*, op. cit.
39 Nicole Edelman, *Les Métamorphoses de l'hystérique au XIXe siècle*, Paris, La Découverte, 2003.
40 Claude Langlois, *Le Crime d'Onan: le discours catholique sur la limitation des naissances (vers 1820-1968)*, Paris, Les Belles Lettres, col. "L'âne d'or", 2005.
41 Brantôme, *Vies des dames galantes* (1666); Pierre Camporesi, *Les Baumes de l'amour*, Paris, Hachette, 1990.
42 Joëlle Guillais, *La Chair de l'autre. Le crime passionnel au XIXe siècle*. Paris, Olivier Orban, 1986; Anne-Marie Sohn, *Chrysalides. Femmes dans la vie privée, XIXe- XXe siècles*, op. cit.
43 Marie-Jo Bonnet, *Les Relations entre les femmes*, Paris, Odile Jacob, 1995 (primeira edição, 1981); *Les Femmes dans l'art*, Paris, La Martinière, 2004.
44 Nicole G. Albert, *Saphisme et décadence dans Paris fin-de-siècle*, Paris, La Martinière, 2005.
45 Além de Florence Tamagne, *Histoire de l'homosexualité en Europe. Berlin, Londres, Paris, 1919-1939, op. cit.*, cf. Laure Murat, *Passage de l'Odéon. Sylvia Beach, Adrienne Monnier et la vie littéraire de Paris dans l'entre-deux-guerres, op. cit.*
46 Yvonne Knibiehler e Catherine Marand-Fouquet, *Histoire des mères du Moyen Âge à nos jours*, Paris, Montalba, 1980, reed. Hachette, col. "Pluriel", 1982; Yvonne Knibiehler, *La Révolution maternelle depuis 1945. Femmes, maternité, citoyenneté*, Paris, Perrin, 1997.
47 Jacques Gélis, *L'Arbre et le Fruit. La naissance dans l'Occident moderne, XVIe-XIXe siècles*, Paris, Fayard, 1984.
48 Luisa Muraro, *L'Ordre symbolique de la mère*, Paris, L'Harmattan, 2003.
49 Évelyne Pisier conta sua experiência em seu romance *Une question d'âge*, Paris, Stock, 2005.
50 Élisabeth Badinter, *L'Amour en plus. Histoire du sentiment maternel, XVIIe- XXe siècle*, Paris, Flammarion, 1980.
51 Luc Boltanski, *La Condition fœtale*, Paris, Gallimard, 2004.
52 Annick Tillier, *Des criminelles au village. Femmes infanticides en Bretagne (XIXe siècle), op. cit.*
53 Martine Sèvegrand, *Les Enfants du Bom Dieu. Les catholiques français et la procréation (1919-1969)*, Paris, Albin Michel, 1995.
54 Janine Mossuz-Lavau, *Les Lois de l'amour: les politiques de la sexualité em France de 1950 à nos jours*, Paris, Payot, 1991.
55 Exposição do "Musée de l'Homme", 2005-2006.
56 Catherine Rollet, *La Politique à l'égard de la petite enfance sous la IIIe République*, Paris, PUF/INED, caderno n. 127, 1990.
57 Laure Adler, *Dans les pas de Hannah Arendt*, Paris, Gallimard, 2005; as cadernetas de Martha Arendt, *Unser Kind*, pertencem ao acervo Arendt, na Biblioteca do Congresso em Washington.
58 Marie-Victoire Louis, *Le Droit de cuissage*, France, 1860-1930, Paris, L'Atelier, 1994; Alain Boureau, *Le Droit de cuissage. La fabrication d'um mythe*, Paris, Albin Michel, 1995.
59 Jacqueline Pigeot, *Femmes galantes, femmes artistes dans le Japon ancien (XIe – XIIIe siècle)*, Paris, Gallimard, 2003.
60 Christelle Taraud, *La Prostitution coloniale. Algérie, Tunisie, Maroc, 1830-1962*, Paris, Payot, 2003.
61 Nancy Huston, *Mosaïque de la pornographie: Marie-Thérèse et les autres*, Paris, Denoël, 1982; Germaine Aziz, *Les Chambres closes*, Paris, Stock, 1980.

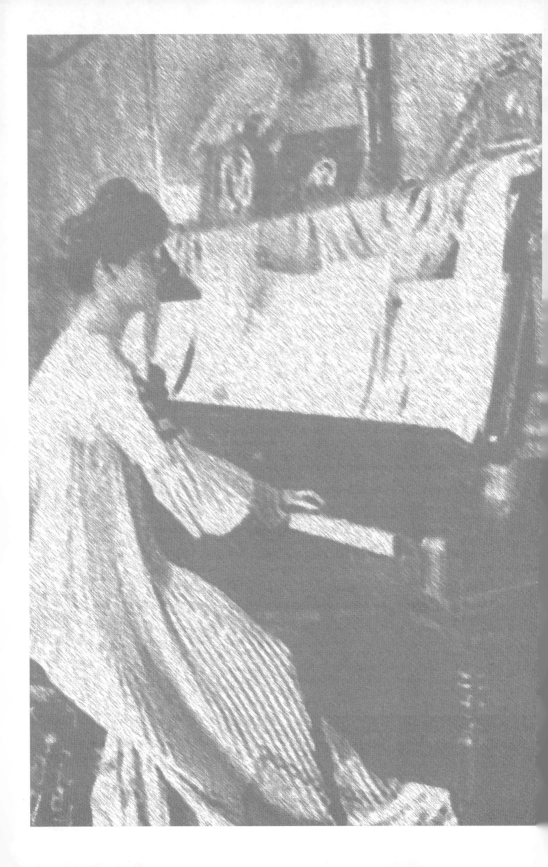

A alma

epois do corpo, a alma: a religião, a cultura, a educação, o acesso ao saber, a criação. Santas e feiticeiras, leitoras e escritoras, artistas e atrizes serão nossas companheiras neste capítulo.

Mas antes, a pergunta: as mulheres têm uma alma? Atribui-se essa pergunta ao Concílio de Mâcon, no ano de 585. Parece, no entanto, que se trata de um mito, forjado a partir dos séculos XVI e XVII, principalmente por Pierre Bayle, e posteriormente retomado como uma prova da barbárie da Igreja nesses séculos de ferro. Ora, a novidade do cristianismo era justamente a afirmação da igualdade espiritual entre homens e mulheres, que estarão iguais e nus no Juízo Final.[1]

Mulheres e religião

Entre as religiões e as mulheres, as relações têm sido, sempre e em toda parte, ambivalentes e paradoxais. Isso porque as religiões são, ao mesmo tempo, poder sobre as mulheres e poder das mulheres.

Poder sobre as mulheres: as grandes religiões monoteístas fizeram da diferença dos sexos e da desigualdade de valor entre eles um de seus fundamentos. A hierarquia do masculino e do feminino lhes parece da ordem de uma Natureza criada por Deus. Isso é verdade para os grandes livros fundadores – a Bíblia, o Corão – e, mais ainda, para as interpretações que são trazidas a esse respeito, sujeitas a controvérsias e a revisões. Assim se dá com o relato da criação de Adão e Eva no Gênesis, debatido atualmente pelas teólogas feministas. Segundo a versão original,[2] o homem e a mulher teriam sido criados ao mesmo tempo. Segundo uma versão ulterior,[3] eles teriam sido criados um depois do outro, sendo a mulher segunda ou derivada, "vinda de um osso sobressalente", como lembra Bossuet para incitá-las à humildade, tendo a Igreja Católica adotado essa segunda versão.

A religião, poder sobre as mulheres? Esse fato, que já caracteriza os fundadores, acentua-se nos organizadores dessas religiões, as quais, todas elas, estabelecem a dominação dos clérigos e subordinam as mulheres, geralmente excluídas do exercício do culto (na igreja ou na sinagoga), ou mesmo de seu espaço: o que acontece nas mesquitas do islã, embora o profeta Maomé fosse cercado de mulheres, como relata Assia Djebar (*Loin de Médine*).

O catolicismo é, em princípio, clerical e macho, à imagem da sociedade de seu tempo. Somente os homens podem ter acesso ao sacerdócio e ao latim. Eles detêm o poder, o saber e o sagrado. Entretanto, deixam escapatórias para as mulheres pecadoras: a prece, o convento das virgens consagradas, a santidade. E o prestígio crescente da Virgem Maria, antídoto de Eva. A rainha da cristandade medieval.

De tudo isso, as mulheres fizeram a base de um contrapoder e de uma sociabilidade. A piedade, a devoção, era, para elas, um dever, mas também compensação e prazer. Elas podiam ser encontradas nas igrejas paroquiais, na suavidade dos reposteiros e do canto coral, sentir "os perfumes do altar, o frescor das pias de água benta, o clarão dos círios" (Flaubert: *Madame Bovary*, a respeito da educação de Emma num estabelecimento religioso). Encontrar socorro, e mesmo ser ouvida pelos padres, seus confessores e confidentes. A Igreja oferecia um abrigo às misérias das mulheres, pregando, entretanto, sua submissão.

Os conventos eram lugares de abandono e de confinamento, mas também refúgios contra o poder masculino e familiar. Lugares de apropriação do saber, e mesmo de criação. As vozes de mulheres foram, de início, vozes místicas. Jacques Maître mostrou a esmagadora superioridade das mulheres nesse particular a partir do século XIII. De Marguerite Porete a Teresa de Ávila ou Teresa de Lisieux, a vida mística se conjuga no feminino. Prece, contemplação, estudo, jejum, êxtase, amor louco, tecem a felicidade inefável e dolorosa, torturante e terna, dessas mulheres que exploram os limites da consciência e que despertam a desconfiança da Igreja, que as consideram criaturas à beira da loucura. Pois a Igreja não preza suas mulheres místicas tanto quanto suas santas, segundo Guy Bechtel.

As santas são muito menos numerosas do que os santos, diz ele, principalmente a partir da Contrarreforma, porque as condições para as mulheres eram muito mais difíceis de atender do que para os homens: era necessário conjugar virgindade a papel público. Algumas mulheres foram exceção, e tiveram uma grande influência, como Catarina de Siena (1347-1380). Essa filha de tintureiros da Úmbria, que haviam tido 25 filhos, era virgem, mística, mas laica. Membro da ordem terceira dominicana, ela desempenhou um papel público e mesmo político importante. Trabalhou pelo retorno do papa de Avignon para a Itália. Queria reformar a Igreja, promover a paz na Península e fortificar a Europa, ainda que fosse pela cruzada. Sua influência foi considerável. É por isso que João Paulo II a erigiu segunda patrona da Europa.

Outras mulheres tornam-se ilustres como fundadoras de ordens, missionárias, educadoras. Natalie Z.-Davis, em *Trois femmes en marge*,[4] conta a história de uma judia, de uma protestante e de uma católica que agem a partir de suas respectivas religiões. A judia se ocupa principalmente da família. A protestante, de ciência, e a católica, de religião. Marie de l'Incarnation (1599-1672), ursulina em Tours, funda uma ordem missionária no Canadá e evangeliza os Hurons. No século XIX, o desenvolvimento das congregações educativas, dos pensionatos e dos ateliês, e o florescimento das missões abrem para as religiosas horizontes consideráveis.

Em sociedade, as mulheres cristãs agiam através dos salões. No bairro de Saint-Germain, havia o de Mme. Swetchine, amiga de Tocqueville e de Montalembert, que era o centro do liberalismo. Pela caridade e pelas obras, as damas "patronesses" exercem um verdadeiro papel social, chamado de "filantropia" entre os protestantes. Elas intervinham também através da escrita, principalmente em romances que alimentavam os periódicos educativos e cristãos, como *La Veillée des chaumières*. Mathilde Bourdon, romancista da região do Norte, autora de uma centena de romances "água com açúcar", Zénaïde Fleuriot, romancista para a juventude, e Berthe Bernage, com a série romanesca das *Brigitte*, foram particularmente produtivas.

No momento em que o sindicalismo se inspirava em valores viris e estampava um certo antifeminismo, algumas mulheres criaram associações e sindicatos cristãos. Elas desenvolveram um sindicalismo não misto, mais suscetível de atrair as mulheres das profissões terciárias, mas também industriais, principalmente na região de Lyon. Esse tipo de sindicalismo, no século XX, tornou-se laico, dirigido por responsáveis femininas, como Jeannette Laot e Nicole Notat. Assim, uma cultura católica pôde favorecer a expressão das mulheres, com ou apesar da Igreja, em caminhos por ela abertos e em suas margens.

Na família, as mulheres transmitiam a fé, "religião de minha mãe", segundo Jean Delumeau.[5] Nas cidades do interior, elas limpavam as igrejas e defendiam o soar dos sinos. De tal forma que elas se tornaram, na sociedade, pelo menos na França, um objeto de disputa entre os republicanos e a Igreja, estando, em parte, na origem das lutas pela laicidade. Michelet denunciava a intrusão do sacerdote na vida do casal pela confissão. Zola mostrava o domínio das superstições sobre as mulheres pelas peregrinações, a Lourdes, por exemplo, e pelo antissemitismo: é a trama de *Vérité*.[6] A batalha concentrou-se na escola e terminou pela lei de separação das Igrejas e do Estado em 1905. Na disputa pela mudança da lei dos inventários, as mulheres crentes estiveram na frente do movimento, principalmente na Bretanha.

Nos países protestantes, as relações entre os sexos eram diferentes. O que leva a indagar sobre o papel da Reforma do século XVI. A Reforma existiu para as mulheres?

Sim, principalmente para a instrução. O livre acesso à Bíblia supunha que também as meninas soubessem ler. A Europa protestante as alfabetizou através de uma rede de escolas, e o contraste entre os países setentrionais e mediterrâneos se acentuou por muito tempo sob esse aspecto.

Não na ordem doméstica. Lutero e Calvino tinham uma concepção muito patriarcal da família e, de certa maneira, reforçaram os poderes do marido e pai sobre as mulheres pelo pastorado. A mulher de pastor, modelo das mulheres reformadas, é o tipo da mulher ajudante de seu marido no exercício de seu ministério. As mulheres protestantes, entretanto, eram mais emancipadas que as católicas, mais presentes no espaço público. Em prol do apostolado, elas eram cada vez mais numerosas a tomar a palavra, principalmente na Grã-Bretanha e na Nova Inglaterra. Nos países protestantes, desenvolveram, em torno de colégios ou de universidades femininas, uma sociabilidade original, fundamento de uma expressão literária vigorosa e de um feminismo precoce.

Na França, as protestantes eram evidentemente favoráveis à laicidade e muito ativas no feminismo em 1848 (Eugénie Niboyet) e na Terceira República. Mulheres como Isabelle Bogelot, Sarah Monod, Julia Siegfried, Ghénia Avril de Sainte-Croix... animam associações (o Conseil National des Femmes Françaises [Conselho Nacional das Mulheres Francesas], fundado em 1901, na esteira do movimento americano), lutam pelo direito de voto e apoiam a modernidade. Judias e protestantes ocupam as vagas dos primeiros liceus para meninas, evitados pelas famílias católicas. Ingressam na universidade, apresentam-se em concursos e são numerosas nas associações como a AFDU (Association des Femmes Diplômées des Universités [Associação das Mulheres Diplomadas nas Universidades]). Reivindicam a igualdade profissional, e mesmo a contracepção. Apoiam iniciativas do *Birth Control* e, depois da guerra, do Planejamento familiar (Évelyne Sullerot). Quando Simone de Beauvoir publicou, em 1949, *Le Deuxième sexe*, as leituras mais atentas surgiram do movimento Jeunes Femmes [Jovens Mulheres].

Na Europa, as mulheres judias, obrigadas ao exílio pelos perseguidores antissemitas, desempenharam um papel de primeiro plano no acesso à medicina e às carreiras universitárias, nos contatos culturais e no engajamento político. Sua confissão religiosa agia, no caso, como suporte intelectual e cultural.[7]

No caso das minorias religiosas, certamente trata-se menos de dogma do que de identidade e de comunidade. Poder-se-ia dizer o mesmo do islã de hoje, mesmo que ele pareça ainda mais patriarcal. O que acontece sob o véu depende também das próprias mulheres e da mistura sutil de consentimento e de subversão que caracteriza com frequência sua relação com as religiões que as isolam.

Hereges e feiticeiras

"Mulheres, vocês todas são umas *hereges*", dizia George Sand às "fiéis leitoras" de *Consuelo* e de *La Comtesse de Rudolstadt*, um grande romance sobre as seitas e as sociedades secretas na Alemanha moderna. É claro que se trata de um dito espirituoso, mas que traduz a verdade. As mulheres, geralmente condizentes de seu papel, foram por vezes tentadas pela subversão de um poder religioso que as domina e as nega. O poder dos clérigos e dos príncipes é um poder de homens, misóginos porque convencidos da impureza e da inferioridade da mulher, e até mesmo de sua "ruindade". Isso explica a atração dessas mulheres para o que Michel Foucault chama de "contra-condutas", que serão comentadas a seguir.

As mulheres eram numerosas nas seitas que expressaram a inquietação religiosa do final da Idade Média, a partir do século XII. A maior parte das seitas questionavam o poder dos clérigos: os hussitas preconizavam a comunhão na qual o cálice fosse oferecido a todos. Questionavam também a hierarquia dos sexos. Preconizavam uma maior igualdade de culto, como entre os lolardos, os begardos e os hussitas da Boêmia.

Um dos movimentos mais interessantes foi o das *beguinas*. Eram comunidades de mulheres que viviam juntas, num mesmo abrigo, de esmolas, mas principalmente dos salários ganhos pelo trabalho de cuidar de doentes ou pelo ofício de tecelãs. Foram particularmente numerosas na Alemanha e em Flandres, onde havia um excesso de mulheres sozinhas, o que suscitava uma "questão das mulheres": *Frauenfrage*. Podem-se, ainda hoje, admirar os trabalhos realizados por elas em Bruges ou Amsterdã, tão cheios de encantos. Sem vínculo com as ordens religiosas, essas mulheres não eram submetidas a qualquer controle e por isso eram consideradas perigosas. A Inquisição as perseguiu: foi o que ocorreu com Marguerite Porete, mística culta e autora do *Miroir des âmes simples et anéanties*, tratado do livre pensar, no qual ela ousava expressar concepções teológicas, dizer que o amor de Deus não passava necessariamente pelos sacerdotes. Ela compareceu diante do tribunal da Inquisição em Paris e foi queimada em 1310. Ao longo da alta Idade Média, as mulheres continuaram a se expressar, mesmo em situações políticas explosivas.[8]

Primeiros fogos de um incêndio que iria abrasar a *Europa das feiticeiras*, sobretudo depois da publicação do *Malleus maleficarum*, dos dominicanos Kraemer e Sprenger em 1486, que teve um sucesso enorme, aproximadamente vinte edições em trinta anos. Essa enquete, encomendada pela Inquisição, pretendia, ao mesmo tempo, descrever as feiticeiras e suas práticas e dizer o que convinha pensar sobre elas. E devia-se pensar o pior, o que justificava sua condenação ao fogo purificador. Elas foram maciçamente presas e queimadas, principalmente na Alemanha, na Suíça e no leste da França atual (Lorena, Franche-Comté), mas também na Itália e na Espanha. Estima-se em cem mil o número das vítimas, sendo 90% de mulheres. A onda de repressão, iniciada ao final do século XV, e da qual Joana d'Arc, de certo modo, foi vítima, exacerbou-se nos séculos XVI e XVII. Fato desconcertante, pois coincide com o Renascimento, o humanismo, a Reforma. Os protestantes concordavam com os católicos que as feiticeiras eram nocivas. O que explica a posição da Alemanha na geografia das fogueiras e a da pintura alemã – Lucas Cranach, Hans Baldung Grien – na representação das feiticeiras. Com exceção de Cornelius Agrippa, perseguido por cumplicidade com as filhas do diabo, os humanistas também estavam de acordo: Ficino, Pic de La Mirandole, Jean Bodin, em outros aspectos tão moderno, fazem coro. Jean Bodin publica *De la démonomanie*, clássico do gênero. Esther Cohen, em *Le Corps du diable*,[9] acentua esse curioso duo: o filósofo e a feiticeira formam um casal. Em nome da ciência, a racionalidade ocidental erradica as figuras da alteridade: o judeu, o estrangeiro, a feiticeira. Essa história confirma a reflexão ulterior de Adorno e Benjamin segundo os quais existe um vínculo entre o processo de civilização e a barbárie, o progresso e a violência. As feiticeiras aparecem como bodes expiatórios da modernidade.

De que são acusadas, afinal? De muitas coisas, misturadas.

Em primeiro lugar, elas ofendem a razão e a medicina moderna, por suas práticas mágicas. Têm a pretensão de curar os corpos, não somente com ervas, mas com elixires elaborados por elas e com fórmulas esotéricas.

Elas manifestam uma sexualidade desenfreada: têm a "vagina insaciável", segundo *Le Marteau des soccières*. Praticam uma sexualidade subversiva. Subversão das idades: muitas feiticeiras velhas fazem sexo numa idade em que não se faz mais, após a menopausa. Subversão de gestos: fazem sexo por trás, ou cavalgam os homens, invertendo a posição que a Igreja considera a única possível: a mulher deitada, o homem sobre ela. Colocam-se do lado Lilith, a primeira mulher de Adão, que o deixou porque este se recusava a deixar-se montar. Na condenação das feiticeiras, a dimensão erótica é essencial. Elas encarnam a desordem dos sentidos, a "parte maldita" (Georges Bataille) numa sociedade que ordena os corpos.

Enfim, elas têm contato com o diabo. O diabo cuja existência foi estabelecida e cuja teologia foi desenvolvida pelo Concílio de Latrão. A feiticeira é filha e irmã do diabo. Ela é o diabo, seu olhar mata: ela tem mau-olhado. Tem pretensão ao saber. Desafia todos os poderes: o dos sacerdotes, dos soberanos, dos homens, da razão.

A solução é uma só: extirpar o mal, destruí-las, queimá-las.

Assim começou um enorme incêndio nos primórdios da modernidade.

Mais tarde, as feiticeiras foram reabilitadas. Michelet lhes dedicou um livro coriscante, *La Sorcière* (1862), verdadeiro hino à mulher, benfeitora e vítima. Sua feiticeira não é nem feia nem velha, nem mesmo maléfica. É simplesmente uma das encarnações da Mulher, essa "mãe terna, guardiã e nutriz fiel", personagem central de seu livro, vítima, mas não criminosa. Mas Michelet permanece na lógica que denuncia: a da existência de um elo privilegiado entre a mulher e os poderes ocultos,[10] que seriam encontrados de uma outra maneira no sonambulismo e na vidência, práticas amplamente femininas.[11]

Nos últimos trinta anos, muito se tem escrito sobre as feiticeiras, às quais as feministas, não raro, se filiam com humor: foi assim com Xavière Gauthier, ao fundar a revista *Sorcières*, um olhar bastante livre sobre a história e a atualidade. Robert Mandrou indagou sobre as relações entre *magistrados e feiticeiros*.[12] Carlo Ginzburg[13] estudou os *benandanti*, aqueles homens que, no Friul do século XIV, saíam para combater os feiticeiros para preservar suas colheitas, e debruçou-se sobre a noite do *Sabá das feiticeiras*. Jeanne Favret-Saada investigou, sob a perspectiva da etnologia, as práticas de feitiçaria no interior da França, em *Les Mots, la Mort, les Sorts*, que se tornou um clássico. Jean-Michel Sallmann publicou, em 1989, *Les Sorcières, fiancées de Satan* e fez uma síntese esclarecedora do tema no terceiro tomo da *Histoire des femmes en Occident*. O livro de Esther Cohen *Le Corps du diable* acaba de ser publicado em francês etc. Como se os historiadores percebessem que aí se encontra um capítulo essencial da história cultural e sexual do Ocidente.

Afinal, *"minha mulher é uma feiticeira"*.

O acesso ao saber

A proibição de saber

Desde a noite dos tempos pesa sobre a mulher um interdito de saber cujos fundamentos foram mostrados por Michèle Le Doeuff.[14] O saber é contrário à feminilidade. Como é sagrado, o saber é o apanágio de Deus e do Homem, seu representante sobre a terra. É por isso que Eva cometeu o pecado supremo. Ela, mulher, queria saber; sucumbiu à tentação do diabo e foi punida por isso. As religiões do Livro (judaísmo, cristianismo, islamismo) confiam a Escritura e sua interpretação aos homens. A Bíblia, a Torá, os versículos islâmicos do Corão são da alçada dos homens. Para as Escrituras, eles são iniciados em escolas e seminários especiais, locais de transmissão, de gestual e sociabilidade masculinas. A Igreja Católica reserva a teologia aos clérigos que têm o monopólio do latim, língua do saber e da comunicação, língua do segredo também: coisas sábias e sexuais se dizem em latim para escapar aos fracos e aos ignorantes.[15] Lembrando a mãe de François Villon: "Mulher sou e nada sei letras nem lobos". Ela se instrui olhando os vitrais e os afrescos da igreja paroquial. Não tendo acesso às letras, os humildes e as mulheres da cristandade tinham a imagem, da qual o islã os privava.

Nesse ponto de vista, a Reforma protestante é uma ruptura. Ao fazer da leitura da Bíblia um ato e uma obrigação de cada indivíduo, homem ou mulher, ela contribuiu para desenvolver a instrução das meninas. Na Europa protestante do Norte e do Leste espalharam-se escolas para os dois sexos. E constata-se, na França, uma dissimetria sexual na alfabetização entre um lado e outro da linha Bordeaux/Genebra. A instrução protestante das meninas teria consequências de longa duração sobre a condição das mulheres, seu acesso ao trabalho e à profissão, as relações entre os sexos e até sobre as formas do feminismo contemporâneo. O feminismo anglo-saxão é um feminismo do saber, muito diferente do feminismo da maternidade da Europa do Sul. O contraste marca os cuidados de enfermagem: Florence Nightingale preconizava um ofício qualificado, paramédico, com salários decentes, para as moças oriundas das classes medianas, que ela formara por ocasião da Guerra da Crimeia. O *nursing* é diferente do emprego de serventes, ex-domésticas de origem bretã, auxiliares de enfermagem e não enfermeiras autônomas, pela República laica do doutor Bourneville.

É claro que as coisas mudam com o tempo. Isso porque as mulheres agem: no século XVII, a marquesa de Rambouillet fez de seu famoso "salão azul" um lugar de refinamento dos costumes e da linguagem, ponto de apoio das Preciosas que reivindicam a escrita e o bem falar, sendo este último alvo de zombarias na peça *Le Bourgeóis Gentilhomme* de Molière.[16] E, também, porque a Igreja da Contrarreforma, consciente da influência das mulheres, investe em sua educação, multiplica as escolas e os ateliês. Mas ainda existe muita reserva sob esse aspecto. Fénelon, em seu tratado *De l'éducation des filles* (1687), escreve a Mme. de Maintenon deplorando a ignorância das meninas e preconizando sua formação, mas as convida a não confiar no saber, pelo qual deveriam sentir um "pudor quase tão delicado quanto aquele inspirado pelo horror do vício".[17]

Os filósofos das Luzes não pensam muito diferente. É preciso ministrar às meninas "luzes amortecidas", filtradas pela noção de seus deveres. Assim diz Rousseau: "Toda a educação das mulheres deve ser relativa aos homens. Agradá-los, ser-lhes úteis, fazer-se amar e honrar por eles, criá-los, cuidar deles depois de crescidos, aconselhá-los, consolá-los, tornar-lhes a vida agradável e suave: eis os deveres das mulheres em todos os tempos, e o que se deve ensinar-lhes desde a infância", ao escrever a respeito de Sophie, a companheira que ele destina a Émile e à qual ele dedica o quinto livro do romance que leva esse nome. Os revolucionários seguem seus conselhos a esse respeito como em muitos outros. Com exceção de Condorcet e do deputado Le Peletier de Saint-Fargeau, não preveem nada para as meninas, que serão ensinadas pelas respectivas mães, no seio da família.

Em 1801, Sylvain Maréchal, um homem de "extrema esquerda", publica um *Projet d'une loi portant défense d'appendre à lire aux femmes* (*Projeto de lei contendo proibição de ensinar a ler às mulheres*), que talvez seja apenas uma provocação, mas cujos 113 considerandos e 80 artigos recolhem, numa espécie de bestialógico, todas as objeções à instrução das meninas. Lê-se ali: "Considerando que a intenção da boa e sábia natureza foi de que as mulheres, exclusivamente ocupadas com as tarefas domésticas, se sentissem honradas de segurar em suas mãos não um livro ou uma pena, mas uma roca ou um fuso. [...] Que as mulheres que se gabam de saber ler e escrever não são aquelas que melhor sabem amar. [...] Que há escândalo e discórdia num lar quando a mulher sabe tanto ou mais do que seu marido", etc. Seguem os artigos da lei: "Quer a razão que as mulheres não metam jamais o nariz num livro, jamais a mão numa pena [...]. Para a mulher, a agulha e o fuso. Para o homem, a maça de Hércules. Para a mulher, a roca de Ônfale. Para o homem, as produções do gênio. Para a mulher, os sentimentos do coração. [...] A Razão quer que doravante seja permitido somente às cortesãs serem mulheres de letras, pensadoras e virtuoses. [...] Uma mulher poeta é uma monstruosidade moral e literária, da mesma forma que um soberano mulher é uma monstruosidade política", e outros do mesmo tipo. Ao longo do século XIX, reitera-se a afirmação de que a instrução é contrária tanto ao papel das mulheres quanto a sua natureza: feminilidade e saber se excluem. A leitura abre as portas perigosas do imaginário. Uma mulher culta não é uma mulher. O conservador Joseph de Maistre e o anarquista Proudhon concordam nesse ponto. "O grande defeito de uma mulher", escreve o primeiro, "é o de ser um homem. E querer ser homem é querer ser culto." E o republicano Zola não está longe de pensar desse mesmo modo. Eles deveriam, no entanto, prestar mais atenção: Monsenhor Dupanloup, representante de uma Igreja que investe nas mulheres, publica em 1868 *Femmes savantes et femmes studieuses*. Ele contesta o ponto de vista de Joseph de Maistre, embora se oponha firmemente ao ensino secundário para as meninas: "Essa menina, sua filha, tendo atingido a idade de dezoito anos, no esplendor de sua graça que ela mesma ignora, quereis que ela se submeta a um exame público, que receba um diploma e prêmios nos comícios agrícolas, e se incline diante do Sr. subprefeito, que colocará sobre sua cabeça uma coroa de papel pintado!". Na verdade, o bispo de Orléans teme sobretudo a sedução do livre pensamento.

É preciso, pois, educar as meninas, e não exatamente instruí-las.[18] Ou instruí-las apenas no que é necessário para torná-las agradáveis e úteis: um saber social, em suma. Formá-las para seus papéis futuros de mulher, de dona de casa, de esposa e mãe. Inculcar-lhes bons hábitos de economia e de higiene, os valores morais de pudor, obediência, polidez, renúncia, sacrifício... que tecem a coroa das virtudes femininas. Esse conteúdo, comum a todas, varia segundo as épocas e os meios, assim como os métodos utilizados para ensiná-lo.

Nas famílias aristocráticas ou abastadas, preceptores e governantas ministram suas lições em domicílio e tudo depende de sua qualidade, não raro bastante boa. As meninas aprendem a equitação e as línguas estrangeiras, principalmente francês e inglês. As condições políticas do século XIX produziram exilados em toda a Europa: 15 mil alemães em Londres em 1850, por exemplo. Malwida von Meysenbug, vinda de Hamburgo, encarrega-se das filhas do revolucionário russo Alexandre Herzen, viúvo e rico, muito zeloso da educação das meninas. Nas famílias burguesas, elas recebem aulas e vão completar sua educação em pensionatos, no período entre 15 e 18 anos. Aí elas aprendem as artes do entretenimento: desenho, piano, "ópio das mulheres", que lhes permitirá encantar serões familiares e recepções em sociedade. No século XIX multiplicam-se os pensionatos religiosos, que trazem prosperidade às congregações femininas, mas também se abrem muitos pensionatos laicos de dimensões menores, que garantem a subsistência a mulheres instruídas mas desprovidas de recursos monetários. As moças das camadas populares ajudam suas mães e frequentam os ateliês das "irmãs de caridade", onde aprendem a ler, contar, orar e coser. Isso porque a costura é uma obsessão nesse grande século do têxtil.

Família e religião são os pilares dessa educação quase que exclusivamente privada. O Estado, na França, instrui os meninos, seus futuros chefes e trabalhadores. Não as meninas, o que deixa para as mães e para a Igreja. Quando, em 1833, Guizot, ministro da Instrução pública, leva à votação uma lei que obriga todas as comunas com mais de cinco mil habitantes a abrir uma escola primária, trata-se unicamente de escolas para meninos. Ele era protestante e sua primeira esposa militava pela instrução das meninas. Sua própria filha, Henriette, era muito culta, tendo recebido aulas particulares de grego e de latim; ela foi, mais tarde, sua correspondente favorita e sua principal colaboradora.[19]

As mudanças contemporâneas

Entretanto, as coisas mudaram em toda a Europa quase ao mesmo tempo. A escolarização das meninas no primário operou-se nos anos 1880; no secundário, em torno de 1900; o ingresso das jovens na universidade aconteceu entre as duas guerras, e maciçamente a partir de 1950. Atualmente as jovens universitárias são mais numerosas que os rapazes.

Efeito da modernidade, provavelmente: os homens desejam ter "companheiras inteligentes". Os Estados almejam mulheres instruídas para a educação básica das crianças. O mercado de trabalho precisa de mulheres qualificadas, principalmente no setor terciário de serviços: correios, datilógrafas, secretárias.

Na França, entraram em jogo fatores políticos: a Terceira República triunfante queria subtrair as meninas à Igreja do Monsenhor Dupanloup. Daí as leis Ferry (1881), que criaram a escola primária gratuita, obrigatória e laica. Para os dois sexos, com os mesmos programas, mas em locais separados por razões de reputação moral. Problemática durante muito tempo, a mistura dos sexos na escola se disseminará sem traumas e sem nenhuma reflexão particular nos anos 1960-1970: sinal e fator de uma igualdade dos sexos ainda em evolução.

E as mulheres? Que papel tiveram nisso?

Muitas delas desejaram o saber como a um amante. A figura de Eva é, de certa maneira, emblemática: Eva morde a maçã por curiosidade ávida. A Igreja medieval substituiu o livro pela imagem sábia e meditativa da Virgem. Observa-se um imenso esforço autodidata das mulheres, realizado através de todos os tipos de canais, nos conventos, nos castelos, nas bibliotecas. Saber que era colhido letra por letra, furtado mesmo, nos manuscritos recopiados, nas margens dos jornais, nos romances tomados dos gabinetes de leitura, e lidos avidamente à noite, na calma sombria do quarto. A "escola do quarto", de que fala Gabrielle Suchon, o "quarto para si", que Virginia Woolf considera uma das condições para a escritura. E isso em todas as classes sociais. Marguerite Audoux, pastora em Sologne no começo do século XX, conta como descobriu, no sótão da propriedade rural onde trabalhava, um *Telêmaco* (obra de Fénélon) que acabou se tornando seu companheiro *(Marie-Claire)*.

As mulheres da elite reivindicaram muito cedo o direito à instrução. De Christine de Pisan a Mary Wollstonecraft, Germaine de Staël ou George Sand, ouvem-se suas vozes, que se elevam nos séculos XVIII e XIX. Elas transporiam os obstáculos um a um. Em 1861, Julie Daubié é a primeira, depois de muita luta, a passar no exame final do curso secundário, o *baccalauréat*. Foi necessário, para vencer as reticências do reitor de Lyon, o apoio de Arlès-Dufour, sansimonista, e a intervenção da imperatriz Eugénie junto ao ministro Victor Duruy, pessoalmente convencido. Cada grau conquistado para um novo nível de saber, cada ingresso num novo tipo de estudos se caracterizaram por verdadeiras batalhas de pioneiras, como Jeanne Chauvin, primeira advogada em 1900. Muitas vezes a intervenção do poder e da lei foi necessária, quando era preciso modificar o direito.

As mulheres não confiavam no ensino que se concedia a elas. Temiam sua desvalorização. É por isso que as feministas da *Belle Époque* reivindicavam a "coeducação" dos sexos, os mesmos programas e espaços, que garantiriam uma certa igualdade. Condição necessária, a escola mista, entretanto, não é uma condição suficiente. O sucesso escolar das meninas seria "falso"? Atualmente, na França, a escola mista e a igualdade de educação são uma realidade. Mas o caminho ainda é longo para que se chegue à igualdade profissional e social. Esta é uma outra história que abordaremos mais adiante.

Mulheres e criação: escrever

Então as mulheres têm uma alma. Mas teriam espírito, isto é, a capacidade da razão? Sim, diz Poulain de la Barre,[20] um dos primeiros a afirmar, no século XVII, a igualdade dos sexos, na esteira de seu mestre, Descartes, para quem "o espírito não tem sexo". Sim, afirmam, de cada um dos lados da Mancha, Mary Astell e Marie de Gournay, engajadas ambas na "querela das mulheres", substrato de um pré-feminismo renovador.[21]

Mas as mulheres são suscetíveis de criar? Não, diz-se frequente e continuamente. Os gregos fazem do *pneuma,* o sopro criador, propriedade exclusiva do homem. "As mulheres jamais realizaram obras-primas", diz Joseph de Maistre. Auguste Comte as vê como capazes apenas de reproduzir. Como Freud, que lhes atribui, entretanto, a invenção da tecelagem: "Estima-se que as mulheres trouxeram poucas contribuições às descobertas e às invenções da história da cultura, mas talvez elas tenham inventado uma técnica, a da trançagem e da tecelagem".[22] Por que isso? Alguns dão para essa deficiência um fundamento anatômico. Os fisiologistas do final do século XIX, que pesquisam as localizações cerebrais, afirmam que as mulheres têm um cérebro menor, mais leve, menos denso.[23]

E alguns neurobiólogos da atualidade continuam a procurar na organização do cérebro o fundamento material da diferença sexual. Catherine Vidal e Dorothée Benoist-Browaeys expõem e discutem essas hipóteses num livro recente: *Cerveau, sexe et pouvoir*.[24] Recusam-se às mulheres as qualidades de abstração (as ciências matemáticas lhes seriam particularmente inacessíveis), de invenção, de síntese. Reconhecem para elas outras qualidades: intuição, sensibilidade, paciência. Elas são inspiradoras, e mesmo mediadoras do além. Médiuns, musas, ajudantes preciosas, copistas, secretárias, tradutoras, intérpretes. Nada mais.

Escrever, pensar, pintar, esculpir, compor música... nada disso existe para essas imitadoras. Até a costura ou a cozinha, práticas costumeiras das mulheres, precisam tornar-se masculinas para serem "alta" (a alta costura) ou "grande" (a grande cozinha). Há alguns anos, mulheres que trabalhavam nos restaurantes na região do Auvergne insurgiram-se contra os costumes patriarcais da profissão e criaram uma associação de "cozinheiras auvérnias". Felizmente, nesse domínio, existem hoje criadoras reconhecidas, como Hélène Darroze (Paris). Na alta costura, Madeleine Vionnet, Coco Chanel, Jeanne Lanvin e, mais próximas de nós, Sonia Rykiel ou Agnès b., para só falar da França, souberam se impor e, assim, introduzir outras concepções da moda e do corpo femininos. Elas participam diretamente da história das aparências em que se encontram também as relações entre os sexos.

Escrever, para as mulheres, não foi uma coisa fácil.[25] Sua escritura ficava restrita ao domínio privado, à correspondência familiar ou à contabilidade da pequena empresa. Entre os artesãos, a "mãe" que gerenciava a hospedaria era muitas vezes uma mulher instruída que controlava as contas dos trabalhadores e desempenhava o papel de escrivão público.

Publicar era outra coisa. Christine Planté mostrou o sarcasmo que, no século XIX, acompanha as mulheres que "se pretendem autores".[26] São cada vez mais numerosas aquelas que tentam ganhar a vida pela pena. Escrevem nos jornais, nas revistas femininas. Publicam obras de educação, tratados de boas maneiras, biografias de "mulheres ilustres", gênero histórico muito em voga, e romances. É através do romance que as mulheres ingressam na literatura. No último quartel do século XIX, as mulheres que escreviam folhetins eram relativamente numerosas (da ordem de 20% na Inglaterra, mas apenas um pouco mais de 10% na França), graças principalmente aos periódicos femininos (como *La Veillée des chaumières*). Elas ganham a vida com seu trabalho e não pretendem ter o título de "escritoras": fronteira de prestígio difícil de ultrapassar, por causa da resistência em aceitá-las como tais. Entre aqueles que "não gostam de mulheres que escrevem" estão homens das Luzes, como Necker,[27] conservadores como Joseph de Maistre, liberais como Tocqueville, republicanos como Michelet ou Zola. Os dândis e os poetas como Barbey d'Aurevilly, Baudelaire, os irmãos Goncourt, grandes papas das letras, vão ainda mais longe. Estes últimos diziam, para explicar a exceção George Sand, que ela devia ter "um clitóris tão grosso quanto nossos pênis". A verdade é que eles cultivavam a misoginia licenciosa.

George Sand, justamente, constitui o próprio exemplo da posição sempre fronteiriça, mesmo no seu caso, de uma "mulher escritor". De início, por sua determinação: ela tinha, no convento, "a gana de escrever" e realizou sua ambição, contra a vontade dos seus e principalmente de sua avó. Depois, pela escolha de um pseudônimo masculino, cuja complexidade foi analisada por Martine Reid.[28] A ausência de *s* em George seria de uma vontade andrógina? É provável que ela tenha procurado escapar da obscura coorte das "mulheres autoras", para inscrever-se na gloriosa linhagem dos grandes escritores. Em todo caso, ela endossa sua masculinidade, pelo menos em sua vida profissional, fala de si no masculino, se sente perfeitamente à vontade, como a única mulher, nos jantares de Magny. E, coisa excepcional, faz de seu pseudônimo um patronímico que lega à sua descendência.

A escritura é, para ela, um trabalho, "queimar as pestanas", como diz a Flaubert, trabalho que realiza com consciência, principalmente à noite. Trabalhar significa identidade, utilidade. Um dia sem *trabalho*, nome que retorna constantemente em sua *Agenda* cotidiana (que ela mantém de 1854 a 1876), é perdido. É também um meio de ganhar a vida e sustentar uma família que incluía muitos agregados. Assim sendo, ela discute de maneira acirrada os contratos com seus editores, Buloz, Hetzel ou Michel Lévy. A escritura, para ela, é um ofício: "O ofício de escrever é uma violenta e quase indestrutível paixão". Mas ela nunca se "enterrou em literatura". Em 1836, escreve a um amigo (Fortoul, ministro da Instrução pública): "Há, nesta terra, mil coisas mais valiosas [que a literatura]: a maternidade, o amor, a amizade, o dia bonito, os gatos, e mil outras coisas ainda". Ela poderia ter acrescentado: a equitação, a jardinagem, os doces, as viagens. Muitas escritoras fizeram afirmações parecidas: elas recusam a absorção da vida pela obra. Tal como Germaine de Staël, refreada nesse ponto por seu pai, Necker, elas temem que "a glória [não passe do] luto que extingue a felicidade". Ora, na construção das identidades, a glória é masculina e a felicidade, feminina. A felicidade, para as mulheres, é uma obrigação ardente, individual e familiar, e às vezes coletiva (sendo então a chave dos engajamentos sociais).

George Sand, enfim, quer fazer uma obra útil, a serviço de seu ideal de justiça social, o que a opõe a seu amigo Flaubert, partidário da arte pela arte e obcecado pelo cuidado com a forma. Ela o exorta a maior descontração e espontaneidade. "Acho que você sofre mais do que o necessário e que deveria deixar livre o outro [= o outro que há em você] com mais frequência", escreve ela a Flaubert em 1866.

A recepção da obra de Sand ilustra também as dificuldades do reconhecimento. O sucesso enorme, na França e mais ainda no exterior, até na Rússia, não impede uma crítica misógina feroz, que ataca sua abundância, seu estilo "fluente": ela seria a "vaca leiteira" de nossa literatura. Suas melhores obras teriam sido inspiradas por homens (Musset) ou mesmo escritas por eles (Pierre Leroux seria o autor de *Spiridion*, ou mesmo de *Consuelo*...). Depois há a controvérsia sobre suas tomadas de posição (1848) ou sobre suas omissões (a Comuna). E o esquecimento daquela que, aos olhos da posteridade, não é mais do que a "boa senhora de Nohant", autora de romances campestres para a Biblioteca Rosa, cuja leitura era recomendada a Proust por sua avó, pelas qualidades de seu estilo.

O caso Sand, em seus paradoxos, ilustra a dificuldade, para uma mulher, de transpor a barreira das letras. Apesar de tudo, as mulheres transpuseram essa barreira. Nos séculos XIX e XX elas conquistaram a literatura, o romance, em particular, que se tornou o território das grandes romancistas inglesas (Jane Austen, as irmãs Brontë, George Eliot, Virginia Woolf e as demais) e francesas (Colette, Marguerite Yourcenar, Nathalie Sarraute, Marguerite Duras, Françoise Sagan etc.). Elas escreveram todos os tipos de romance: o antigo e o novo, o rosa e o negro, o sentimental e o policial, anteriormente apanágio dos homens e que se tornou nos últimos tempos um de seus domínios preferidos. Sete mulheres já conquistaram o prêmio Nobel de literatura, dentre elas Nadine Gordimer, Toni Morrison e, em 2004, a austríaca Elfriede Jelinek, cuja obra tenta dar conta do trágico, nos domínios privado e público, do mundo contemporâneo.

Outras fronteiras são ainda mais resistentes: as ciências, principalmente a matemática, cuja abstração foi, por muito tempo, considerada um obstáculo redibitório ao exercício das mulheres. E a nata do pensamento: a filosofia. Em *Les Femmes de Platon à Derrida. Anthologie critique*, 55 homens para 4 mulheres: as inglesas Mary Astell e Mary Wollstonecraft, Hanah Arendt, Simone de Beauvoir, às quais acrescentaria, de minha parte, Simone Veil, a autora de *La Pesanteur et la Grâce* e de *La Condition ouvrière*.

Hannah Arendt é a única que atualmente é reconhecida e estudada como filósofa nos cursos de filosofia. Sua reflexão sobre a democracia, o totalitarismo, a condição judia, a "banalidade do mal" (que traz à lembrança o processo de Eichmann, que ela acompanhou em Israel), a tornam uma das principais criadoras da teoria sobre *A condição humana*, título de um de seus livros. A questão da diferença dos sexos não era central para ela: tratava-se de uma evidência que era preciso levar em consideração, e que não merecia uma teoria. Entretanto, ao escrever a vida de Rahel Varnhagen, uma "judia alemã na época do romantismo", defronta-se com o duplo obstáculo da condição judia e feminina, que, certamente, a preocupava mais do que se possa dizer.[29]

Para Simone de Beauvoir, ao contrário, a reflexão sobre *Le Deuxième sexe* – as mulheres – é fundamental. Analisando a feminilidade, não como um fato da natureza, mas como um produto da cultura e da história, inaugura um pensamento de desconstrução de grande alcance, mas com certeza mais dificilmente aceitável no tempo em que o publicou. Ela é, de algum modo, a mãe do *gênero* (sem, no entanto, utilizar esse vocábulo).

Por que tão poucas mulheres filósofas? Falta-lhes a experiência do mundo? Ou a do pensamento? Falta-lhes a formação? A audácia teórica? A ambição? O particularismo das mulheres, ao menos aquele que lhes é atribuído, e no qual são isoladas, as impediria de aceder ao universal? Ou, para elas, isso era simplesmente impensável? A resposta abrangeria, com certeza, um pouco de cada uma dessas explicações.

Pintar, compor música, ultrapassando os limites das artes de entretenimento, também não era simples para elas.

A vida de artista

Escrever foi difícil. Pintar, esculpir, compor música, criar arte foi ainda mais difícil. Isso por questões de princípio: a imagem e a música são formas de criação do mundo. Principalmente a música, linguagem dos deuses. As mulheres são impróprias para isso. Como poderiam participar dessa colocação em forma, dessa orquestração do universo? As mulheres podem apenas copiar, traduzir, interpretar. Ser cantora lírica, por exemplo. A cantora lírica é uma grande figura feminina da arte, e foi por esse motivo que George Sand a elegera como heroína de seu maior romance, *Consuelo*.

As mulheres podem pintar para os seus, esboçar retratos das crianças, buquês de flores ou paisagens. Tocar ao piano obras de Schubert ou Mozart numa recepção.

Esse uso privado da arte faz parte de uma boa educação através da iniciação às artes de entretenimento, consideradas por George Sand como "artes de aborrecimento" e que lhe deram, no entanto, uma iniciação musical e pictural fortes. "Um belo ouvido", como dizia Liszt.

Mas essa iniciação não devia conduzir nem a uma profissão nem à criação. A mulher poderia apenas, em caso de necessidade, dar aulas de desenho ou de piano, fabricar objetos (Sand desenhou caixas e pintou dendrites) ou copiar obras-primas nas galerias dos museus (como se vê no quadro de Hubert Robert, *Projet d'aménagement de la grande galerie du Louvre*). Os museus, que Baudelaire considerava os únicos locais convenientes para uma mulher.

Uma verdadeira aprendizagem lhes era negada. Sob o pretexto de que o nu não devia ser exibido às moças, o acesso à Escola de Belas Artes lhes era vedado, a qual só lhes foi aberta, em Paris, a partir de 1900, e sob as vaias dos estudantes. Antes dessa data, as jovens deviam se conformar com as escolas e academias particulares, sendo que, em Paris, a mais célebre foi a academia Jullian. Mestres menores, como

Robert-Fleury, Bastien-Lepage, dispensavam um ensino acadêmico baseado na arte antiga e no nu. As jovens que as frequentavam vinham de toda a Europa. Era um meio bastante movimentado, que foi descrito por Denise Noël em sua tese, ainda inédita, sobre as mulheres pintoras em Paris na segunda metade do século XIX.[30] Ela se baseia em jornais e correspondências deixadas por artistas como Louise Breslau, Sophie Shaeppi ou Marie Bashkirtseff. Essa última, jovem aristocrata russa, morta aos 27 anos de tuberculose (1858-1885), escreveu um diário de 19 mil páginas, doado por sua mãe à Biblioteca Nacional.[31] É um testemunho notável sobre o cotidiano e os sofrimentos de uma jovem mulher que aspirava a ser uma verdadeira artista e se debatia contra a incompreensão de sua família, que só pensava em casá-la, e contra os preconceitos de seu tempo. Na academia Jullian, cuja atmosfera de camaradagem igualitária a agradava, era feliz: "No ateliê, tudo desaparece, não se tem nem nome nem família. [...] Cada um é o que é, um indivíduo, e tem-se diante de si a arte e nada mais". Mas deplora a insuficiência da formação, o machismo e a condescendência dos professores: "Esses senhores nos desprezam", escreve ela, "e só quando encontram um estilo forte e brutal é que ficam satisfeitos. É um trabalho de homem, disseram de mim. Tem força, tem natureza". Ela é premiada, contente, mas não ingênua. Sabe o caminho que tem de percorrer para tornar-se verdadeiramente uma grande artista. "Eu me tornaria adepta da Comuna só para fazer explodir as casas, o abrigo da família!", escreve essa revoltada no jornal *La Citoyenne*, de Hubertine Auclert, sufragista francesa. Apoia a criação da Union des Femmes Peintres et Artistes [União das Mulheres Pintoras e Artistas], fundada em 1881 pela escultora Hélène Bertaux. Apesar de tudo, é escolhida para fazer parte do *Salon*, principal instância de legitimação oficial. Atualmente, pode-se ver os quadros dessa artista, desaparecida tão cedo, em diversos museus, principalmente em Nice.

No *Salon*, os júris, inteiramente masculinos, esperavam das mulheres que se conformassem com os cânones da feminilidade, pelos temas: naturezas mortas, retratos, cenas de interior e buquês de flores, que formavam uma seção inteira; e pelo estilo. Nem nu nem pintura de história. O nu, esse tabu absoluto, foi a conquista das mulheres no século XX, como mostrou Marie-Jo Bonnet.[32] Isso acentuava o conformismo. Daí os protestos de Baudelaire contra essa "invasão" das mulheres que embotam a pintura. Ou os gritos dos futuristas (Marinetti) contra "o moralismo, o feminismo" e o apelo à guerra como higiene de um mundo sem virilidade. Nas vanguardas, as mulheres eram muito poucas, exceto quando tinham relações familiares com seus representantes. Foi o que ocorreu com Berthe Morisot, cunhada de Édouard Manet, que a elegeu um de seus modelos favoritos, sem jamais representá-la como pintora. Berthe não tinha sequer um ateliê próprio. Limitou-se à pintura de interior, com ênfase em sua filha, do berço à adolescência. "O desejo de glorificação após a morte me parece uma ambição desmedida," escreve ela em seus *Carnets*.[33] "Minha ambição se limita a procurar fixar alguma coisa do que acontece." Dela ficaram alguns raros autorretratos, apenas esboçados, como se tivesse vergonha de fazê-lo.[34] Ela sofria com sua marginalização artística: "Não creio que tenha jamais havido um homem que tratasse uma mulher de igual para igual, e isso é tudo o que eu pediria, pois sei que valho tanto quanto eles." Por trás da melancólica doçura de Berthe, adivinha-se a violência da criação ferida.

A vida cotidiana das mulheres pintoras não era fácil. O ateliê é um mundo de homens no qual elas só são admitidas como modelos. Como não dispõem de meios para ter um ateliê, pintam num canto de seu apartamento e não têm dinheiro para comprar os materiais necessários. E não é simples montar seu cavalete em local público. Para fazê-lo, e ter o direito de usar calças compridas, Rosa Bonheur teve de solicitar a autorização do chefe de polícia; suas telas imensas representando animais são um desafio aos cânones da arte no feminino. Para contornar esses problemas, as mulheres pintoras procuravam se reunir, formar pares de amigas, e muitas vezes de lésbicas – como Anna Klumpke e Rosa Bonheur[35] – retratadas por Tamara de Lempicka ou Leonor Fini. Inventavam soluções originais para exercer sua arte e para vivê-la.

Essa situação não favorecia nem a criação nem o reconhecimento necessário à venda das telas. Pesquisadoras localizaram nos últimos anos, nos Estados Unidos e na França, através dos catálogos das exposições e dos museus, dezenas, centenas de artistas mulheres. Mas, em sua maioria, obscuras. Quem se lembra das italianas Artemisia Gentileschi (século XVI – à qual Agnès Merlet dedicou um filme em 1997), obcecada pelo heroísmo feminino de Ester, Betsabá e Judith, ou de Rosalba Carriera (1675-1758), cujos belos quadros podem ser admirados no museu da Academia, em Veneza? As duas parecem ter tido um destino trágico, ligado à sua vontade de emancipação. Era preferível trabalhar para um homem importante, limitar-se ao retrato, de mulher, de rainha, de preferência, como Elisabeth Vigée-Lebrun. Era mais rentável dedicar-se aos gêneros secundários. As artes decorativas, às quais um número crescente de mulheres se dedica nos séculos XIX e XX, que, para Charlote Perriand, próxima de Le Corbusier, constituem uma dimensão da maneira de viver. Ou ainda a fotografia, "uma arte menor", como dizia Pierre Bourdieu. De Julia Cameron a Diane Arbus, Claude Cahun, Janine Niepce, tantas outras, redescobertas a cada dia nas exposições, a objetiva traça um caminho luminoso do olhar feminino. E não falo aqui da criação cinematográfica na qual se afirmam atualmente tantos talentos, de Agnès Varda a Jane Campion.

No século XX, as coisas mudaram? Sim, mas sem sobressaltos. Por um lado, existem cada vez mais casais pintores, homens e mulheres, com destaque para os ateliês da Europa central dos anos 1920-1930, no expressionismo alemão, com a Blaue Reiter, a Bauhaus. Como Jean Arp e Sophie Taeuber-Arp, Robert e Sonia Delaunay. Por outro lado, uma minoria de mulheres é independente, como Vieira da Silva, Frida Kahlo, Niki de Saint Phalle. Mas não deixa de ser uma minoria e os grandes nomes são masculinos. Isso se acentua com relação à escultura, como na história dramática de Camille Claudel e na de Louise Bourgeois, sendo esta mais tranquila. A arquitetura, arte da planta e do canteiro de obras, afirma-se como viril por excelência. Como exceção, a italiana Gae Aulenti.

E a música?
Aí se acumulam os obstáculos. Por parte das famílias, para começar. A mãe de Mme. Roland recusava-se a fazer de sua filha uma virtuose porque "queria, acima de tudo, que eu gostasse dos deveres de meu sexo e que fosse mulher do lar, mãe de família", escreve ela em suas *Mémoires*. O pai de Félix e Fanny Mendelssohn, igualmente dotados, escreve a esta última, em 1820, a respeito da música: "É possível que, para ele, a música venha a ser uma profissão, enquanto, para você, não será mais do que um ornamento".

Pior ainda quando as desaprovações vêm do marido ou do companheiro. Clara Schumann se sacrifica por Robert; Alma Mahler por Gustav. Durante o noivado, Gustav lhe pedira explicitamente renunciar à música. "Como é que você imagina um casal de compositores? Você já pensou a que ponto uma rivalidade tão estranha se tornará necessariamente ridícula? [...] Que você seja aquela de que preciso, [...] minha esposa e não minha colega, isso sim, está certo." O que ele lhe propõe é a colaboração e a fusão de seu amor e de suas músicas.[36]

As compositoras foram raras e esquecidas. Assim foi com Augusta Holmès, companheira de Catulle Mendès, amiga de Richard Wagner, autora de uma ópera, de várias sinfonias e de peças para piano, e que era célebre no final do século XIX. Por que foi tão depressa esquecida? "Certamente porque não foi um modelo de mãe, porque rejeitou os códigos sociais [...] e porque cismou de seguir uma profissão masculina, diferentemente de outras musicistas como Alma Mahler, Fanny Mendelssohn ou Clara Schumann", nos diz sua biógrafa, Michèle Friang, que se esforça para que ela seja redescoberta.[37]

Atualmente, as dificuldades persistem no domínio musical. Há cada vez mais mulheres que são brilhantes intérpretes, não somente como pianistas (Marta Argerich, Hélène Grimaud), mas como violinistas (Anne-Sophie Mutter). Mas as compositoras e mesmo as maestrinas são raras; dir-se-ia que as orquestras não gostam de ser dirigidas por uma mulher. O reconhecimento tardio a Betsy Jolas (nascida em 1926), grande dama da música dodecafônica, próxima de Pierre Boulez e de Henri Dutilleux, com quem inicialmente trabalhou, é excepcional.

No entanto, hoje, as mulheres são as principais consumidoras de arte. Elas participam de corais, estão presentes em massa nos concertos, nas exposições. Também são mecenas, apesar de as grandes coleções de arte serem em sua maioria masculinas, pois o dinheiro e o poder são coisas de homem. Entretanto, ao serem dotadas desses recursos, sabem servir-se deles. Maria de Médici encomendou a Rubens a série de quadros que estão expostos no Louvre;[38] a Grande Catarina e Mme. de Pompadour conhecem a influência do gosto; Nelly Jacquemart foi uma hábil companheira para seu marido, o banqueiro André. Anne Pingeot foi certamente a principal inspiradora do Louvre de François Mitterrand. E o mecenato musical feminino foi essencial para a música francesa contemporânea. Debussy, Gabriel Fauré, César Franck, Vincent d'Indy, Satie, Saint-Saëns e muitos outros ganharam notoriedade graças ao apoio da condessa Greffulhe, de Marguerite de Saint-Marceaux ou da princesa Singer-Polignac. Elas agiram através de suas encomendas e de seus salões, locais de criação, de audição e mesmo de concertos, onde a música não era apenas o acessório das recepções mundanas,[39] mas o coração pulsante da arte.

Assim, o papel das mulheres na criação artística, ontem e hoje, precisa ser reavaliado.

Notas

[1] Émeline Aubert, "La femme a-t-elle une âme? Histoire d'un mythe, du concile de Mâcon à nos jours" em *La Religion et les Femmes*, Gérard Cholvy (org.), Montpellier, 2002, p. 18-34.

[2] Gênesis, 1, 27.

[3] Gênesis, 2, 21-22.

[4] Natalie Z.-Davis, *Juive, catholique, protestante. Trois femmes en marge au XVIIe siècle*, Paris, Seuil, col. "La Librairie du XXe et du XXIe siècle", 1997.

[5] Jean Delumeau, *La Religion de ma mère. Le rôle des femmes dans la transmission de la foi*, Paris, Cerf, 1992.

[6] Esse romance, o último dos *Quatre Évangiles*, e o último de Zola, mostra as desavenças de um casal, Marc Froment, mestre-escola laico, e sua mulher Geneviève, imbuída de devoção e de antissemitismo, no tempo do caso Dreyfus.

[7] Nancy Green, "La femme juive", em *Histoire des femmes en Occident, op. cit.*, t. 4, p. 215-229; Nelly Las, *Femmes juives dans le siècle, Histoire du Conseil international des femmes juives de 1899 à nos jours*, Paris, L'Harmattan, 1996.

[8] Claudia Opitz, "Um mouvement des femmes au Moyen Âge?", em *Histoire des femmes em Occident, op. cit.*, t. 2, p. 328-335.

[9] Esther Cohen, *Le Corps du diable. Philosophes et sorcières à la Renaissance*, Paris, Léo Sheer, 2004.

[10] Jean-Michel Sallmann, "Sorcière", em *Histoire des femmes en Occident, op. cit.*, t. 3, p. 455-462.

[11] Nicole Edelman, *Voyantes, guérisseuses et visionnaires em France*, Paris, Albin Michel, 1995; *Histoire de la voyance et du paranormal. Du XVIIIe siècle à nos jours*, Paris, Seuil, 2006.

[12] Robert Mandrou, *Magistrats et sorciers em France au XVIIe siècle, Une analyse de psychologie historique*, Paris, Seuil, col. "L'univers historique", 1989.

[13] Carlo Ginzburg, *Les Batailles nocturnes*, Lagrasse, Verdier, 1980; *Le Sabbat des sorcières*, Paris, Gallimard, 1992.

[14] Michèle Le Doeuff, *Le Sexe du savoir*, Paris, Aubier, 1998.

[15] Françoise Wacquet, *Le Latin ou l'Empire d'un signe, XVIe-XXe siècle*, Paris, Albin Michel, col. "L'évolution de l'humanité", 1998.

[16] Claude Dulong, "De la conversation à la création", em *Histoire des femmes en Occident, op. cit.*, t. 3, p. 403-427.

[17] François Collin, Évelyne Pisier e Eleni Varikas, *Les Femmes de Platon à Derrida*, op. cit., p. 267.

[18] Guyonne Leduc (dir.), *L'Éducation des femmes en Europe et en Amérique du Nord. De la Renaissance à 1848*, Paris, L'Harmattan, 1997; Michèle Hecquet (dir.), *L'Éducation des filles au temps de George Sand*, Arras, Presses Universitaires d'Artois, 1998.

[19] François Guizot, *Lettres à sa fille Henriette, 1836- 1874*, Paris, Perrin, 2002. Infelizmente há poucas cartas de Henriette nessa publicação; é o grande homem quem monopoliza a atenção, sendo necessário adivinhá-la indiretamente.

[20] Poulain de La Barre, *De l'égalité des deux sexes*, 1671.

[21] Segundo a expressão de Guyonne Leduc.
[22] Françoise Collin, Évelyne Pisier e Eleni Varikas, *Les Femmes de Platon à Derrida, op. cit.*, p. 602.
[23] Steven J. Gould, *La Mal-Mesure de l'homme*, Paris, Odile Jacob, 1997.
[24] Paris, Belin, 2005, apresentação de Maurice Godelier.
[25] Marie-Claire Hoock-Demarle, "Lire et écrire en Allemagne", em *Histoire des femmes en Occident, op. cit.*, t. 4, p. 147-167.
[26] Christine Planté, *La Petite Sœur de Blazac. Essai sur la femme auteur*, Paris, Seuil, 1989.
[27] Jean-Denis Bredin, *Une singulière famille (les Necker)*, Paris, Fayard, 1999.
[28] Martine Reid, *Signer Sand. L'œuvre et le nom*, Paris, Belin, col. "L'extrême contemporain", 2003.
[29] Como mostraram Françoise Collin, em *L'homme est-il devenu superflu?* Hannah Arendt, Paris, Odile Jacob, 1999, e Julia Kristeva, em *Le Génie féminin, I. Hannah Arendt*, Paris, Fayard, 1999.
[30] Cf. seu artigo em "Femmes et images", *Clio. Histoire, femmes et sociétés*, n. 19, 2004.
[31] Sua publicação integral está em curso pelas edições L'Âge d'homme. Um primeiro volume foi publicado em 1999. Cf. a biografia de Colette Cosnier, *Marie Bashkirtseff. Un portrait sans retouches*, Paris, Horay, 1985.
[32] Marie-Jo Bonnet, *Les Femmes dans l'art, op. cit.*, livro que renova o tema pela informação e pela abordagem.
[33] Anne Higonnet, *Berthe Morisot, une biographie, 1841-1895*, Paris, Adam Biro, 1989; *Berthe Morisot's Images of Women*, Harvard University Press, 1992.
[34] *Berthe Morisot, 1841-1895*, catálogo da exposição do Musue de Belas Artes de Lille, 2002.
[35] Brita C. Dwyer, *Anna Klumpke. A Turn-of-the-Century Painter and her World*, Northeastern University Press, 1999.
[36] Jacqueline Rousseau-Dujardin, "Compositeur au féminin", em Geneviève Fraisse *et alii*, *L'Exercice du savoir et la Différence des sexes*, Paris, L'Harmattan, 1991.
[37] Michèle Friang, *Augusta Holmès ou la Gloire interdite. Une femme compositeur au XIXe siècle*, Paris, Autrement, 2003.
[38] Fanny Cosandey, "Marie de Médicis et le cycle de Rubens au palais du Luxembourg", *Clio. Histoire, femmes et société*, n. 19, 2004, p. 63-83.
[39] Myriam Chimènes, *Mécènes et musiciens. Du salon au concert à Paris sous la III République*, Paris, Fayard, 2004.

O trabalho das mulheres

s mulheres sempre trabalharam. Seu trabalho era da ordem do doméstico, da reprodução, não valorizado, não remunerado. As sociedades jamais poderiam ter vivido, ter-se reproduzido e desenvolvido sem o trabalho doméstico das mulheres, que é invisível.

Nem sempre as mulheres exerceram ofícios reconhecidos, que trouxessem remuneração. Não passavam de ajudantes de seus maridos, no artesanato, na feira ou na loja. Sua maneira de lidar com o dinheiro trazia problemas, ainda mais quando eram casadas. No entanto, elas sabiam contar, e o célebre quadro de Bassano que retrata os Portinari, mostra um casal de cambistas iguais em suas ações.

É o regime assalariado, principalmente com a industrialização, que, a partir dos séculos XVIII-XIX, nas sociedades ocidentais, coloca em questão o "trabalho das mulheres". As mulheres podem, devem, ter acesso ao salário, isto é, receber uma remuneração individual, deixando a casa, o lar, que era o seu ponto de apoio e a sua utilidade?

As camponesas

Por muito tempo, as mulheres foram camponesas, ligadas aos trabalhos rurais; no período que precede a Segunda Guerra Mundial, na França, era essa a condição de quase a metade das mulheres. No mundo, as camponesas são certamente ainda a maioria, se pensarmos na África, na Ásia e na América Latina.

Ora, as camponesas são as mais silenciosas das mulheres. Imersas na hierarquia de sociedades patriarcais, são poucas as que emergem do grupo, pois se fundem com a família, com os trabalhos e os dias de uma vida rural que parece escapar à história, sendo mais objeto das pesquisas dos etnólogos. Assim, não é de espantar que nosso saber sobre as mulheres rurais nos venha desses pesquisadores. Na França, trata-se da Société d'Ethnologie [Sociedade de Etnologia] e de sua revista, *Ethnologie française*. Os museus das artes e tradições populares mostram seus instrumentos, seu mobiliário, suas roupas e chapéus, inestimáveis testemunhos, que, no entanto, têm o efeito de fixá-las em posturas e trajes impecáveis, afastados da rudeza de seu cotidiano. Martine Segalen, Agnès Fine (do Sudoeste da França), Anne Guillou (Bretanha), Yvonne Verdier... dedicaram-se particularmente ao estudo dos papéis masculinos e femininos no trabalho e na cultura rural. O livro de Yvonne Verdier, precocemente falecida, foi um marco. Resultado de uma longa pesquisa feita na Borgonha, em torno da aldeia de Minot, *Façons de dire, façons de faire. La laveuse, la couturière, la cuisinière, la femme qui aide*[1] mostra com sutileza o que acontece em torno dessas personagens no funcionamento cotidiano e na transmissão dos gestos, dos saberes e de uma simbólica fortemente marcada pelo corpo e pelos líquidos: a água, o sangue, o leite.

Os testemunhos diretos são extremamente raros. Citaremos Marguerite Audoux (*Marie-Claire*, 1910), Jakez Elias (*Le Cheval d'orgueil*, 1975). Joëlle Guillais recolheu as memórias de *La Berthe* (1988), camponesa do Perche. Alguns romances têm um valor etnológico, como os de George Sand, uma das primeiras a destacar personagens de mulheres do campo como Valentine, Jeanne, Nanon e a célebre *Petite Fadette*. A pintura, quando aborda o mundo rural, o faz na maioria das vezes de maneira convencional: de Brueghel e Le Nain a Jean-Baptiste Millet, cujos croquis são melhores do que *L'Angelus*, e mesmo Van Gogh, com o famoso quadro *Mangeurs de pommes de terre*, não estão isentos de bestialidade. Quando se trata da terra, as representações dominam; os estereótipos, produtos do regionalismo e das ideologias políticas, florescem. E as mulheres são o suporte privilegiado, nesses casos. É o que se vê no romance de Zola, *La Terre*.

Os conflitos, quando ocasionam processos, liberam algumas vozes menos convencionais. Daí o interesse das pesquisas que os tomam como ponto de partida, como as de Élisabeth Claverie e Pierre Lamaison,[2] sobre a região do

Gévaudan, que tenta fazer persistir o direito de primogenitura e a prática de alianças, em nome de um holismo familiar atacado pelo crescimento inexorável de um individualismo no qual as mulheres têm um papel eficaz; ou as pesquisas de Annick Tillier sobre as *mulheres infanticidas na Bretanha do século XIX*.

É pouco. Essas mulheres, nossas antepassadas, que, há três ou quatro gerações, viviam nas aldeias, desapareceram com elas. Tudo o que restou são velhas fotos em que posam em grupo, por ocasião de um casamento; endomingadas, com seus esposos, no dia de suas núpcias, ou na véspera da partida para o exército, em 1914. Mais raramente, correspondências, escritas nos tempos de separação de um casal, durante o serviço militar ou durante a guerra. Deixamos que partissem sem registrar sua memória. Minha bisavó, Agathe, natural do Poitevin, não sabia ler nem escrever; ela macerava e fiava o linho e me deixou foi uma roda de fiar desconjuntada, que desapareceu numa mudança.

Vida cotidiana

A vida das camponesas era regrada pela da família e dos ritmos dos campos. Numa rígida divisão de papéis, tarefas e espaços. Para o homem, o trabalho da terra e as transações do mercado. Para a mulher, a casa, a criação de animais, o galinheiro e a horta, cujos produtos, como Perrette, ela vendia na feira. De acordo com a idade e com a posição na família, elas trabalhavam no campo por ocasião das colheitas de todos os tipos, de batatas a vindimas, curvadas sobre a terra ou sob o peso de cargas. A velha camponesa é uma mulher recurvada. Elas cuidavam do rebanho, das vacas, que vigiavam e ordenhavam, das cabras, cujo leite servia para fabricação artesanal de queijo, que também era serviço delas. "Sem mulher, não há vaca, nem leite, nem galinha, nem frango, nem ovo." A camponesa é uma mulher ocupada, preocupada em vestir (ela fia) e em alimentar os seus (autossubsistência e confecção das refeições) e, se possível, trazer para casa um suplemento monetário a partir do momento em que o campo se abriu para o mercado: mercado alimentar, mercado têxtil. Muito cedo ela fia para fora ou faz rendas (como nas regiões do Puy, de Alençon ou de Bayeux), que são buscadas nas aldeias por estafetas. O luxo, na corte e na cidade, principalmente a partir do século XVII, aumentou a demanda com relação às mulheres, que assim entraram no circuito monetário.

Esse mundo rural, cujo pilar é o casal, é muito hierarquizado: entre os sexos (ele é o senhor); entre as mulheres. A dona de casa reina sobre a família e os agregados. Ela toma conta das filhas, preocupada com seus namorados e seu enxoval, modo de transmissão privilegiado entre mãe e filha.[3] Cuida da roupa branca,* cujas lavagens constituem verdadeiras cerimônias. Cuida dos parentes idosos, reclamando quando tem de trazê-los para morar em sua casa. Vigia as criadas, muitas vezes às voltas com as inconveniências dos cavalariços, ou do patrão, para ver se não estão engordando além do normal por baixo de seus blusões ou aventais. Essas criadas, filhas de famílias numerosas, que não podem sustentá-las nem empregá-las, pertencem à camada mais pobre e mais exposta do mundo rural.

Essa vida rude tem seus ritos e seus prazeres para as mulheres, cujo poder oculto é, com frequência, muito forte. Ele se exerce pelo olhar e pela palavra. Na igreja, onde elas são as mais fervorosas. Nas feiras, onde gerenciam o comércio a varejo. Na lavanderia, as mulheres falam entre si e lavar roupa branca é atividade propícia à confidência. Os homens temem o burburinho das lavanderias, que operam uma espécie de censura, desfazem uma reputação. À noite, nos momentos de vigília, as mulheres mais velhas contam histórias e transmitem as lendas e os acontecimentos da vizinhança. Mas logo os jovens forasteiros lhes furtam essa vantagem com seus relatos em que predominam os rumores da cidade. Assim, a velha Fouénouse se cala no canto de sua lareira em sua aldeia do Limousin, a qual animava com seus contos, segundo Martin Nadaud em suas *Mémoires de Léonard*,[4] testemunho muito rico sobre os efeitos das migrações sobre as relações entre os sexos no século XIX.

A pesquisa de Yvonne Verdier data de mais de trinta anos. Em Minot, os papéis das mulheres são muito marcados numa cultura do corpo da qual elas são as sacerdotisas. A lavadeira conhece os segredos da roupa íntima, palimpsesto das noites de um casal. A costureira, mediadora entre cidade e campo, confidente dos desejos de luxo e de sedução, acolhe a cada inverno as moças que completarão 15 anos naquele ano para lhes ensinar a marcar a roupa de seu enxoval, ao mesmo tempo que lhes ensinam os mistérios da vida de mulher. A cozinheira transmite as receitas rurais. Presente em todas as circunstâncias da vida – batizados, casamentos e enterros –, a "mulher que ajuda" é a guardiã da memória das famílias, a testemunha de seus conflitos, visíveis quando os pais não conseguem entrar num acordo sobre o cardápio de uma recepção de casamento. Ela tenta conciliações, e mesmo reconciliações. Dá "uma mãozinha" à parteira, ou mesmo a substitui. É ela quem veste os mortos e vela por eles em sua última travessia. Há trinta anos essa cultura já estava em declínio. Hoje em dia, desapareceu.

---

* N.T.: "Roupa branca" traduz *linge*, que designa tanto a roupa íntima masculina e feminina quanto a roupa de cama, mesa e banho, que, até há bem pouco tempo, eram sempre brancas.

Mudanças na vida dos campos e das mulheres

Por muito tempo aparentemente imóvel, a vida nos campos muda, e a das mulheres também. Por influência do mercado e das comunicações. Pela industrialização. Pelo êxodo rural. Pela ação das guerras, principalmente a de 1914-1918, que esvaziou o campo de seus jovens e transferiu uma parte de suas tarefas e de seus poderes para as mulheres: elas aprendem a lavrar a terra, gesto viril, e a gerenciar seu negócio. Esses fatores acumulados modificaram o equilíbrio das famílias e as relações entre os sexos e mudaram a vida das mulheres.

O êxodo rural afetava as mulheres. Não somente porque elas continuavam no campo. Pois elas também participavam do êxodo. As jovens, pelo menos. Seus pais as colocavam como criadas em propriedade rural ou como criadas na cidade, por intermédio do vigário, do senhor do castelo ou de um primo; mas também na fábrica: no Sudeste da França, na região do Ardèche e do Lyonnais, havia fábricas de seda – filatura e tecelagem – cujo patronato seguia o modelo de Lowell, vila-dormitório americana (perto de Boston). Essas fábricas-internatos suscitaram o interesse dos moralistas, que viam nelas um ideal de equilíbrio feminino, e dos pesquisadores (Armand Audiganne, Louis Reybaud),[5] que as descreveram detalhadamente. As fábricas empregavam as moças desde os 14 anos. Para tranquilizar as famílias camponesas de onde eram originárias, a supervisão desses internatos foi confiada a religiosas. Foi criada uma ordem especialmente com essa função. A disciplina era estrita, detalhada em seus regulamentos, e a prática religiosa era obrigatória. As moças ali permaneciam por muitos meses sem ir para casa, e suas famílias é que recebiam diretamente o seu salário. Esse dinheiro a mais era muito apreciado e contribuiu para revalorizar a estima das moças na economia familiar.

Esse tipo de internato industrial existiu em vários países da Europa (Suíça, Alemanha) e no mundo. De uma forma ainda mais rigorosa, no Extremo Oriente, no Japão, na Coreia, na China. Eles ainda existem, embora de forma mais flexível. Na China, são muito numerosos e algumas reportagens já exibiram para nós sua austeridade laboriosa. São eles uma das razões para os baixos salários e para os custos módicos da mão de obra chinesa.

Uma vez longe de casa, as jovens camponesas nem sempre voltavam. O apelo da cidade e do trem era muito forte. Marguerite Audoux conta sua partida improvisada para Paris. Ela acaba de perder seu emprego de pastora e acompanha sua irmã à estação. "Os funcionários corriam pela plataforma gritando: 'Passageiros para Paris, atravessem!' Naquele instante, vi Paris com seus edifícios que parecem palácios, e seus telhados iam tão alto que se perdiam nas nuvens." Ela sobe no trem. Aprendeu a costurar no orfanato das irmãs. Entrará num ateliê de confecção que descreve num outro romance, *L'Atelier de Marie-Claire*. A maior parte das operárias vêm do campo, passando por uma cidadezinha do interior, como primeira etapa. Jeanne Bouvier conta mais ou menos a mesma história, que transcorreu seguindo sequências análogas.

Essas jovens mulheres eram migrantes em potencial, porque aspiravam a uma vida melhor e mais livre. Mais instruídas, desejavam outra coisa, ser empregada nos correios ou professora primária, por exemplo, e para isso elas faziam o concurso da escola normal, que foi, para muitas, um formidável impulso. Aspiravam também ao asseio, a uma intimidade que as casas rurais não lhes proporcionavam. Leitoras de folhetins, sonhavam com um amor que certamente não era impossível, mas que não constituía a finalidade do casamento. No século XX muitos camponeses têm dificuldade em encontrar mulheres para se casar e o celibato masculino aumenta cada vez mais. Para que as mulheres permaneçam no campo, será preciso que as propriedades rurais se tornem mais confortáveis e que a família deixe de ser patriarcal.

Na segunda metade do século XX, *Celles de la terre*,[6] de que fala Rose-Marie Lagrave, são mulheres modernas, que dirigem automóvel, usam talão de cheques, fazem os cálculos em seus negócios, chegando mesmo a subir num trator (como na região de Perche, que, sendo muito machista, assim aparece nos romances de Joëlle Guillais),[7] filiam-se a associações ou a sindicatos. Nicole Notat era filha de agricultores da região de Lorena; foi professora primária e dedicou-se à educação especializada, antes de entrar para a CFDT (Confédération Française Démocratique du Travail [Confereração Francesa Democrática do Trabalho]) e assumir responsabilidades por ocasião do movimento de maio 1968. Uma mulher já dirigiu a Confédération des Jeunes Agriculteurs [Confederação dos Jovens Agricultores]. Mas isso numa agricultura que se tornou residual, que, na França, representa 4% da população. O campo desaparece à medida que se transforma.

O trabalho doméstico

O trabalho doméstico é fundamental na vida das sociedades, ao proporcionar seu funcionamento e reprodução, e na vida das mulheres. É um peso nos seus ombros, pois é responsabilidade delas. É um peso também na sua identidade: a dona de casa perfeita é o modelo sonhado da boa educação, e torna-se um objeto de desejo para os homens e uma obsessão para as mulheres. O caráter doméstico marca todo o trabalho feminino: a mulher é sempre uma dona de casa. Isso se espera também da perfeita secretária: que ela coloque flores e que cuide de seu patrão. Era assim que trabalhava a secretária de direção no escritório à moda antiga, descrito por Josiane Pinto.

O trabalho doméstico resiste às evoluções igualitárias. Praticamente, nesse trabalho, as tarefas não são compartilhadas entre homens e mulheres. Ele é invisível, fluido, elástico. É um trabalho físico, que depende do corpo, pouco qualificado e pouco mecanizado apesar das mudanças contemporâneas. O pano, a pá, a vassoura, o esfregão continuam a ser os seus instrumentos mais constantes. É um trabalho que parece continuar o mesmo desde a origem dos tempos, da noite das cavernas à alvorada dos conjuntos habitacionais. No entanto, ele muda, em suas práticas e em seus agentes.

São três as figuras do trabalho doméstico que vamos abordar: a dona de casa de origem humilde, a dona de casa burguesa e a criada, que atualmente deu lugar à empregada doméstica ou à diarista.

A dona de casa dos meios operários

Nos séculos XVIII e XIX houve uma tomada de consciência da importância do trabalho doméstico na vida das famílias e das sociedades. A "boa dona de casa" é objeto de conselhos, de tratados de economia doméstica ou de educação, mais tarde de escolas, principalmente nas grandes fábricas que se encarregam de formar as mulheres de seus operários; assim, no Creusot,[*] o engenheiro Émile Cheysson foi um dos maiores entusiastas desse tipo de ensino. Os economistas e os moralistas veem na dona de casa dos meios operários o núcleo do equilíbrio econômico e familiar. Ao mesmo tempo, a observam. Frédéric Le Play e sua escola desenvolvem pesquisas exaustivas sobre famílias de operários escolhidas em função de sua representatividade, investigam seu orçamento e a maneira como a dona de casa o gerencia. Essas "monografias de família" são documentos excepcionais sobre as famílias dos meios operários, e principalmente sobre as mulheres, cuja vida e prática são aí descritas. Como "a mulher do carpinteiro de Paris" no Segundo Império.

Ela vive numa pequena habitação, que tem dois cômodos e mais um cubículo para a cozinha. Suas ocupações são o serviço de limpeza, a lavagem de roupa, as compras, a preparação das refeições, fazendo aquelas de custo mais barato (o ensopado em lugar do assado). Ela mesma faz e conserta as roupas da

---

[*] N.T.: Vila operária localizada na região da Borgonha, sendo hoje uma cidade satélite de Dijon.

família: o marido e dois filhos, estes, os únicos sobreviventes dos seis que trouxe ao mundo. Ela é o médico da família e antes de tudo, seu "ministro das Finanças", pois gerencia o orçamento. O marido lhe entrega o pagamento da semana: prática frequente na França (muito menos na Inglaterra ou na Alemanha) e certamente resultado da pressão das mulheres. O dia do pagamento é um dia de contestação em muitos lares. Além disso, a mulher do carpinteiro ganha um pouco de dinheiro fazendo compras e lavando a roupa para uma vizinha. Ela, assim como outras donas de casa, se sente valorizada por essa contribuição ao orçamento doméstico. Vinte anos depois, ela teria alugado ou comprado uma máquina de costura, uma Singer, para trabalhar em domicílio para uma indústria da confecção. Essa é a chave de um *sweating system*, sistema do suor, extenuante para as mulheres e combatido pelas feministas e pelos reformadores por volta de 1900. A dona de casa é, pois, muito ocupada, e compreende-se por que, no meio operário, se prefira que ela trabalhe em casa e não na fábrica. Até mesmo para a CGT (Confédération Générale du Travail [Confederação Geral do Trabalho]), é este o ideal a defender. Se a mulher não é uma boa dona de casa, a família vai por água abaixo. É a triste história de Gervaise, no *L'Assommoir* (Zola, 1878).

A dona de casa burguesa

A dona de casa descrita por Bonnie Smith e Anne Martin-Fugier[8] não tem o mesmo tipo de ocupações, pelo menos não se tiver dinheiro. A dona de casa burguesa depende da soma que lhe é passada pelo marido, o que é um motivo frequente de discussões como mostra Zola em *Pot-Bouille*. Ela tem a responsabilidade de zelar pela família e de manter a casa em ordem: arrumação e limpeza da casa ou do apartamento, lavagem e repassagem das roupas, elaboração dos cardápios das refeições, cuidados e educação das crianças, organização das *soirées* familiares, recepções para a sociedade. Uma burguesa, mesmo sendo da classe média, reserva um dia para receber visitas, de maneira faustosa ou modesta, segundo suas disponibilidades. Para a mãe de família que tem filhas na idade de casar, é uma preocupação permanente.

A dona de casa reina (em princípio) sobre seus filhos, mais sobre as filhas, e sobre a criadagem. Esta última é sua maior preocupação. Os criados são muitos na aristocracia e na burguesia abastada – sua importância, social e narrativa, pode ser vista na obra de Proust, *À la recherche du temps perdu* – na média e pequena burguesia, a criadagem tende a reduzir-se a uma única "criada", à qual as donas de casa se apegam como a uma tábua de salvação. "Ser servido" é a marca última de uma posição. "Não poder mais ser servido" assinala uma decadência de *status*.

Essas mulheres, reduzidas ao círculo restrito de sua casa, desenvolvem uma verdadeira mística feminina do trabalho doméstico e da reprodução, sussurram os versos de Verlaine sobre "a vida simples e fácil, obra de escolha que requer muito amor". Seus filhos devem realizá-la. Seu trabalho de mão, tricô ou bordado, as "pequenas coisas" do cotidiano as ocupam e as justificam, pois o "trabalho" tornou-se valor indispensável à utilidade social. Algumas ajudam os pobres, exercendo atividades de caridade e filantropia. Por vezes usam de seu poder doméstico de maneira tirânica – como as mães possessivas retratadas por François Mauriac em seus romances.

Algumas se sentem realizadas em ambientes aconchegantes, como aqueles descritos por Jane Austen. Sua vida cotidiana é um romance interminável, cheio de intrigas e surpresas. Outras são mal-humoradas, ou melancólicas, e assemelham-se um pouco às heroínas de Virginia Woolf, à espera de um acontecimento sempre adiado. A situação de dona de casa é uma variedade arriscada da condição de mulher.

Empregadas domésticas

Uma parte importante do trabalho doméstico é remunerada. Pouco antes da guerra de 1914, chega a ser o principal setor de emprego das mulheres. As domésticas não são, aliás, assalariadas como as outras. Com casa e comida, elas recebem "retribuições" que lhes são passadas irregularmente, e sujeitas a descontos caso quebrem a louça ou estraguem a roupa. Sua jornada de trabalho é quase ilimitada. O domingo não é garantido como folga, mesmo quando a prática se torna mais frequente. Além de seu tempo e de sua força de trabalho, sua pessoa e seu corpo são requisitados, numa relação pessoal que ultrapassa o compromisso salarial.

Há muitas variedades de empregados domésticos: cozinheiras, camareiras, lavadeiras, ajudantes de cozinha, copeiras, criadas para todo o serviço não têm o mesmo *status* nem as mesmas retribuições. As primeiras conseguem uma situação melhor. As últimas, dificilmente. Conduzidas por seus pais, elas vêm do interior (em Paris, muitas são bretãs), são jovens e superexploradas. Alimentando-se de restos e dormindo no sexto andar dos prédios, em quartos sórdidos e mal aquecidos, verdadeiros ninhos de tuberculose. Inexperientes, são presas fáceis, em casa ou fora dela, facilmente seduzidas pelo filho dos patrões ou por um sedutor bem falante que conheceu no baile de sábado à noite, que as deixa "de bucho cheio", segundo a expressão popular. O pior é que são mandadas embora quando ficam grávidas. É claro que há boas patroas e boas lembranças. E algumas, economizando, chegam a juntar dinheiro para o dote, o que as torna um bom partido para os operários, endividados ou não. A condição doméstica conduz à perdição ou à ascensão. Mas, apesar de tudo, não tem boa reputação. Notadamente pelo risco da prostituição e da sífilis, esse "mal parisiense". Assim, as populações das aldeias são cada vez mais reticentes em enviar suas moças para a cidade, e ainda mais se for para Paris. Depois de 1914, as empregadas domésticas tornam-se raras. "Não se encontram mais serviçais" é uma queixa generalizada. Ainda mais porque surgem outras oportunidades de ganhar a vida em hospitais laicos, que abrem vagas, e nas fábricas, mais acolhedoras e mais bem protegidas pelo direito do trabalho incipiente.

As "criadas" desaparecem, dando lugar às faxineiras diaristas, frequentemente de proveniência estrangeira, como as espanholas e as portuguesas e, posteriormente, as africanas e asiáticas. Não antes de marcar a literatura. A Félicie de Flaubert (*Un cœur simple*) é a figura mais comovente. A camareira de Octave Mirbeau, a mais esperta. Bécassine (*La Semaine de Suzette*, 1906), a mais cruelmente caricaturada. Em *Les Bonnes*, Genet põe em cena um acontecimento trágico: as irmãs Papin assassinaram a patroa. Arrancaram-lhe os olhos. Entretanto, pareciam anjos. Ato de loucura assassina que jamais foi completamente esclarecido. Símbolo, talvez, de um desprezo intolerável e de uma condição doméstica que se tornara insuportável.

O trabalho doméstico mudou?

Sim. Num certo sentido, ele desapareceu. A crise da domesticidade e as utilidades domésticas – indústria de refrigeração e mecanização – a modificaram completamente. O aspirador, que no período entreguerras era chamado de "*électrobonne*" [criada elétrica], absorveu a dona de casa, que se tornou consumidora dos salões de utilidades domésticas, imaginados por um socialista, Jules Lebreton, adotados pelo CNRS (Centre National de la Recherche Scientifique [Centro Nacional da Pesquisa Científica]) e organizado nos anos 1950 no cenário prestigioso do Grand Palais. O que demonstra a vontade de promover uma dona de casa profissional, mulher elegante que fuma cigarro ao passar o aspirador, que gerencia sua cozinha como um engenheiro.

Os trabalhos domésticos propriamente ditos se amenizaram. Mas os filhos – sua saúde, seus estudos, suas distrações – os substituíram. De tal forma que o doméstico continua a pesar na agenda das mulheres. Sem que os homens colaborem muito mais. Em vinte anos, as mudanças são ínfimas, da ordem de alguns pontos percentuais. Sociólogo do ambiente doméstico, teórico da ação da dona de casa, observador sagaz do casal visto através de sua roupa branca ou de suas panelas, Jean-Claude Kaufmann analisa a resistência masculina à tarefa de passar roupa e a muitas outras, assim como a persistência da repartição dos papéis sexuais no teatro cotidiano.[9]

Há aí uma estrutura de longa data, material e mental, que desafia a história.

Operárias

Foi a industrialização que colocou a questão do trabalho das mulheres. A manufatura, a fábrica, eram uma mudança perturbadora, mais aguda para elas do que para seus companheiros. Como conciliar o trabalho doméstico, sua tarefa mais importante, com as longas horas na fábrica?

Os operários temiam a concorrência: esse "exército da reserva" ocasionaria, inevitavelmente, uma diminuição dos salários, dizia Marx. Um homem digno desse nome deve poder sustentar sua família e precisa de uma mulher que cuide da casa. Além do mais, a fábrica, com suas máquinas, sua sujeira, suas promiscuidades sexuais, não era para elas. "Operária: palavra ímpia", escreve Michelet. E num congresso operário de 1867, um congressista declara: "Para o homem, a madeira e o metal. Para a mulher, a família e os tecidos". Uma grande divisão material e simbólica do mundo. O duro para os homens; o mole para as mulheres.

Nas fábricas

O têxtil foi o grande setor de emprego das mulheres, nas fábricas e nos ateliês. Elas entraram em massa nas fiações e tecelagens da Primeira Revolução Industrial, em Manchester, em Roubaix, em Mulhouse, onde, em 1838, o doutor Villermé as vê em tristes cortejos na entrada das fábricas, muitas vezes acompanhadas dos filhos. Há características que se repetem em seu trabalho. Ele é temporário: as operárias não passam a vida toda na fábrica; são admitidas muito jovens, desde os 12 ou 13 anos, permanecem no trabalho até o casamento ou até o nascimento do primeiro filho, voltando a trabalhar mais tarde, quando os filhos estão criados, e, se necessário, com eles. É, pois, um trabalho cíclico, sem perspectiva de carreira. A juventude das operárias se exibe nos cartões postais que mostram a hora da saída das fábricas, que, no começo do século XX, foram um dos primeiros usos da fotografia em meio operário.

Em segundo lugar, é um trabalho pouco qualificado, monótono, reduzido a gestos simples e repetitivos, mas cujas cadências se aceleram cada vez mais: passa-se da supervisão de um para dois, e depois para vários teares. As máquinas são mal protegidas, ao ar livre, e os acidentes – com dedos e mãos cortados – são frequentes. As jornadas são muito longas: até 14 horas no começo da industrialização, 10 horas por volta de 1900. Havia poucas pausas. Os locais são desconfortáveis, mal arejados, mal aquecidos ou superaquecidos, sem espaços livres: sem refeitórios, as operárias comem sua marmita no local de trabalho entre os teares cheios de graxa; não havia vestiários; ir ao toalete é um problema, pois se pensa que elas vão para lá para fumar, tagarelar e perder tempo. A disciplina é severa; as multas por atraso, ausência ou negligência, são recorrentes, reduzindo os magros salários. É também um trabalho humilhante. Contramestres e fiscais fazem o que querem em seu relacionamento com as jovens. O assédio sexual era um dos motivos de greve.

As greves são muitas no setor têxtil, mas as operárias não aderem a elas, nem as promovem. São poucas as que se sindicalizam, e nem são incitadas a fazê-lo. Exceto nas fábricas de seda do sudeste da França, esses internatos-conventos cuja clausura é cada vez mais insuportável para as jovens. Aconteceram aí greves marcantes no começo do século XX, com figuras admiráveis de líderes grevistas, como Lucie Baud que, fato raro, escreveu uma breve autobiografia.[10] As mulheres são numerosas nas indústrias alimentares, químicas. As manufaturas de tabaco são muito procuradas em razão do estatuto garantido pelo Estado (relativa segurança social, aposentadorias): nessas fábricas, as mulheres fazem carreira, em empregos que passam de mãe para filha e que têm uma taxa de sindicalização excepcional. Em contrapartida, as mulheres são raras na metalurgia, na construção mecânica, profissões viris mais qualificadas. Nas gráficas, os operários são contrários à sua admissão, considerada desvalorizante. Os ofícios do livro são nobres, logo, masculinos.

A Primeira Guerra Mundial muda as coisas: na França e na Inglaterra as mulheres substituem, na retaguarda, os homens que foram mobilizados para a frente de batalha. A chegada maciça das "municionetes"* (aproximadamente trezentas mil, na França) obriga as fábricas a acelerar a divisão do trabalho e a reorganizar seu espaço, com a criação de locais para aleitamento e a introdução de superintendentes mulheres cujos relatórios constituem um precioso testemunho sobre as *mulheres na fábrica*.[11]

---

* N.T.: Tradução de *munitionnettes*, denominação das jovens que trabalhavam nas fábricas de munição na Primeira Guerra Mundial.

É um processo irreversível, que prossegue no período entre as duas guerras, nas fábricas de automóveis taylorizadas e nas linhas de montagem. Na fábrica da Citroën, Simone Weil é admitida sem muita dificuldade. As operárias tornam-se banais. Seguem carreiras mais longas, interrompidas apenas pelas licenças-maternidade que a legislação começa a proteger. Assim, elas vivenciam a Frente Popular: são vistas em grande número nas manifestações, com seus cabelos curtos. Participam das ocupações de fábricas, gerenciam as cantinas e dançam nos bailes. Algumas ousam até tomar a palavra: há fotos que as mostram discursando para os companheiros.

Depois da Segunda Guerra Mundial, novas indústrias – eletromecânica, eletrônica – absorvem uma mão de obra feminina originária de um ensino profissional não adaptado. Assim acontece com Moulinex – fabricante de um espremedor de legumes que "libera a mulher" –, que instala suas fábricas na Normandia. Quando estas fecham, trinta anos depois, é um drama para as operárias que não possuem outras qualificações. Franck Magloire ajudou sua mãe a contar sua história, em *Ouvrière*,[12] raro testemunho sobre a vida de trabalho, as esperanças e as decepções das mulheres dos anos 1950-1980. Acabaram-se as operárias? Na escala mundial, claro que não. Mas em nosso país, não é mais esse o futuro das jovens do povo.

Operárias da costura

Nos anos 1950, eram muitas as jovens que frequentavam um curso profissionalizante de costura que não lhes servia mais para nada, a não ser desenvolver uma habilidade manual muito apreciada nas linhas de montagem que acabo de mencionar. Elogiavam sua habilidade como se fosse uma aptidão natural. As famosas "qualidades inatas" das mulheres recobrem, na realidade, qualificações adquiridas, resultados de aprendizagens pacientes e pouco formalizadas. Esse processo está no centro da famosa subqualificação feminina, pretexto para sua remuneração inferior. Das primeiras datilógrafas, dizia-se também que o piano as havia predisposto à máquina de escrever. Em suma, era uma questão de mudança de teclado.

A *costura* foi um imenso viveiro de empregos, de ofícios, de qualificações para as mulheres, e isso durante séculos. Está ligada à importância do vestuário e da roupa íntima em nossa cultura, nesse estágio do desenvolvimento das sociedades ocidentais. O luxo, na corte, na cidade, se traduz em jabôs de renda, galões e debruns de seda. A Primeira Revolução Industrial é a do têxtil. No século XIX ainda há mais trabalho nesse setor. É o grande século da roupa de cama, das anáguas e da lingerie, da moda. Para atender a essa demanda, desenvolvem-se todos os tipos de ofícios: costureiras especializadas em roupa branca, em lingerie, em espartilhos, em culotes; camiseiras, debruadeiras, plumistas, modistas, bordadeiras, com dezenas de especialidades diferentes. Sem contar todo o setor de consertos da roupa branca, no qual atuam lavadeiras e passadeiras, num trabalho que se faz em quantidade ou em qualidade. Talvez abranja três quartos dos empregos femininos em Paris. Cada cidade tem seu ateliê de costura, cada povoado sua costureira: pessoa importante, confidente das mulheres, mediadora entre a capital e a província, na qual as "modas de Paris" são lei. Em Ouarzate, no Marrocos, há 25 anos, havia uma boutique que se chamava "Au bonheur des dames" ["À felicidade das damas"]. Mesmo depois da descolonização e nos limites do deserto.

Das mulheres, diz-se que nasceram "com uma agulha entre os dedos". Na verdade, todas elas aprenderam a costurar: com a mãe, nos ateliês das religiosas. Com uma costureira da aldeia ou da vila. Quando são hábeis, depois de uma aprendizagem na província, vêm empregar-se em Paris, e, de ateliê em ateliê, galgam posições. Os irmãos Bonneff descreveram a dura condição das operárias da costura parisiense. Roger Convard, filho de uma plumista, reconstituiu a vida de sua mãe. Jeanne Bouvier e Marguerite Audoux[13] contaram o seu itinerário. Trata-se, enfim, de um trabalho feminino bem documentado. O que não impede representações contraditórias, oscilando entre miserabilismo e idealização das costureirinhas, as *grisettes* ou *midinettes*.*

O ateliê de Marie-Claire foi descrito por Marguerite Audoux. É um ateliê familiar, não longe de Montparnasse, dirigido por um casal de bordadores. As operárias são jovens, oriundas de todas as províncias. Moram em quartinhos, no sexto e último andar dos velhos edifícios parisienses, sem elevador. Em sua maioria exercem uma outra profissão, têm uma vida material e sentimental difícil, mas bastante livre. Muitas delas são jovens "seduzidas e abandonadas", mães de filhos não desejados. No ateliê, estações mortas (o verão) alternam com períodos de grande procura (outono-inverno): para satisfazer as encomendas das *maisons* e os caprichos das clientes, é preciso fazer serões, que se estendem muitas vezes pela noite toda, à custa de café e até mesmo de ópio. A vida no ateliê, no entanto, é bem alegre. As operárias têm consciência de sua "bela profissão"; conversam sobre suas aventuras,

---

* N.T.: As *grisettes* eram assim chamadas por causa do uniforme de cor cinza (*gris* em francês). As *midinettes* levavam esse nome porque se contentavam com uma *dînette* – uma refeição ligeira – ao meio-dia, *midi*, em francês.

cantarolam enquanto trabalham. Mas o ateliê se mecaniza para aumentar a produtividade. Depois da morte do patrão, a viúva não consegue manter o ritmo e fazer frente à concorrência das grandes *maisons* de confecção.

Elas apelam diretamente para o trabalho das operárias isoladas que trabalham em casa. Estas compram máquinas Singer a crédito e costuram peças de camisa que a cada semana entregam no ateliê onde se dá a montagem final. Pela manhã, nos trens, são vistas fazendo os últimos arremates. As jornadas do *sweating system* se prolongam sem limites. Sedentárias, as operárias se alimentam mal: a "costeleta da costureira" não passa de um pedaço de queijo Brie. São dizimadas pela tuberculose. Os médicos se manifestam. As feministas também. Algumas – como Mme. Henriette Brunhes-Delamarre – organizam uma liga social de compradores que incentiva as clientes abastadas à previdência e à paciência para limitar o acúmulo de trabalho das costureiras. Outras – Marguerite Durand, Jeanne Bouvier – criam um escritório do trabalho feminino (1907), que faz enquetes precisas e propõe uma lei para que se estabeleçam convenções coletivas. Essa lei será votada em 1915, e é a primeira do gênero, uma inovação jurídica.

As fábricas de material bélico oferecem outras possibilidades. O trabalho em domicílio perde terreno. E não vai mais se recuperar. Nem as costureiras. Para melhorar ou para piorar, elas se tornam operárias. Ou datilógrafas.

As novas profissões do setor terciário: vendedoras, secretárias, enfermeiras, professoras primárias

Atualmente, o setor terciário é o que mais cresce, oferecendo emprego para todos, principalmente para as mulheres, sendo que cerca de 75% das mulheres que trabalham o fazem nesse setor. A maioria dos empregos que elas ocupam são marcados pela persistência de um caráter doméstico e feminino: importância do corpo e das aparências; função das qualidades ditas femininas, dentre as quais as mais importantes são o devotamento, a prestimosidade, o sorriso etc. Pelo menos, era o que ocorria até os anos 1980-1990. Depois disso, a revolução informática mudou o jogo e modificou a repartição sexual dos empregos: o trabalho é mais técnico, mais solitário, mais masculino. Mais igualitário? A verificar.

Vamos percorrer o leque, bastante amplo, das "profissões" terciárias, aquelas das quais se diz, justamente, que são "boas para uma mulher".

Vendedoras, secretárias, enfermeiras e outras

As mulheres têm trabalhado já há algum tempo como empregadas no comércio, em lojas, com a família ou não; ou como atendentes em restaurantes e em hospedarias, não isentas de suspeita de prostituição. Esses lugares públicos não têm boa reputação.

A novidade do século XX foram as lojas de departamentos, os grandes *magasins*. De início, aliás, os empregados das lojas eram homens. No Segundo Império, chegaram a fazer greve contra o emprego das mulheres, considerado desvalorizante. Eles se tornaram chefes de seção, dirigindo as mulheres, suas subordinadas, segundo um processo de segmentação que limita ou anula a concorrência dos sexos. Os regulamentos eram severos: as vendedoras deviam ser solteiras, disciplinadas, jamais se sentar durante as longas jornadas, até que a lei dos assentos, no início do século XX, as autorizou a fazê-lo. Os salários eram medíocres e alguns diretores aconselhavam *mezzo voce* às jovens admitidas a arrumar um protetor. Entretanto, o atrativo de uma atividade limpa, num local aquecido, a sedução do luxo – fatos descritos por Zola (*Au bonheur des dames*) – provocavam a afluência das candidatas e era preciso ser recomendada para ser admitida. Rapidamente a profissão se feminiza e se organiza. Em 1936, as mulheres, que se tornaram majoritárias, ocupam as lojas de departamentos. Chegam a dormir no emprego, o que dá ensejo a piadas mais ou menos picantes. Atualmente, ser caixa do supermercado é exercer uma profissão tipicamente feminina.

As *empregadas de escritório* são mais recentes. No século XIX, são os homens que exercem as funções de copistas, contadores, secretários, ciosos de sua instrução, de suas prerrogativas. Balzac, Maupassant, Feydeau descreveram esses burocratas e suas pretensões. Eles não gostaram da entrada das mulheres, sobretudo nos ministérios e nos órgãos públicos. Na região de Niévre, por exemplo, os funcionários da administração da prefeitura recusaram até 1930 que se introduzissem máquinas de escrever, temendo a admissão de datilógrafas.[14]

Com efeito, mecanização e feminização caminham lado a lado. "O senhor não tem como dar dote para suas filhas? Mande-as para a Escola Pigier", era o que se podia ler em cartazes publicitários. E a mensagem surtia efeito junto a uma pequena e média burguesias sem dinheiro, em busca de empregos convenientes e limpos para suas filhas, principalmente depois da Primeira Guerra Mundial.

O serviço dos Correios era um deles. No campo, as agências eram confiadas a senhoras, viúvas de oficiais ou de funcionários. Essas "atendentes de beira de fogão" carimbavam as cartas enquanto faziam tricô. Na cidade, as "senhoritas dos Correios" pontificavam do outro lado do balcão, que as protegia de todo contato com o público. Foram escaladas sistematicamente para passar as ligações telefônicas, e Proust louvou o encanto de suas vozes. Os homens não opuseram obstáculos a elas porque obtiveram reclassificações vantajosas, segundo um processo bastante frequente e que mostra que as mulheres não eram necessariamente concorrentes dos homens.

Outro setor de emprego: os cuidados com o corpo do doente, até então confiados às religiosas dos hospitais e dos asilos. Foi a Guerra da Crimeia, na metade dos anos 1850, que mudou o sistema. A britânica Florence Nightingale organiza um serviço de enfermagem para os exércitos, muito atingidos pelos combates. O processo de admissão e a disciplina são severos. A *enfermagem* à inglesa apela para a classe média e se baseia na qualificação, com salários aceitáveis.

Não é o que acontece na França. Nos anos 1880, o doutor Bourneville – um radical – promove a laicização dos hospitais parisienses. Ele opta pelo modelo das serventes, pouco qualificadas, auxiliares dos médicos. Mal pagas, jovens, solteiras, são obrigadas a ficar em alojamentos do hospital sob vigilância. O modelo da irmã religiosa pesa sobre elas. Muitas jovens bretãs se empregaram, preferindo o serviço no hospital a trabalhar em casas de família. Posteriormente desenvolveu-se um ensino de enfermagem em escolas particulares, sob a iniciativa de protestantes que se inspiraram em Florence Nightingale. Assim se estabeleceu a escola de enfermagem de Bordeaux. Era preciso promover uma formação e obter diplomas, necessários a uma qualificação reconhecida e a melhores salários; passar do serviço doméstico a uma verdadeira profissão, aliando conhecimentos médicos e saberes sobre o corpo.[15]

Quanto a ser médica, foi uma outra história. Os homens resistiam ao ingresso das mulheres. As primeiras estudantes foram russas e polonesas, em sua maioria judias, que haviam começado seus estudos em universidades do leste europeu. Perseguidas no final do século XIX, queriam prosseguir seus estudos em Londres, Zurique ou Paris. Escolhiam com frequência a ginecologia, e eram algumas centenas na França antes de 1914. Dentre elas, Blanche Edwards-Pilliet ou a *doutora* Madeleine Pelletier, a primeira mulher a fazer o concurso de internato de psiquiatria: vestia-se como um homem e fumava charuto, mas queria feminizar o título profissional, que em francês vem sempre no masculino. Favorável à contracepção e ao aborto, foi perseguida e internada em 1938 num asilo psiquiátrico, onde morreu em 1939.

Nem todas as médicas tiveram, felizmente, esse destino trágico. A profissão hoje é amplamente feminizada. Mesmo em seus bastiões mais prestigiados, como a cirurgia. Ou a anestesia.

Poder-se-ia contar a história paralela das profissões do Direito. Em 1899 foi preciso fazer uma lei para autorizar Jeanne Chauvin a advogar, de tanto que o exercício da palavra pública do advogado parecia inadmissível a uma mulher. Foi um acontecimento e *Le Petit Journal illustré* dedicou sua primeira página de 26 de dezembro de 1900 ao juramento solene de Sophie Balachowsky-Petit, sua colega. Entre 1900 e 1917, formaram-se 18 advogadas: a progressão era fraca. Mas as advogadas – Maria Véronne, Suzanne Grinberg, Yvonne Netter – tiveram um papel ativo no feminismo da época, pela igualdade de direitos, principalmente o sufrágio universal. Foi necessária uma outra lei, em 1946 (lei de 11 de abril), para que a magistratura fosse aberta às mulheres, na França da Liberação. Hoje, as mulheres representam quase a metade de seus efetivos, sem que sua presença tenha mudado o exercício da profissão. As funções de presidentes de câmara (13% de mulheres) e de procuradores (11,5% em 1997) ainda resistem a elas.[16]

Professoras

Rebecca Rogers[17] relatou as mutações das profissões do ensino nos últimos dois séculos. Atualmente as mulheres representam 98% das educadoras do maternal, 78% do primeiro grau, 56,7% do secundário e 34% do ensino superior (sendo 16% dos titulares). O que é uma representação que decresce na proporção inversa aos níveis. A feminização é um processo complexo que leva em conta a idade das crianças e a concepção que se faz de sua aprendizagem. Quando se trata de instrução, um homem é mais conveniente: os mestres-escolas da República, apelidados de "hussardos negros", só podiam ser machos. No entanto, a Lei Ferry, ao instaurar a obrigatoriedade da escola para os dois sexos, mas em escolas distintas se possível, ampliou a oferta de empregos para as mulheres: eram necessárias para ensinar as meninas e as crianças menores. Criaram-se escolas normais para professoras primárias e essa profissão tornou-se uma ambição digna para as filhas da pequena burguesia e das classes populares, rurais e operárias. Entretanto, a condição de professora primária é difícil. Léon Frappié traçou um retrato bastante miserabilista em *L'Institutrice de province* (1897). Quase sempre solteira, recebendo menos que os homens, ela é frequentemente nomeada para cargos em lugares distantes, às voltas com a desconfiança, confrontando-se com a suspeita e a solidão, principalmente no momento da separação entre a Igreja e o Estado. Em algumas regiões, como na Bretanha, não se perdoa às mulheres que forem contra os padres, pois deveriam ser suas aliadas "naturais".

Apesar disso, é um meio relativamente igualitário, descrito por Jacques e Mona Ozouf.[18] Foi a primeira profissão do serviço público que, em 1920, foi contemplada por uma lei que obriga à igualdade salarial. Os casais em que ambos os cônjuges exercem a profissão de professores primários são cada vez mais frequentes, seguindo o modelo do casal republicano, tal como Zola o retrata em *Vérité*, não sem paternalismo: o marido representa a luz, em confronto com a superstição de sua esposa que ele deve converter à República. As professoras primárias são, há muito tempo, mulheres engajadas: pela educação das meninas (Victoire Tinayre),[19] pelo socialismo, ou mesmo pela Revolução como Louise Michel. Na Terceira República, elas militam no sindicalismo (Marie Guillot). Aderem ao feminismo. Algumas tomam partido a favor da contracepção e do aborto e enfrentam os tribunais. As professoras primárias são as primeiras intelectuais.

Até mesmo mais do que as professoras do secundário. Estas eram, de início, em número menor, mais individualistas, mais solitárias. Expostas ao desprezo dos homens que as consideram intrusas, "cerebralinas", como dizia a romancista católica Colette Yver: são mulheres que não casam, e que, por conseguinte, não cumprem seu destino de mulher. As grandes escolas femininas, como as de Sèvres ou de Fontenay, mesmo tendo diretoras de prestígio, não gozam da mesma reputação que a Escola Normal Superior da rua d'Ulm. As estudantes fazem concursos separados e de menos prestígio. Exceto em filosofia (cf. Simone de Beauvoir em 1924). O liceu é sua única possibilidade de emprego. Os liceus para meninas assemelham-se a conventos laicos, austeros e cinzentos. A vida das jovens professoras não é muito alegre: Marguerite Aron, Jeanne Galzy deixaram lembranças mais que melancólicas.

Na universidade as mulheres permanecem "indesejáveis". Principalmente em Paris. A Sorbonne se recusa a admitir, nos anos 1930, a germanista Geneviève Bianquis, embora ela fosse superior a seu concorrente, sob o pretexto de que a voz de uma mulher não poderia dominar um anfiteatro de estudantes. A primeira mulher nomeada para a Sorbonne foi em ciências, antes de 1914, Marie Curie; em letras, só em 1947, Marie-Jeanne Dury.

Depois da Segunda Guerra Mundial a situação muda radicalmente. E o ensino, atualmente, é uma profissão amplamente feminina, da qual se diz que é "boa para a mulher". O que não é necessariamente um bom sinal. Uma relativa paridade sexual é uma garantia de igualdade.

Assim, as fronteiras sexuais das profissões se deslocam para um setor terciário em expansão que desenha o território dos empregos de hoje. O fato de as mulheres aí estarem presentes mostra o seu progresso na conquista dos saberes. Falta muito, no entanto, para ficarem em condição de igualdade na hierarquia das responsabilidades e dos poderes, inclusive no emprego público.

Atrizes

Atriz: seria uma profissão "boa para mulher"?

Sim, à primeira vista. As mulheres sabem expressar emoções, simular, parecer. Interpretar, emprestar sua voz e seu corpo a outras. Colocar-se na pele de uma outra. Ser uma imagem e uma voz. Seria a própria essência de uma feminilidade dedicada às aparências.

Não, sob outros aspectos. Porque, como escreveu Rousseau a D'Alembert, "uma mulher que se mostra se desonra. [...] A audácia de uma mulher é sinal certo de sua vergonha". Ser atriz é faltar com o pudor, entrar no círculo duvidoso da galanteria, ou mesmo da prostituição. E a condessa de Ségur adverte as meninas que gostam de representar: "Mlle. Yolande, mal-educada, sem espírito, sem coração e sem religião, tornou-se atriz quando cresceu e morreu no hospital". Meninas, tomem cuidado!

Na verdade, o cristianismo não tinha sido compreensivo com os atores, excomungados havia muito tempo. Na França, é preciso esperar a pressão da República e o Concílio de Soissons, em 1849, para que eles não o sejam mais *de facto*: "Quanto aos comediantes e aos atores, não os colocamos entre os infames e os excomungados". Entretanto, se representam peças ímpias ou obscenas, os sacramentos lhes serão recusados. Estão à margem e sob controle. Os monarcas os utilizam e não confiam neles. Inclusive Napoleão, que apreciava o teatro e reforçou o papel dos conservatórios. Mas foi somente na Constituição de 1852 que reconheceu os atores como cidadãos comuns. O que mostra sua marginalidade. Esta afetava mais as mulheres. Aliás, o vocabulário é significativo: uma atriz é uma simuladora, uma mulher de histórias, e a dançarina representa o luxo, o supérfluo que um homem rico pode oferecer a si mesmo. Na Grã-Bretanha, onde Shakespeare encarna o gênio nacional, era diferente: os atores podem receber títulos de nobreza e as atrizes são *ladies*. Na França, nos países latinos, paira sempre a sombra da prostituta. Para Zola, a loura e gostosa Nana, atriz de Variedades, teatro de boulevard, cortejada e cortesã, encarna a decadência das mulheres e dos costumes, embora seja uma boa mãe. Ela acaba tão mal quanto a "Mlle. Yolande" da condessa de Ségur.

Entretanto, o século XIX marca uma integração progressiva das comediantes, atrizes, cantoras e dançarinas na sociedade. Esse processo é descrito por Anne Martin-Fugier em seu livro dedicado à condição das atrizes e de sua profissionalização.[20] As atrizes eram oriundas, em sua maioria, de meios populares e pobres. Muitas vinham do próprio meio artístico, como Rachel, filha de um ambulante judeu alemão, apaixonado pela música, que a confiou a um professor do Conservatório. Os "ratinhos" da Ópera de Paris eram meninas colocadas por suas mães sob a tutela de "mães da Ópera", que lhes arrumavam "protetores". Sarah Bernhardt não queria tornar-se atriz, mas sua mãe a faz entrar para o Conservatório; este era uma garantia de qualificação e de reconhecimento. Ao receber um "prêmio" na formatura, podia-se esperar ser admitida na Comédie-Française, o grau máximo na hierarquia dos teatros. Daquelas que saíam sem menção, dizia-se que estavam destinadas à mediocridade da província.

Nem todo mundo tinha sequer essa chance. A maioria aprendia praticando e tentava melhorar sua posição passando de um palco para outro. Muitas coisas contavam: o talento, é claro, mas ainda mais a beleza, as relações, os favores que elas sabiam conceder. Um sucesso e, sobretudo, uma boa crítica (o papel dos jornais era capital) podiam colocar uma atriz em órbita. O sucesso nas primeiras aparições era essencial.

As condições de vida eram duras e os contratos, draconianos. Eis o que uma jovem atriz assina em Paris, em 1914. Ela se compromete a "representar, cantar, dançar ou aparecer no palco à primeira requisição [do diretor] – em qualquer tempo, em todos os lugares, mesmo na província ou no estrangeiro, várias vezes e em diferentes teatros no mesmo dia, à tarde ou à noite – todos os papéis que lhe serão atribuídos, sem distinção de gênero nem de emprego". Ela deve aprender cinquenta linhas por dia, comparecer ao teatro todos os dias sem exceção, mesmo que não atue, uma meia hora antes de se abrirem as cortinas. Tudo isso por duzentos francos por mês que lhe serão pagos apenas se ela trabalhar em mais de um ato numa mesma representação. Se ficar doente não recebe. E ainda: ela é obrigada a morar em Paris, a uma distância de uns 15 minutos do teatro. Isso mostra sua dependência e a mediocridade de sua condição. Compensação: uma forte sociabilidade. E mesmo uma vida de família intensa. As atrizes têm amantes, mas também ligações de longa duração. Têm filhos e "quase todas são mães com uma ternura inefável e uma coragem heroica [...]. Em nenhum lugar os laços de sangue são mais sólidos do que entre os artistas de teatro", escreve George Sand, que via nas famílias de artistas um modelo invejável de vida familiar.

As turnês na província eram extenuantes. Marie Dorval evoca "uma vida errante, de fadigas, de desordem, de caixas, de indumentárias espalhadas pelo meu quarto, esses dias passados em ensaios detestáveis, com atores estúpidos". E Marie é uma estrela. Para as outras era pior. Hoteizinhos de baixa categoria, teatros empoeirados, bastidores sem higiene, sem ventilação nem aquecimento. O suficiente para pegar uma doença, o que acontecia muito, mesmo com as mais fortes. Rachel morreu de tuberculose pouco depois de seu retorno de uma turnê triunfal nos Estados Unidos (na cidade de Nice, em 1857). A vida de atriz é, de acordo com Balzac, "uma vida de cavalo de carrossel". Sua condição melhorou ao longo do século. Colette, em *La Vagabonde*, evoca suas turnês, a camaradagem, mas também a solidão do quarto de hotel, vivida com um certo prazer. Ela vê em sua profissão uma forma de independência.

Mas a concorrência é muito forte e o meio, muito hierarquizado. Era melhor ser cantora lírica do que atriz, atriz dramática do que comediante, primeira bailarina do que figurante. Há uma distância considerável entre as estrelas do palco – Marie Dorval, Julia Bartet, Pauline Viardot, Rachel, Sarah e mesmo Yvette Guilbert – e as cantoras de café-concerto. Entretanto, essas estrelas contribuíram para modificar a prática e o prestígio da profissão. Rachel tinha a representação em alta conta. Seus papéis receberam sua marca, que persistiu por muito tempo e inspirou obras de arte.[21]

Sarah Bernhardt, principalmente, mudou o *status* da atriz. Seu sucesso lhe permitiu ser exigente, não só financeiramente, mas também na vida cotidiana. Transformou seu camarim num lugar agradável e zelou pelo conforto do teatro que ela criou na praça do Châtelet, atualmente "Thêâtre de la Ville". Recusava a galanteria por temer o reverso da medalha: a dominação masculina. Exigia consideração e respeito. Dizia-se feminista, mas não "*sufragista*", preocupada acima de tudo com a igualdade salarial e com o direito de investigação da paternidade. Seu engajamento se manifestou ao apoiar Dreyfus e Zola.

Não é, certamente, uma "atriz moderna". Não gostava dos autores "nortistas", Ibsen, Strindberg, Tchehkov, que ela não interpretou. Preferia *Ruy Blas* e o teatro de Edmond Rostand. Ela foi a "princesa inacessível" e, com 56 anos encarnou Aiglon, vestida por Poiret. Esse papel, que representou mais de mil vezes, tornou-a popular, com dezenas de cartões postais que a retratavam. Seu aspecto físico impressionava: ela encarnava *a nova mulher* do *modern style*. Seu modo de vida fascinava: suas turnês prestigiosas, na Europa e na América, com sua equipe extravagante (32 pessoas e 42 malas-baú, em 1880 e 1881, nos Estados Unidos). "Amo apaixonadamente essa vida de aventura", dizia ela. Sua maneira de levar a vida fazia sonhar: apartamentos suntuosos, quarto repleto de bibelôs e de peles de animais, de que gostava muito. Sua coragem também. "Nunca pare, senão é a morte", dizia ela, cuja divisa era "Apesar disso", continuando a representar *L'Aiglon* a despeito da amputação de uma perna. Tinha um lado moralizador e vangloriava-se disso: "Sou a decana militante de uma arte moralizadora. Sou a sacerdotisa fiel da poesia", diz em 1896 por ocasião da festa em sua homenagem. Seu lirismo patriótico atingiu o máximo durante a Primeira Guerra Mundial. Tornou-se a cantora da Nação.

Quando morreu, em 1923, recebeu exéquias solenes no cemitério Père-Lachaise. Falou-se até no Panthéon. Dezenas de milhares de pessoas seguiram o caixão através de Paris, tendo à frente os representantes da República. Estranho contraste com o enterro quase clandestino de Adrienne Lecouvreur, dois séculos antes (20 de março de 1730). Essa ilustre atriz, amiga de Voltaire, foi enterrada durante a noite às margens do rio Sena, na altura do cais d'Orsay. Anne Martin-Fugier compara com propriedade esses dois enterros nos quais se manifesta uma mudança na condição das atrizes.

Elas passam a ser mais consideradas, mesmo nos meios mais refinados. A princesa Mathilde não hesita em recebê-las. Cécile Sorel, nos anos 1920, acolhe em sua casa a nata da República. O mais importante é que ser atriz passa a ser uma profissão aceitável e respeitável. Eleanor Marx, a filha de Karl Marx, tornou-se atriz e representou a Nora da *La Maison de poupée*. Mas trata-se de Eleanor Marx e de Londres, cidade mais evoluída. A poetisa Marceline Desbordes-Valmore, a jornalista e feminista Marguerite Durand, a orientalista Alexandra David-Neel, Colette... foram atrizes no começo de suas carreiras. Eram todas mulheres anticonformistas, distantes do modelo acadêmico da feminilidade. Cada uma contribuiu para fazer da condição de atriz uma profissão plena, mesmo que as famílias ainda se mostrassem reticentes. Catherine Deneuve, Isabelle Huppert, Jeanne Balibar, que escolheu a profissão de atriz depois de ter ingressado na Escola normal superior, são, de uma certa maneira, suas descendentes.

Poder-se-ia dizer o mesmo das dançarinas. A esse respeito, gostaria de assinalar a existência de um novíssimo Centre National de la Danse [Centro Nacional da Dança] (a rua Victor-Hugo, 1, Pantin). O imóvel foi reformado por duas arquitetas que, em 2003, receberam o prêmio "l'Équerre d'argent", a mais alta recompensa em matéria de arquitetura. A diretora, Claire Rousier, fez questão de inaugurar o centro com uma exposição sobre "a construção da feminilidade na dança (séculos XVII-XVIII)", que faz prever outros trabalhos nessa linha. A evolução das relações masculino/feminino aí se revela particularmente interessante. A dança foi, de início, uma ocupação masculina; marginais e em condição precária, as mulheres acompanhavam trovadores e acrobatas. A imagem de Salomé, dançando para obter a cabeça de João Batista, é a encarnação do feminino mais sombrio. "Cada vez que se dança, corta-se a cabeça de João Batista", escreve o escritor italiano Bernardino da Feltre. Depois as mulheres se afirmaram em papéis de dança no século XVIII. E pode-se imaginar que o balé romântico, que é posterior ao período focalizado pela exposição, foi crucial para a idealização do corpo feminino e para o advento da "diva". Dá-se então uma reversão nos papéis sexuais. Passa a haver uma conotação feminina da dança e a ideia de que é inconveniente, para um homem, dançar. Viu-se aí um sinal de efeminização, e principalmente nas famílias de origem popular, nas quais os estereótipos sexuais são mais fortes, resistia-se ao desejo do rapaz que quisesse tornar-se dançarino, como se pode ver no belíssimo filme inglês *Billy Elliot*.

Sob a influência de coreógrafos como Marta Graham ou Merce Cunningham, a dança pós-moderna dissolve as antigas hierarquias e embaralha a percepção de gênero.[22]

Assim, na cena do teatro, representam-se duplamente as relações entre os sexos.

Notas

[1] Paris, Gallimard, 1979.

[2] Élisabeth Claverie e Pierre Lamaison, *L'Impossible Mariage. Violence et parenté en Gévaudan*, Paris, Hachette, 1982.

[3] Agnès Fine, "À propos du trousseau, une culture féminine?", em Michelle Perrot (dir.), *Une histoire des femmes est-elle possible?*, Marseille, Rivages, 1984, p. 156-180.

[4] Martin Nadaud, *Mémoires de Léonard, ancien garçon maçon* (1895), Paris, Hachette, 1976.

[5] Armand Audiganne, *Les Populations ouvrières et les industries de la France*, Paris, Capelle, 2 vol., 1860; Louis Reybaud, *Étude sur le régime des manufactures. Condition des ouvriers en soie*, Paris, Michel Lévy, 1859.

[6] Rose-Marie Lagrave, *Celles de la terre. Agricultrices, invention politique d'un métier*, Paris, Ehess, 1987.

[7] Principalmente *Les Champs de la colère*, Paris, Robert Laffont, 1998.

[8] Bonnie Smith, *Les Bourgeoises du nord de la France, op. cit.*; Anne Martin-Fugier, La Bourgeoise. *Femme au temps de Paul Bourget*, Paris, Grasset, 1983, reimp. 1988.

[9] Jean-Claude Kaufmann, *La Trame conjugale. Analyse du couple par son linge*, Paris, Nathan, 1992, Pocket, 1997; *Le Cœr à l'ouvrage. Théorie de l'action ménagère*, Paris, Nathan, 1997, Pocket, 2000; *Casseroles, amour et crise. Ce que cuisiner veut dire*, Paris, Armand Colin, 2005.

[10] Michelle Perrot, "Le témoignage de Lucie Baud, ouvrière en soie", *Le Mouvement social*, n. 105, octobre-novembre 1978, p. 133-138.

[11] Annie Fourcaut, *Femmes à l'usine dans l'entre-deux-guerres*, Paris, Maspero, 1982. Bertie Albrecht foi superintendente.

[12] Franck Magloire, *Ouvrière*, La Tour-d'Aigues, L'Aube, 2003; ver também o romance autobiográfico de Lise van der Wielen, *Lise du plat pays*, apresentado por Françoise Cribier, Lille, Presses Universitaires, 1983.

[13] Léon e Maurice Bonneff, *La Vie tragique des travailleurs. Enquêtes sur la condition économique et morale des ouvriers et ouvrières d'industrie*, Paris, Rouff, 1908; Jeanne Bouvier, *Lingeries et lingères*, Niort, Imprimerie Saint-Denis, 1928; Marguerite Audoux, *L'Atelier de Marie-Claire* (1920), Paris, Grasset, col. "Les cahiers rouges", 1987. O relato de Roger Convard é inédito.

[14] Guy Thuillier, *Pour une histoire du quotidien au XIXe siècle en Nivernais*, Paris, Ehess, 1977, p.191.

[15] Gostaria de homenagear aqui Marie-Françoise Collière da Escola Internacional de Ensino Superior de Enfermagem de Lyon (1965-1994), que desenvolveu esse ponto de vista.

[16] Anne Boigeol, "De la difficile entrée des femmes dans la magistrature à la féminisation du corps", em Christine Bard, Frédéric Chauvaud, Michelle Perrot, Jacques G. Petit (dir.), *Femmes et justice pénale, XIXe-XXe siècles*, Rennes, Presses Universitaires, 2002.

[17] Rebecca Rogers (dir.), *La Mixité dans l'éducation. Enjeux passés et présents*, Paris, ENS, 2004, prefácio de Geneviève Fraisse.

[18] Jacques e Mona Ozouf, *La République des instituteurs*, Paris, Gallimard, 1992.

[19] Claude Schkolnyk, *Victoire Tinayre (1831-1895). Du socialisme utopique au positivisme prolétaire*, Paris, L'Harmattan, 2000.

[20] Anne Martin-Fugier, *Comédienne. De Mlle. Mars à Sarah Bernhardt*. Paris, Seuil, 2001.

[21] Como foi mostrado na exposição que lhe foi dedicada em 2004 no Museu de Arte e de História do Judaísmo.

[22] Annie Suquet, "Scènes. Le corps dansant: un laboratoire de la perception", em Jean-Jacques Courtine (dir.), *Histoire du corps*, t. 3, *Les Mutations du regard. Le XXe siècle, op. cit*, p. 393-415.

Mulheres na Cidade

s mulheres na Cidade: este é o tema do último capítulo dedicado à história das mulheres. As mulheres às voltas com o espaço e o tempo, com os acontecimentos, as guerras, a política, que por muito tempo lhes foram vedados. As mulheres na ação coletiva, e mais particularmente o feminismo, sob diversas formas, essencial para ação contemporânea das mulheres. As mulheres e os outros; as mulheres e o mundo. Temas que, de tão vastos e complexos, só poderemos abordar aqui em seus aspectos mais gerais.

Mulheres em movimento: migrações e viagens

Primeiramente, o espaço.

De início, as mulheres parecem confinadas. A sedentariedade é uma virtude feminina, um dever das mulheres ligadas à terra, à família, ao lar. Penélope, as vestais, figuram seus antigos modelos, as que esperam e velam. Para Kant, a mulher *é* a casa. O direito doméstico assegura o triunfo da razão; ele enraíza e disciplina a mulher, abolindo toda vontade de fuga.[1] Pois a mulher é uma rebelde em potencial, uma chama dançante, que é preciso capturar, impedir de escapar.

As formas de confinamento, de enclausuramento das mulheres, são muitas: o gineceu, o harém, o quarto das mulheres do castelo feudal retratado por Jeanne Bourin num romance recente, o convento, a casa de estilo vitoriano, o bordel. É preciso proteger as mulheres, ocultar sua sedução. Cobri-las de véus. "Uma mulher em público está sempre fora de lugar", diz Pitágoras. "Toda mulher que se mostra se desonra", escreve Rousseau a D'Alembert. O que se teme: as mulheres em público, as mulheres em movimento.

A *dissimetria* do vocabulário ilustra esses desafios: homem público é uma honra; mulher pública é uma vergonha, mulher da rua, do *trottoir*, do bordel. O aventureiro é o herói dos tempos modernos;[2] a aventureira, uma criatura inquietante. A suspeita pesa sobre os deslocamentos das mulheres, principalmente das mulheres sozinhas. Alguns hotéis, ciosos de sua respeitabilidade, as recusam: Flora Tristan, quando empreendeu sua "volta da França", passou por uma situação difícil no sul do país. É por isso que ela preconiza a criação de albergues femininos, para "bem acolher as mulheres estrangeiras" (1835).

No entanto, *elas se movimentam*, as mulheres. Saem, viajam, migram. Participam da mobilidade que, com a facilidade dos meios de transporte, passa a caracterizar as populações do Ocidente nos séculos XIX e XX. De início, são parte importante do êxodo rural. Antes de trazer suas esposas para Paris, os pedreiros do Limousin mandam vir mulheres da aldeia para trabalhar como cozinheiras. Elas trabalham nas cantinas, na rua de Lappe, nos alojamentos ocupados por eles. As famílias de camponeses empregam suas filhas como criadas, operárias ou domésticas urbanas. Ao serem empregadas pelos patrões, ficam sob seu controle. Mas elas fogem, mudam de lugar, conquistam a liberdade. Camareiras ou criadas para todo o serviço, elas abandonam suas patroas. Costureiras mudam de ateliê. As costureirinhas do *Atelier de Marie-Claire* praticam uma *rotatividade* muito masculina. Jeanne Bouvier, costureira, que veio para Paris com sua mãe em 1879, tem uma mobilidade surpreendente, assim como Adélaïde Popp, sua colega austríaca. Fora do comum, é certo: tanto uma quanto a outra tornaram-se sindicalistas, deixaram autobiografias bastante excepcionais,[3] que dão, do movimento e da cidade, uma visão muito positiva. A cidade, representada como a perdição das moças e das mulheres, lhes permite, com frequência, libertar-se de tutelas familiares pesadas, de um horizonte de aldeia sem futuro. Conseguem modestas ascensões sociais, escapam a uniões arranjadas para realizarem casamentos por amor. A cidade é o risco, a aventura, mas também a ampliação do destino. A salvação.

Outra figura de migrantes do trabalho: as governantas (*Miss, Fräulein, Mademoiselle...*). Vindas de uma burguesia empobrecida, culta, não raro protestante, essas jovens preceptoras ou damas de companhia, letradas e bem-educadas, que os romances apresentam muitas vezes como urdidoras de intrigas, circulam por toda a Europa, de maneira mais acentuada depois do fracasso das revoluções de 1830 e de 1848, criadoras de um exílio intelectual e político que também concerne às mulheres. Malwida von Meysenbug ilustra isso: de Hamburgo, vai para Londres, onde é encarregada da educação das filhas de Alexandre Herzen, antes de ir com elas a Paris, depois à Itália, em Florença e Roma. Deixou *Mémoires d'une idéaliste* (1860 e 1876), notável testemunho sobre a diáspora europeia no século XIX.

Henriette Renan reside por muitos anos na Polônia para ganhar o dinheiro necessário aos estudos de seu irmão, Ernest. No sentido inverso, as russas vêm para Paris, como Nina Berberova, que acumula tesouros de observação para sua obra futura. As que se movem mais são as judias, fugindo dos *pogroms* (perseguições antissemitas), e que ganham a vida como podem seguindo seus estudos em Londres, Zurique, Paris ou Nova York. Essas jovens mulheres tinham seus objetivos: "Não quero somente trabalho e dinheiro, quero liberdade", dizia uma migrante judia chegando a Nova York. As Memórias de Emma Goldman[4] oferecem um relato exemplar da viagem como meio de emancipação, político e pessoal.

As migrações mais maciças do século XIX são, de início, sexualmente dissimétricas. Os homens partem sós ou partem antes. As mulheres vão depois, mas muitas vezes nunca vão. A chegada das mulheres é um sinal de emigração definitiva. O "reagrupamento" familiar progride no século XX, em função das políticas governamentais. As mulheres mantêm as tradições, a língua "materna", a cozinha, os hábitos religiosos. Na Lorena, nas minas e na siderurgia, as italianas conservam as práticas do Piemonte. Tal como fazem as sicilianas de Nova York no bairro Little Italy. E as portuguesas, as magrebinas e as africanas na França de hoje. Na segunda geração, as mulheres são com frequência fatores de integração decisivos. Elas aspiram à igualdade e à modernidade. Entre interior e exterior, dentro e fora, as migrantes, divididas muitas vezes por tensões contraditórias, desempenham um papel crucial. A "Cité Nationale de l'Histoire de l'Immigration" [Exposição Nacional da História da Imigração], em vias de instalação na "Porte Dorée" de Paris, nos locais do antigo Museu Nacional das Artes da África e da

Oceania, deve dedicar-lhe um espaço de acordo com a importância que lhes cabe nesse fenômeno.

As mulheres, enfim, fizeram *viagens*, em todas as épocas e pelas mais diversas razões. De uma maneira menos gratuita, menos aventureira que os homens porque sempre precisaram de justificativas, de objetivos ou de apoio.

Algumas dessas viajantes: Natalie Z.-Davis[5] conta a história de Maria Sybilla Merian (1647-1717), protestante de origem alemã, de uma família muito culta de pintores e gravadores. Ela havia entrado para uma seita dissidente, os labadistas, em Amsterdã; e, de lá, partiu para o Suriname, a Guiana holandesa, para observar e pintar os insetos, que eram sua paixão de entomologista. "Ela vivia num zumbido ininterrupto de insetos." Ela publicou dois livros sobre as lagartas, cujas metamorfoses a fascinavam (1679: *Merveilleuse transformation des chenilles et des fleurs singulières qui font leur nourriture*; 1705: *Métamorphose des insectes du Surinam*). Com ilustrações de uma grande precisão que lhe valeram uma sólida reputação, não apenas de artista, mas de cientista. No entanto, ela não havia tido muito apoio: duvidava-se de que uma mulher sozinha pudesse fazer algo sério. Natalie Z.-Davis refaz o percurso, paralelo e diferente, de Marie Martin, originária de Tours (1599-1672), que, tendo enviuvado, tornou-se uma religiosa no convento das ursulinas. Contra a vontade de seu filho, que exorta a aceitar o seu sacrifício, ela parte para evangelizar os "selvagens" da Nova França e, para isso, aprende a língua algonquim.

Muitas mulheres foram, assim, atraídas pelas missões, católicas ou protestantes, na esteira da expansão colonial. Estas legitimavam seu desejo de devotamento e de viagem. Algumas, no século XIX, participaram das missões dos sansimonistas, socialistas ativos, apostólicos e relativamente igualitários.[6] Na mesma linha, Flora Tristan (1803-1844) empreende, em 1844, uma "volta da França" para convencer os operários a se unirem, a formar uma "união operária". Essa viagem, feita em condições difíceis, foi fatal para essa viajante experimentada, que havia feito peregrinações no Peru e esquadrinhado Londres, pesquisando sobre a condição operária.[7] Ela morreu em 14 de novembro, em Bordeaux, na casa de Jules e Élisa Lemonnier, futura fundadora do ensino profissional para as meninas. Como, sessenta anos depois, Louise Michel, morta em Marselha durante uma turnê de conferências. As viagens militantes eram uma prova difícil de suportar.

A viagem de descoberta, de exploração, para desenvolver o conhecimento, também era arriscada. Era preciso enfrentar a sociedade, dispor de recursos. No século XIX, esse tipo de viagem atraiu um certo número de mulheres livres, como George Sand, por exemplo, que via na viagem um meio de libertação, até no traje: "Enquanto houver espaço diante de nós, haverá esperança", dizia ela. Ela conheceu a Itália com Musset, os Alpes com Liszt e Marie d'Agoult, a Espanha com Chopin. Seu totem era o passarinho, e o viajante, seu porta-voz; as *Lettres d'un voyageur* figuram entre seus mais belos textos. Ela se inscreve na longa sequência de mulheres viajantes que queriam descobrir o mundo. O turismo proporcionará, mais tarde, às mulheres de posses, possibilidades mais tranquilas de ampliar horizontes. Inglesas, americanas, "invadem" a Itália e seus museus, muitas delas protestantes, que praticam o *grand tour*, forma de viagem educativa e iniciática, para as moças como para os rapazes: graças a seu pai, Marguerite Yourcenar pôde se beneficiar com uma viagem desse tipo, adquirindo, para sempre, o gosto pelos lugares insólitos.[8]

A verdadeira viagem de aventura, tal como a praticaram Isabelle Eberhardt ou Alexandra David-Neel, era com certeza mais rara. Isabelle era russa, filha ilegítima de uma aristocrata exilada na Suíça, onde, de início, estudava medicina. As crônicas de sua compatriota, Lydia Pachkov, em *Le Tour du monde*, um livro ilustrado muito lido pelas mulheres, lhe dão o "desejo do Oriente". A vontade de descobrir a Síria, a Palestina, as ruínas de Palmira, que ganhavam prestígio. Seduzida pelo islã, ela se converteu. Parte para guerrear na África do Norte, apoiando as tribos dissidentes, sob o comando de Mahmoud, jovem rebelde que fascina Liautey. Morta aos 27 anos, ela deixa uma obra inédita, dedicada aos pobres do Magreb, da qual Edmonde Charles-Roux publicou uma parte.[9]

Alexandra David-Neel (1868-1969) era orientalista e tinha descoberto o budismo nas bibliotecas. Decidiu partir para o Tibet e o explorou durante trinta anos, percorrendo as lamaserias, uma por uma, a pé, escoltada por carregadores. Seu marido havia permanecido na França. Ela lhe escreveu durante todo o tempo até sua morte, e suas cartas compõem o *Journal de voyage* publicado mais tarde.[10] Alexandra também se convertera ao budismo. Depois de mais de trinta anos de permanência na Ásia, retorna em 1946, com a idade de 78 anos, munida de uma extraordinária documentação, principalmente fotográfica, que pode ser vista hoje em sua casa-museu na cidade de Digne.

Poderia multiplicar os exemplos, bem conhecidos graças aos livros de Dea Birkett e de Barbara Hogdson.[11] Eram elas verdadeiras aventureiras, no sentido dado por Henry de Monfreid? Na verdade, não. Elas precisavam de um objetivo, de uma justificativa, de uma atividade. Fazer buscas arqueológicas, como Jane Dieulafoy, "a mulher vestida de homem" que, com seu marido, descobriu o afresco dos arqueiros assírios, hoje no Louvre. Converter, ajudar, ensinar, socorrer, cuidar... Descobrir os outros.

Entre as duas guerras, período que marca uma expansão real do espaço feminino, muitas jovens foram seduzidas pela nova disciplina da etnografia, logo, acessível às mulheres, tal como ocorreu na mesma época com a descoberta do inconsciente pelas primeiras psicanalistas.[12] Por serem mulheres, podiam falar com as mulheres nativas: assim foi com Denise Griaule na África, Germaine Tillion no Magreb. Muitas vezes elas eram encarregadas de fotografar, pois a fotografia era considerada, então, um gênero menor, acessório – do qual as mulheres se apoderaram e transformaram numa arte: como Margaret Bourke-White ou Gisela Freund.

É claro que essas mulheres viajantes eram minoria. Como foram na "grande reportagem" – trabalho no qual ingressaram no período entreguerras, com dificuldades, como analisa Marc Martin.[13] Andrée Viollis foi uma das primeiras e mais brilhantes repórteres. Ela havia terminado seus estudos em Oxford e falava perfeitamente inglês e alemão. Fez suas primeiras reportagens na Irlanda, e depois, em 1928, na União Soviética para o jornal *Le Petit Parisien.* Ingresso tardio na profissão: nascida em 1878, já tinha 50 anos. Depois, irá ao Afeganistão, à Índia, onde entrevistará Gandhi, ao Japão, e também à Espanha, durante a Guerra Civil. Conquistou a estima dos colegas, inclusive a de Albert Londres, que a visitou quando se achava hospitalizada. Sua filha, Simone Téry, teve mais sorte. Assim como as repórteres que a sucederam, Madeleine Jacob e Titaÿna, pseudônimo de Élisabeth Sauvy. Para se afirmar num meio muito viril (as mulheres eram apenas 3,5% dos efetivos do jornalismo), essas mulheres precisavam ter uma total liberdade familiar, muita audácia e uma superqualificação. Elas tinham um nível de escolaridade superior à maioria de seus colegas e eram especialistas em línguas. Titaÿna era trilíngue. Não conformistas, idealistas, essas mulheres eram atraídas pelos teatros da miséria e da revolução – a Rússia, a Viena vermelha, a Espanha da *Frente Popular* – e pelos ideais de esquerda. Exceto Titaÿna, que realizou uma entrevista complacente com Hitler em 1936 e foi tentada pela colaboração. Andrée Viollis era socialista; Madeleine Jacob, Simone Téry aderiram ao comunismo, a que elas serviram no jornal *L'Humanité*.

Atualmente, as "grandes repórteres", enviadas pelos jornais ou pelas cadeias de televisão, estão em todas as frentes, em toda parte, inclusive nos lugares mais expostos. Correm riscos que, por vezes, lhes custam muito caro. Como Florence Aubenas, raptada no Iraque com seu guia iraquiano, felizmente já libertados.

As mulheres no tempo da história

A história das mulheres tem sua cronologia nem sempre fácil de estabelecer. Na verdade, é um ponto que causa embaraços. Em todo caso, tem seus acontecimentos próprios, diferentes muitas vezes da história política, e mais da ordem do cultural, do religioso, do jurídico, do biológico, do técnico também. Tal reforma religiosa, tal livro – *La Cité des dames* de Christine de Pisan ou *Le Deuxième sexe* de Simone de Beauvoir –, tal descoberta médica (a cesariana ou a pílula) ou técnica (a máquina de costura ou a máquina de escrever) inscrevem-se na trama de maneira decisiva. A livre contracepção é provavelmente o acontecimento mais importante, o que mais abalou as relações entre os sexos, e começou a "dissolver" a hierarquia entre eles. No que concerne a essa história, é preciso, em todo caso, ampliar a noção de acontecimento. E, por conseguinte, a própria concepção de história.

Mas o que me importa aqui é ver como a história geral afeta essas relações. Os homens e as mulheres vivem juntos os grandes acontecimentos, as rupturas do tempo. Juntos, e diferentemente, em razão de sua situação na sociedade do momento. Assim, perguntou-se se efetivamente teria havido um Renascimento para as mulheres. Sim, mas não idêntico ao dos homens, e contraditório. Esse movimento reforça seus deveres de beleza, a exigência física da feminilidade. Abre-se para as mulheres o acesso ao saber. A Reforma Protestante é favorável à sua instrução e a Contrarreforma católica não ficou atrás. Mas uma e outra se conjugam para eliminar as feiticeiras, obstáculos à racionalidade triunfante, bodes expiatórios da modernidade, que as queima.

Tomemos, dentre os acontecimentos contemporâneos, as grandes rupturas que são as revoluções e as guerras: a Revolução Francesa, a Primeira Guerra Mundial, por exemplo, em que modificam as fronteiras entre os sexos?

A Revolução Francesa é, também, contraditória. O universalismo da *Declaração dos direitos do homem e do cidadão* não concerne verdadeiramente às mulheres: elas não são indivíduos. A Revolução lhes concede, no entanto, direitos civis, mas nenhum direito político. Direitos civis: igualdade de sucessão, igualdade no ato civil do casamento que supõe seu livre consentimento e pode ser dissolvido pelo divórcio; direito de gerir seus bens em função do contrato de casamento. Era uma ruptura com a maior parte dos costumes, em particular o costume normando, que não reconhecia nenhum direito às mulheres. É essa a origem do crime de Pierre Rivière, o "parricida de olhos ruivos" cuja confissão foi encontrada por Michel Foucault: *Eu, Pierre Rivière, tendo degolado minha mãe, minha irmã e meu irmão...*[14] E ele se explica: "As mulheres é que mandam agora". A Revolução destronou o pai, assim como matou o rei. Entretanto, a Restauração suprimiu o direito ao divórcio, e o Código Civil de 1804, "monumento de iniquidade" segundo George Sand, restabeleceu o marido-pai na plenitude de seu poder patriarcal. Pierre Rivière delira, ou antecipa. Em todo caso, a Revolução Francesa exclui as mulheres do exercício da política, a começar pelo direito de voto. São todas "cidadãs passivas", como os menores, os estrangeiros, os mais pobres e os loucos. "Isso, no estado atual", dizia Sieyès, organizador do sufrágio. E isso era, certamente, a expressão de uma dúvida, que poucos homens – exceto Condorcet – compartilhavam. Uma porta entreaberta, na qual o feminismo ia se infiltrar, e mesmo se engolfar.

Isso porque, desde aquela época, existem mulheres que protestam: essas *cidadãs que tricotam* cuja história foi contada por Dominique Godineau. Mulheres do povo, urbanas, parisienses na maioria, que atacam os homens nas tribunas da Assembleia, tricotando para significar que não abandonam os "deveres de seu sexo", de cuja negligência se acusou Olympe de Gouges. Trata-se de uma minoria: a maior parte das mulheres, camponesas, artesãs, donas de casa, eram indiferentes, ou mesmo hostis, à Revolução que embaralhava o curso ordinário das coisas e atingia a religião, que elas praticavam mais do que os homens. Mas como é vibrante e barulhenta a minoria dessas mulheres que se reuniam em clubes, os clubes que foram fechados pelos jacobinos. Dentre elas se destaca Olympe de Gouges, atriz e escritora, autora de peças de teatro contra a escravidão dos negros, que ganhou notoriedade por ter escrito a *Declaração dos direitos da mulher e da cidadã* em 1791. Esse texto, dedicado de maneira imprudente a Maria Antonieta, é quase contemporâneo do de Condorcet, *Sur l'admission des femmes au droit de cité* (1790). Ele é mais dramático: "Mulher, acorda; o chamado da razão se faz ouvir em todo o universo; reconhece teus direitos". Ele é mais preciso, em 17 artigos de grande modernidade, como o famoso artigo 10: "A mulher tem o direito de subir no cadafalso; ela deve ter o direito de subir à tribuna". Com efeito, Olympe subirá ao cadafalso dois anos depois, em 1793, ao mesmo tempo que Mme. Roland. Hoje, na rua Servandoni, no VI distrito de Paris, não longe do jardim de Luxemburgo, uma placa homenageia sua memória, quase em frente àquela que lembra Condorcet que, escondido, redigiu nessa rua seu *Esquisse d'un tableau historique des progrès de l'espirit humain*. Pouco antes de morrer.

As revoluções do século XX constituem brechas nos sistemas de poder, favoráveis à reivindicação latente da igualdade dos sexos. Foi assim em 1848, a experiência mais marcante a mais decepcionante com relação a isso. Apesar das "mulheres de 1848" – Eugénie Niboyet, Désirée Gay, Jeanne Deroin –, de seus jornais – *La Voix des femmes, L'Opinion des femmes...* – e de seus clubes, caricaturizados por Daumier e Gavarni, o "sufrágio universal" só diz respeito aos homens, únicos representantes da família, que continua sendo a unidade de base, inclusive na ordem política. As francesas deverão esperar 1944. Muito barulho por nada. Uma exclusão reforçada pela indiferença do movimento operário e pela divisão das mulheres. Assim, George Sand, tão ativa em 1848, considerava, como seus amigos republicanos e socialistas, a questão social prioritária e o direito de voto das mulheres algo prematuro, em razão de seu estado de sujeição.

Outro tipo de acontecimento: *as guerras*. A Primeira Guerra Mundial, por exemplo, que, por sua duração e sua intensidade dramática, foi um verdadeiro teste para a diferença dos sexos. De interpretação difícil, ainda por cima. À primeira vista, até mesmo em sua simbologia, ela reforça a ordem dos sexos, com os homens na frente de batalha e as mulheres na retaguarda. Eles combatem; elas lhes dão suporte, os substituem, cuidam deles, esperam e choram por eles. Mas, ao mesmo tempo, elas se imiscuem em lugares e tarefas masculinas nas quais se saem muito bem. Conduzem arados, automóveis e bondes. As "municionetes" manipulam obuses nas fábricas de armamento. As mulheres gerenciam seu orçamento, aprendem a lidar com dinheiro, recebem melhores salários. Fazem greve por seu aumento: em 1915, em 1917, manifestam-se em Paris, por iniciativa própria. Vão e vêm, fumam, tomam liberdades. Os homens criticam seus gastos, olham de esguelha para suas meias de seda, desconfiam de sua fidelidade. Ruptura de hábitos e de evidência, a sexualidade de guerra é problemática.[15]

Após a guerra, há uma vontade de restaurar a antiga ordem: nacional, com a Chambre "*bleu horizon*" [Câmara "azul celeste"], nacionalista e conservadora; e familiar. Os homens, quando retornam, tentam recuperar suas prerrogativas: no trabalho, onde as mulheres muitas vezes devem ceder-lhes o lugar, no lar, onde os reencontros se mostram difíceis para os cônjuges que tinham ficado separados. Os divórcios tornam-se numerosos. Decididamente, nada mais será como antes. Os "Anos Loucos" tentam virar a página e mostram a profundidade da "crise de identidade sexual" (André Rauch), para os homens, perturbados, mais do que para as mulheres, conquistadoras, de cabelos e vestidos curtos. As mulheres parecem, sob o ângulo da igualdade, as principais beneficiárias da guerra que, no final das contas, acelerou uma evolução começada anteriormente, na *Belle Époque*.

Decididamente, é tempo, então, de recolocar as coisas e os sexos em seus devidos lugares: o que tentam fazer os regimes totalitários (fascismo italiano, nazismo alemão) e seus sucedâneos, franquismo na Espanha e regime de Vichy na França. Esses regimes fazem da diferença dos sexos e de sua hierarquia um princípio absoluto. O chefe, o *Führer*, é ele, o homem. Esse machismo se baseia, aliás, numa tentativa de sedução. As mulheres, não raro, sucumbem: pode-se ver, nos "filmes de atualidades", seus rostos embevecidos quando das manifestações de massa pró-hitlerianas.

O que são as mulheres: *vítimas ou complacentes*? Nesse ponto há um debate historiográfico que levanta a questão, essencial da adesão das mulheres (e mais amplamente de todo ator social) a seu papel. Para Gisela Bock,[16] historiadora do nazismo, as mulheres foram, sim, vítimas: de início, da política natalista, mas sofreram mais ainda com a esterilização forçada em nome da pureza racial. Seu corpo instrumentalizado era inteiramente submisso aos imperativos do Estado. Para Claudia Koonz, as organizações femininas nazistas concediam às mulheres privilégios materiais e simbólicos. As *mães-pátria do Terceiro Reich* eram mulheres complacentes. Essa também é a tese de Rita Thalmann, uma das primeiras a escrever sobre a questão.[17] Ambas as historiadoras insistem na responsabilidade das mulheres na História, em sua própria história. Questão que não pode ser evitada se defendemos que as mulheres são agentes da história. A inocência dos oprimidos não existe. "A mulher não nasce inocente, ela se torna inocente", escreve justamente Liliane Kandel.[18]

A experiência francesa da Ocupação e do regime de Vichy constitui um exemplo, menos totalitário, mas ainda mais sutil, do retorno à ordem sexual. O governo Pétain tinha por lema: "Trabalho, Família, Pátria". Isso remetia a uma política natalista, hostil ao trabalho das mulheres, ao mesmo tempo repressiva e incitativa. Num decreto baixado no outono de 1940 (na realidade, pouco aplicado em função da necessidade), exclui as mulheres casadas da função pública: volta ao lar. O aborto foi severamente punido. Em 1943, uma mulher foi condenada à morte e executada por esse motivo.[19] Era o retorno ao começo do século XIX. Celebrava-se a Mãe: perenizou-se o Dia das Mães, introduzido nos anos 1920. Tornou-se obrigatório um programa de ensino de prendas domésticas e de puericultura nos estabelecimentos femininos. Venerava-se a Virgem: a Nossa Senhora de Bolonha circulava de cidade em cidade, num espírito de missão expiatória. Favorecia-se o ensino particular, no qual as religiosas "secularizadas" poderiam retomar o véu. Encorajavam-se as associações familiares.[20] Uma parte das mulheres, com sentimento de culpa pela França desfeita, deixaram-se seduzir. Mas, em seu conjunto, elas resistiram. A maioria contentou-se com uma obstrução silenciosa, arma potente, na sociedade civil. As jovens, principalmente, conduziram silenciosamente a própria existência. Outras engajaram-se na Resistência, com as armas das mulheres, o segredo, o abrigo, o transporte, a transmissão; mais raramente na ação política ou militar. Só tardiamente é que se reconheceu o papel dessas "combatentes da sombra".[21]

Assim, cada acontecimento repercute nas relações entre os sexos. São questionadas. São deslocadas. Por cada um deles. Esse deslocamento, mais ou menos igualitário, do traçado da fronteira, depende também da ação das mulheres: de sua ação coletiva e da força de seu desejo.

As formas da ação coletiva

Agir no espaço público não é fácil para as mulheres, dedicadas ao domínio privado, criticadas logo que se mostram ou falam mais alto. Mas elas têm atuado, e de muitas maneiras, as quais me proponho a abordar. Com frequência, apoiam-se em seus papéis tradicionais, e aí tudo vai bem. Foi o que aconteceu nos motins por alimento ou na ação caritativa. Tudo se complica quando ousam agir como homens. A fronteira do político se revela particularmente resistente. Na Atenas de Péricles como na Londres de Cromwell ou na Paris da Revolução Francesa. A política, por muito tempo, foi uma fortaleza proibida.

O *motim por alimento*, eis o que convém para as mulheres. Guardiãs da casa e da comida, são elas as eternas responsáveis por essa parte. É o seu dever. Sua missão. Cabe a elas cuidar dos mantimentos, do preço dos grãos ou do pão, e, com o passar do tempo, de outros alimentos considerados vitais. Sua ação tem a ver com o que, no século XVIII, era chamado de *economia moral*: aquela que aceita o *preço justo* dos víveres – grãos, pão, batatas no século XIX, e outros produtos, cujas mudanças ilustram as modificações do modo ou do nível de vida –, mas que recusa qualquer elevação considerada especulativa. Quando houve a crise da "carestia" que, no começo do século XX (1910), atinge toda a Europa, as donas de casa do norte da França reivindicam a "manteiga a 10 vinténs" e protestam contra o aumento do preço do leite e do açúcar. A "cesta da dona de casa" muda de conteúdo.

Os motins por alimento, bem documentados porque os poderes os temem, foram bem estudados pelos historiadores,[22] tendo sido muito numerosos, do século XVII a meados do século XIX. Eram rebeliões mistas, mas o papel das mulheres era cada vez maior.[23] Depois, essas rebeliões se atenuaram, em razão do desenvolvimento das estradas de ferro e da regulação do mercado. Com isso, a intervenção pública das mulheres praticamente desapareceu. Em que consistem essas rebeliões? São verdadeiras invasões das feiras, dos caminhos, das estradas, dos moinhos que visam àqueles que detêm os víveres: moleiros, padeiros, mercadores, principalmente. Aqueles que o povo do século XVIII chama de "açambarcadores", detestados porque são vistos como aproveitadores, culpados pela fome que o povo está passando. A liberdade do comércio dos grãos, estabelecida ao final do século XVIII, benéfica a longo prazo, despertou suspeitas. Em caso de penúria, ou de alta indevida dos preços, as mulheres dão o alerta, rebelam-se, protestam, culpam os comerciantes, ameaçam-nos, derrubam seus tabuleiros, espalham-se pelos caminhos, perto dos canais, para deter as carroças, dando-se o direito – é preciso viver – de apoderar-se de suas cargas. Cada vez mais, elas pedem que os grãos ou o pão sejam tabelados pelas autoridades, municipais ou de outra ordem. E por que não, pelo Estado? Nesse ponto, as donas de casa têm um papel político. Eclodindo em 5 e 6 de outubro de 1789, quando as damas do Mercado foram a Versalhes procurar "o padeiro, a padeira e o pequeno aprendiz" (denominação popular do rei, da rainha e do delfim) para levá-los de volta a Paris e lhes garantir o pão. Michelet, que reprova habitualmente a ação política das mulheres, louva as donas de casa parisienses por sua vigilância legítima. São nutrizes que protegem seus filhos e o povo, que também é seu filho. Elas se comportam como mães.

As perturbações em torno do abastecimento podem ser mais ou menos violentas. Tornam-se, por vezes, rebeliões, causam mortes. A tropa intervém, por vezes de maneira mais ou menos brutal. Acontecem prisões, processos, condenações à morte. Atingem também as mulheres, que os magistrados, entretanto, hesitam em punir com mais rigor por causa dos filhos. A mãe protege a mulher. Mas sua presença é temida e a psicologia das multidões, no século XIX, assimila a multidão às mulheres: é histérica, como as mulheres. Zola, no romance *Germinal* (1885), põe em cena uma manifestação de mulheres dos trabalhadores das minas, tendo à frente a personagem Maheude, contra o vendeiro Maigrat, que elas emasculam. Cena épica que não tem precedente; mas que representa a própria essência do papel, esperado ou temido, da ação coletiva das mulheres. Põe em evidência a impotência dos homens.

A regulação do mercado acarreta a regressão, e mesmo o desaparecimento, dessa forma de intervenção das mulheres. Com isso, elas desaparecem das ruas. No século XIX, sua presença nas manifestações, como também nas barricadas, diminui bastante. Em Paris, participaram mais das barricadas de 1830 do que de 1848. Em Lyon, entre 1848 e 1914, as manifestações são cada vez mais operárias e masculinas. As mulheres têm, aí, um lugar marcado, processual, articulado, simbólico. É o caminho para a manifestação sindical organizada, a do Primeiro de Maio, por exemplo, em que as mulheres levam as guirlandas ou as bandeiras, ou, simplesmente, funcionam como ornamentos, sinal de uma popularização do que deve ser seu papel familiar. Elas se enfeitam especialmente para a manifestação.

Isso porque *a greve* não substitui o motim por alimentos. É um ato viril, ligado ao assalariado industrial, o que, de início, não é o horizonte das mulheres. Seu papel nas greves é até mesmo inferior a seu peso no operariado. Entretanto elas participam das greves mistas, e seu papel, como o das mulheres de grevistas, é essencial. Nas greves dos mineiros, por vezes tão longas, nas dos tosquiadores das ovelhas de Mazamet em 1909, ou dos botoeiros de Méru, célebres nos anais do movimento operário por sua particular tenacidade, elas organizam cozinhas coletivas, ponto forte da solidariedade operária. É raro que façam greve isoladamente. Nem sempre os operários as apoiam. Suas greves são sempre defensivas, ligadas a questões de disciplina ou de horário. São mais festivas do que violentas. E fracassam com frequência. É claro que as coisas mudam: o acesso das mulheres ao salário aumenta a possibilidade de conflito. É o que ocorre durante a guerra: em 1917, as "municionetes" e as costureirinhas desfilam pelas ruas da capital. As mulheres estão muito presentes nas ocupações das fábricas da Frente Popular, ou naquelas de 1968. Mas sua verdadeira emergência acontece nos anos 1970-1980, nas fábricas de confecção ou de mecânica leve, baseada no emprego mal remunerado de uma mão de obra feminina pouco qualificada. Como as fábricas *Le Joint* ou *Moulinex*, que são as mais ameaçadas por suas concorrentes asiáticas, onde trabalham outras mulheres ainda mais exploradas. Quando essas fábricas fecham, os conflitos são intermináveis e mesmo desesperados.

O *sindicalismo* criaria condições favoráveis às mulheres.[24] O direito de se sindicalizar precedeu, em muitos países, o direito de voto: foi assim na França, em 1884, pela lei Waldeck-Rousseau que declara que "as mulheres casadas, exercendo uma profissão ou um ofício, podem, sem autorização do marido, aderir aos sindicatos profissionais e participar de sua administração e direção". É verdade que, para trabalhar, era necessário primeiro obter essa autorização, e isso, até 1938 (Lei do 18 de fevereiro). Entretanto, abriu-se uma brecha, ampliada mais tarde: em 1900, as mulheres são declaradas eleitoras e elegíveis no âmbito do Conseil Supérieur du Travail [Conselho Superior do Trabalho]; em 1907, o mesmo se dá nos demais conselhos trabalhistas. Embora excluídas do direito de voto, obtêm o reconhecimento de um certo direito sindical. Uma forma de cidadania social, que por muito tempo foi mais teórica do que real.

As mulheres entraram lentamente nos sindicatos. Assalariadas marginais, não haviam integrado a cultura do trabalho. Seus companheiros não eram favoráveis a isso: reclamavam para pagar as contribuições, pelo tempo perdido. Elas tinham mais o que fazer do que ir às reuniões. No começo, até o ato de tomar a palavra era controlado: em alguns sindicatos do norte da França, deveriam obter a autorização de um homem para poder se manifestar. Na Inglaterra era pior: na época do cartismo, nos anos 1830, as *tabernas* e os *pubs* excluem as mulheres, à medida que estes se tornam sedes das reuniões. Elas se calam, se isolam num canto, depois deixam de vir. A *trade-union* e o trabalhismo se construíram sem elas.

Na França, o sindicalismo de ação direta, de inspiração proudhoniana, é hostil ao trabalho das mulheres – uma solução precária – e tende ao virilismo. O caso Couriau, em 1913, ilustra as reticências operárias ao ingresso das mulheres em algumas profissões e nos sindicatos correspondentes. Emma Couriau era tipógrafa numa gráfica de Lyon, onde seu marido trabalhava, o que já era bastante excepcional, pois as profissões do Livro tinham por princípio de honra ser masculinas. Ela pede para ingressar no sindicato. Com a recusa, vem a greve, longa e persistente. Somente com a intervenção da Fédération Nationale du Livre [Federação Nacional do Livro] (filiada à CGT), mais aberta do que sua base, é que ela foi aceita.

O sindicato misto é de difícil acesso para uma "mulher honesta". É por isso que o sindicalismo tinha mais sucesso quando correspondia a um setor de emprego "feminino": Tabacaria ou Flores e Plumas eram setores reivindicativos e relativamente organizados, animados por militantes ativas... A eloquente cidadã Jacobi (Tabacaria), a elegante Mlle. Bouvard (Floristas – plumistas) sempre se apresentam para falar nas tribunas dos congressos. Elas parecem ter prazer em fazê-lo.

Um sindicalismo apenas para o sexo feminino parecia mais conveniente, na linhagem das "câmaras das damas", que mais eram associações de ajuda mútua do que sindicatos, dos anos 1870-1880, que serviu de inspiração para o sindicalismo cristão das empregadas domésticas (o "Genêt") ou das empregadas no comércio, desenvolvido por Marie-Louise Rochebillard. Desse ramo originou-se a CFTC (Confédération Française des

Travailleurs Chrétiens [Confederação Francesa dos Trabalhadores Cristãos]), mais tarde denominada CFDT (Confédération Française Démocratique du Travail [Confederação Francesa Democrática do Trabalho]), dotada desde o começo de uma forte cultura feminina. Jeannette Laot e Nicole Notat eram membros dessa Central. Entre CFDT e CGT (Confédération Générale du Travail [Confederação Geral do Trabalho]) ou FO (Force Ouvrière [Força Operária), há duas genealogias diferentes quanto à relação entre os sexos, que as marcam ainda hoje. O jornal *La Fronde* de Marguerite Durand e Séverine apoiava os sindicatos e as greves das mulheres. Mas esse apoio do "feminismo burguês" lhes rendia muitas críticas.

Essas nunca deixaram de ser feitas. Setenta anos depois, militantes da CGT – Christiane Gilles, Chantal Rogerat –, engajadas nas lutas do MLF (Mouvement de Libération des Femmes [Movimento de Libertação das Mulheres]), pretendem tornar público que existe na sociedade e no seio do sindicalismo uma "questão das mulheres", principalmente através do boletim mensal feminino da CGT, *Antoinette,* do qual são responsáveis. Sua ação culmina no Congresso da CGT de 1977. Elas acabarão por ser despedidas e *Antoinette* deixará de existir. Entre mulheres e sindicalismo persiste um mal-entendido, segundo o qual as relações entre os sexos são secundárias e subordinadas às relações sociais. A dominação masculina se restringe à do capital e a opressão das mulheres não poderia ocupar o lugar do proletariado. Hoje, na França, num sindicalismo minoritário, a dissimetria sexual continua forte: a taxa de sindicalização é de 11% para os homens e de 3,5% para as mulheres. As mulheres representam 42% dos efetivos da CFDT, 36% do SUD (Solidaires, Unitaires et Démocratiques [Solidários, Unitários e Democráticos]) e 28% da CGT.

Apesar dessas restrições, o sindicalismo foi, para muitas mulheres, um espaço de solidariedade, de sociabilidade, de abertura para o mundo e de tomada de responsabilidades. Os congressos foram verdadeiros propedêuticos da palavra das mulheres. No célebre Congresso de Marselha (1879), Hubertine Auclert dirigia-se aos operários: "Escrava, representante de nove milhões de escravas", ela reivindicava a total igualdade de direitos dos dois sexos, proposta utópica que foi aprovada por aclamação. Entre as duas guerras, foram as professoras primárias que desenvolveram um sindicalismo ativo, muito sensível às reivindicações das mulheres, inclusive quanto ao controle da natalidade, o que as envolveu em processos judiciais.[25]

Apesar de tudo, as *associações* eram mais convenientes para as mulheres. Associações piedosas e caridosas, associações filantrópicas constituíam legião. Principalmente na Inglaterra: a *London Mission*, que se baseia na ação das mulheres, o Exército da Salvação que é comandado por mulheres, como Evangeline Booth, que chegou a "generala". Há uma miríade de associações, para os doentes, para os pobres, para as crianças "em perigo", para as pessoas de idade, os prisioneiros (as visitadoras de prisões como a célebre Elizabeth Fry)..., em que se engolfavam a energia das mulheres e sua vontade heroica. Pela ação social, podiam ser úteis e mesmo construir um nome. O mundo operário torna-se uma verdadeira terra de pesquisa e de missão, onde algumas se estabeleciam em *settlements* [centros de assistência social] (Marie-Jeanne Bassot, em Levallois-Perret).[26] A ação local, concreta e limitada, era mais conveniente para as mulheres. Era uma preparação à ação municipal, primeiro degrau para uma intervenção mais política na sociedade civil, e que constitui hoje, na França como em toda a Europa, sua melhor ancoragem.

A política: a Cidade proibida

De todas as fronteiras, a da política foi, em todos os países, a mais difícil de transpor. Como a política é o centro da decisão e do poder, era considerada o apanágio e o negócio dos homens. A *polis* grega exclui as mulheres, tal como os escravos e os bárbaros, mas de maneira diferente. As mulheres podem intervir em caso de crise aguda na qual a existência da *polis* é posta em risco. Essa *stasis* (sedição) é, segundo Nicole Loraux, considerada uma catástrofe.[27]

A sacralização do poder dos clérigos, na Idade Média, não é favorável. A Idade Média é "máscula". A aristocracia efetua a troca dos bens e das mulheres segundo o interesse das linhagens e pelo viés dos casamentos abençoados pela Igreja.[28] Em casos excepcionais, admite o poder das damas e confia a regência às rainhas: parênteses a que o Renascimento dá novos matizes pelo retorno a um neoplatonismo, prelúdio da "querela dos sexos". Catarina de Médici se dispõe a contribuir, pelo seu "coração elevado" e sua "suavidade", por suas qualidades propriamente femininas, para a consolidação do absolutismo real, mais másculo do que nunca.[29]

A Revolução Francesa prossegue, nesse ponto, o que fazia o Antigo Regime, pois reconduz a lei sálica, que exclui as mulheres da linha de sucessão, e acrescenta suas razões, todas romanas, para a exclusão política das mulheres. "Cidadãs passivas", as mulheres têm direito à proteção de sua pessoa e de seus bens, elas são feitas para serem protegidas. São quase inimputáveis, por serem desprovidas de responsabilidade e de estatuto jurídico. Para sair dessa situação de assistidas, as mulheres devem passar por provas, mostrar que são indivíduos responsáveis. Nesse sentido, a democracia representa uma potencialidade, a possibilidade de uma inclusão, uma promessa de universalidade. A lógica democrática termina por dissolver os grupos, inclusive a família, e diz respeito a todos os indivíduos: é preciso então ser reconhecido como tal. Era esse o problema das mulheres.

Para resolvê-lo, foi necessária a modernização dos espíritos, a evolução dos costumes, a reivindicação das mulheres (no caso, o sufragismo, inglês, francês, europeu, ocidental) e a ocorrência de comoções, como as guerras. Depois da Primeira Guerra Mundial, muitos países concedem o direito de voto às mulheres.* Mas não a França, que esperará o final da Segunda Guerra: a Assembleia consultiva de Argel, pelo ofício de 21 de abril de 1944 (artigo 17), declara: "As mulheres são eleitoras e elegíveis nas mesmas condições que os homens". Enfim. Fora preciso varrer as últimas objeções dos radicais: na ausência dos maridos, prisioneiros, o voto das mulheres, privadas de "seus educadores naturais", não era arriscado? Temiam que, manipuladas pela Igreja da democracia cristã, elas desviassem o voto para a direita. Em 1945, as francesas votam pela primeira vez, com efeito, um pouco mais à direita do que os homens, de quem não deixarão de se aproximar politicamente, constituindo, nos últimos tempos, uma barreira mais forte contra a Frente Nacional.

Porque essa "singularidade" francesa?[30] Foram aventadas várias razões. Primeiramente, a *lei sálica*, que exclui as mulheres do trono: a rainha, na França, é apenas a "mulher do rei", como foi mostrado por Fanny Cosandey;[31] o que não é o caso em outros países europeus. A Inglaterra (Elisabet I), a Rússia (Catarina, a Grande), a Suécia (a rainha Cristina) e até mesmo a Áustria (Maria Tereza, tão atenta com relação às atitudes de Maria Antonieta, sua filha, na corte da França)[32] têm rainhas soberanas. A construção das relações entre os sexos sob o modo da cortesia e da galanteria, própria à nossa civilidade, colocaria as mulheres fora da arena conflituosa do campo político: com elas, o que se quer é o amor, não a guerra. Mas por que o movimento operário "esqueceu" as mulheres em 1848, quando elas eram tão enfáticas ao pedir o direito de voto? A persistência do holismo familiar,

---

* N.E.: No Brasil, o voto feminino foi decretado em 1932. Mas enquanto aos homens o voto era obrigatório, para as mulheres era facultativo.

que faz da família a célula elementar da sociedade, representada por seu chefe, foi, segundo Anne Verjus,[33] o principal obstáculo ao estabelecimento do sufrágio "universal". Influem também considerações políticas: o temor do poder oculto da Igreja pela mediação das mulheres influenciadas por ela. É a obsessão de Michelet, que teme o sussurro do confessionário e, mais tarde, a dos radicais.

Pesa, mais ainda, a maneira, o processo segundo o qual a República foi estabelecida na França: o sacrifício sangrento da morte do rei dá à "sagração do cidadão"[34] um aspecto viril e religioso que se combina mal com a fraqueza e a frivolidade das mulheres, indignas de um tal sacerdócio. Enfim, a promoção de uma cidadania universalista e individualista criou para as mulheres uma situação inextricável. Tanto por sua natureza quanto por suas funções, as mulheres não são reconhecidas como indivíduos. É o que se vê: não faltam argumentos, e eu gostaria apenas de indicar ao leitor a intensidade dos debates a esse respeito nos últimos vinte anos, principalmente a partir do bicentenário da Revolução, que reabriu o campo da reflexão sobre a natureza do "universalismo".

Na França, a política é uma conquista de homem, uma profissão de homem, que os organizadores da democracia, Guizot, por exemplo, sempre evocando a síndrome Maria Antonieta, procuram subtrair aos salões, à palavra e à nefasta influência das mulheres. Ser uma mulher na política, ou ainda, ser uma "mulher política", parece a antítese da feminilidade, a negação da sedução, ou ao contrário, parece dever tudo a ela. Daí os bloqueios, as resistências, que atingem, ao mesmo tempo, o governo e a representação. Apesar da aprovação da lei sobre a paridade (2001), as mulheres são apenas 12% na Assembleia Nacional, um pouco mais no Senado; e pouco numerosas no executivo. É no nível local que elas mais progridem. Entretanto, a perspectiva de uma mulher presidente da República não mais assusta os franceses, que a consideram mesmo com simpatia.

E a Europa, onde nasceu a ideia de paridade, rica de experiências de uma grande diversidade, deve contribuir para a evolução desse aspecto.

Feminismos

O feminismo nem sempre goza de boa reputação. Muitas mulheres se defendem, como se esse fosse uma ruga no rosto: "Eu não sou feminista, mas...", dizem algumas, conscientes, apesar de tudo, do que elas devem a esse movimento. A esses movimentos, deveria eu dizer, de tanto que o feminismo é plural e variado. Por muito tempo era o primo pobre da historiografia, e mesmo da memória, porque deixa poucos vestígios, em razão da fragilidade de sua organização. Nos últimos trinta anos, porém, tem sido alvo de numerosas pesquisas que trouxeram à baila suas pioneiras, recontaram seus episódios e mostraram seus desafios. A bibliografia é considerável. Já se dispõe de obras de síntese, como a *Encyclopédie politique et historique des femmes*, de Christine Fauré, ou *Le Siècle des féminismes*.[35] Essas obras mostram que se passou da memória para a história, uma história comparativa, ao menos no mundo ocidental.

As palavras: primeiramente, de onde vem a palavra "feminismo"? Sua paternidade é incerta. Atribuem-na a Pierre Leroux, inventor de "socialismo". Com mais certeza a Alexandre Dumas Filho, em 1872, de maneira bastante pejorativa. Segundo ele, o feminismo era a doença dos homens suficientemente "efeminados" para tomar o partido das mulheres adúlteras, em vez de vingar a própria honra. Uns fracos, em suma. Em 1880, Hubertine Auclert, nossa sufragista francesa, declara-se orgulhosamente "feminista". Ao final do século, esses vocábulos, substantivos ou adjetivos, difundem-se, entram na moda, sem, no entanto, substituir expressões como "a causa das mulheres", ou *Women's Movement*, preferida pelas anglo-saxãs. Ainda em 1975, a historiadora britânica Sheila Rowbotham conta que, quando jovem, via as feministas como "seres assustadores em costume de *tweed*, óculos de tartaruga e coques muito puxados, mas principalmente como seres totalmente assexuados".[36] Nesse mesmo sentido, Antoinette Fouque escreve: "Lutei para que o Movimento das mulheres não se transformasse em *movimento feminista*. A mim parecia que, com a palavra *mulher*, nós tínhamos mais chances de nos dirigir, senão a todas, pelo menos a um maior número delas".[37] Com certeza ela tinha razão. Mas isso mostra a força dos estereótipos.

A coisa? Em sentido muito amplo, "feminismo", "feministas" designam aqueles e aquelas que se pronunciam e lutam pela igualdade dos sexos. Pessoas isoladas, como Christine de Pisan, autora de *La Cité des dames*, no final do século XV, ou Mary Astell no século XVII, são qualificadas de "pré-feministas".[38] Formam-se doutrinas e movimentos mais coletivos a partir do século XVIII. Assim, é notável a simultaneidade de três textos fundadores: 1790, *De l'admission des femmes au droit de cité*, de Condorcet; 1791, a *Déclaration des droits de la femme et de la citoyenne,* de Olympe de Gouges; 1792, *A Vindication of Rights of Woman,* de Mary Wollstonecraft. Uma reviravolta. Um advento. Insinuado na brecha das Luzes e principalmente da Revolução Francesa, segundo um processo eruptivo clássico, que lembra o movimento tectônico das placas e o surgimento de um tsunami, felizmente menos devastador, e que se reproduzirá inúmeras vezes. Como se as reivindicações das mulheres só esperassem uma falha, uma brecha para eclodir. Em suma, o equilíbrio dos sexos vive sobre um vulcão.

O feminismo age em movimentos súbitos, em ondas. É intermitente, sincopado, mas ressurgente, porque não se baseia em organizações estáveis capazes de capitalizá-lo. É um movimento e não um partido – apesar de algumas tentativas frustradas – que se apoia em personalidades, grupos efêmeros, associações frágeis. A ausência de locais próprios complica as coisas. As mulheres de 1848 se reuniam nas casas daquelas que tivessem um quarto acolhedor e "cadeiras suficientes". Entretanto, com o tempo, as sociedades tornam-se mais consistentes. No século XX, florescem as *Vereine,* as associações pelo "direito ao sufrágio", pelo apoio às mulheres diplomadas (AFDU – Association Française du Dévelopement Urbain [Associação francesa de desenvolvimento urbano]), as "ligas", os "conselhos". Em Washington, em 1888, é fundado o Conselho Internacional das Mulheres (CIF), de caráter sufragista, que semeia conselhos nacionais: o Conselho Francês (CNFF) surge em 1901; há 28 conselhos nacionais em 1914. O CIF organiza congressos, que iniciam as mulheres à palavra pública, à viagem militante e às relações internacionais. Henry James traçou um retrato doce-amargo dessas primeiras oradoras em *Les Bostoniennes.*

Esse feminismo empreende ações variadas: de início por escrito. Abaixo-assinados, preferidos pelas inglesas, e que eram recomendados por George Sand às mulheres que não detinham outras formas de cidadania. Manifestos para reivindicações mais solenes, como o direito ao aborto (o das 363 "*salopes*",[*] publicado na revista *Le Nouvel Observateur,* foi um marco) ou pela paridade. Livros e principalmente jornais. Estes acompanham as revoluções de 1830 e 1848. O jornal *Frauenzeitung,* de Louise Otto, em Leipzig, tem como lema: "Convoco as cidadãs para o reino da liberdade". Em 1868, *La Donna* de Anna Maria Mozzoni se apresenta como um jornal francamente europeu, e mesmo cosmopolita, como o *Journal des dames*

---

[*] N. T.: Em francês, *salope* é um insulto, endereçado às mulheres cujo comportamento é assimilado ao das prostitutas, por ser considerado imoral.

d'Athènes, de Kallirroi Parein.[39] Desses, destaca-se *La Fronde* (1897-1905) de Marguerite Durand, administrado, escrito e composto por mulheres, mensal, depois diário durante um breve período, que se coloca entre os grandes jornais de opinião e de informação, citado pelos outros do mesmo gênero. Conta com a colaboração de grandes nomes – Colette, de tempos em tempos – e com o talento de jornalistas profissionais, como Séverine, que "cobre" a revisão do Processo Dreyfus em Rennes. O jornal tomou abertamente partido de Dreyfus e de Lucie, a firme e discreta companheira cuja coragem inabalável se revela na *Correspondance*.[40] Por conta desse caso, quase que por efração, as mulheres chegam ao patamar de "intelectuais", nova categoria de atores públicos pensados no masculino.[41]

O feminismo age através de manifestações públicas. A mais célebre é aquela encabeçada por Josephine Butler contra a prostituição, com base nas revelações escandalosas da *Pall Mail Gazette*. Num sábado à noite de agosto de 1885, duzentas e cinquenta mil pessoas compareceram, com um buquê de rosas brancas na mão, ao Hyde Park, em Londres, para denunciar o vício e defender a pureza sexual da nação, aos gritos de: *Vote for women, purity for men!* As feministas, aliás, não eram unânimes diante desses resquícios de puritanismo.

As feministas se apossavam da rua proibida, não sem mal-estar, de tão recriminadas que eram – "Sinto a pele queimar", dizia uma manifestante –, em manifestações com ares de procissões ou de cortejos, bem-ordenados, como nos mostram as velhas fotos, e que eram um prato cheio para os caricaturistas. De Boston a Londres e em Paris, elas desfilam, elegantemente vestidas e penteadas; levam estandartes ou cartazes com *slogans*, empunham bandeirolas, usam echarpes reivindicatórias. Entre as duas guerras, em razão da resistência ao voto das mulheres, as francesas intensificam suas passeatas e distribuem panfletos nas feiras: "As francesas querem votar" dizem eles. Nos anos 1971-1975, o Movimento de Liberação das Mulheres coloca as mulheres na rua, de Berlim a Paris, e em todo o mundo ocidental, até mesmo em Tóquio. E, dessa vez, pode-se falar de "massas". Daí em diante, a rua e os movimentos sociais não causam mais medo.

Violentas, as manifestações das mulheres? Raramente. Hubertine Auclert, a Cidadã, com seu chapéu de aba larga, aparece nas prefeituras, durante os casamentos, para protestar contra os artigos do Código Civil que exigem das mulheres que prometam obediência aos maridos. Amável escândalo. Madeleine Pelletier quebra algumas vidraças, atirando batatas para evitar qualquer risco de ferimento: é mais barulhento. Entre as duas guerras, Louise Weiss, brilhante jornalista, instiga mulheres manifestantes a se acorrentarem nas grades do Senado, a câmara resistente, e elas mesmas rompem simbolicamente os elos das correntes. As sufragistas inglesas, consideradas mais "guerreiras", vão mais longe. Jogam uma bomba (sem causar danos), são presas, fazem uma greve de fome, primeira do gênero. Uma delas, Emily Davison (1872-1913), se joga na frente do cavalo do rei no Derby de Epsom: torna-se, então, a heroína do sufragismo; uma louca, dizem seus detratores. Eis o extremo da violência feminista. Com mais frequência, as mulheres lançam mão da festa ou do escárnio. Elas cantam, usam *slogans* irônicos – *O esfregão está queimando* –, faixas ameaçadoras, vassouras. A simples presença de mulheres na rua, agindo em causa própria, é subversiva e sentida como uma violência.

O feminismo age graças a pessoas, personalidades, militantes, que, todas elas, mereceriam um retrato, ou ao menos figurar num dicionário. São, de início, isoladas, mulheres emancipadas da burguesia ou da aristocracia (Mary Wollstonecraft, lady Montagu, mãe das *bluestockings*, as *meias azuis*, George Sand, Flora Tristan etc.). Depois, também há operárias adeptas do feminismo (o papel das costureiras). Mas as reticências do movimento operário, para o qual o "feminismo é burguês", o limitam às camadas de nível médio, intelectuais, muitas vezes protestantes: professoras, advogadas (Maria Vérone, Yvonne Netter, Gisèle Halimi), médicas (Madeleine Pelletier), jornalistas, escritoras. A força do MLF dos anos 1970–1980 residiu na extensão de seu suporte popular: deu voz à reivindicação da massa das mulheres pelo direito à livre maternidade.

O feminismo age por suas alianças, muito diversas. Com o liberalismo, era visto como um prolongamento das liberdades, por exemplo com John Stuart Mill, autor de *The Subjection of Women* (1869), um clássico. Com o socialismo, pelo menos na primeira metade do século XIX, Saint-Simon, Fourier, Robert Owen, Pierre Leroux sonhavam unir os proletários e as mulheres, gêmeos oprimidos. Logo após, as coisas se complicam. Na teoria, que subordina a luta dos sexos à luta de classes; na prática do poder, que se apoia nos partidos, e mesmo na ditadura de um proletariado muito másculo. Entre a virilidade do militante e a boa dona de casa, as mulheres comunistas não têm escapatória.

O protestantismo deu muitas dirigentes ao feminismo. O livre pensamento lhe foi favorável, embora com desconfianças em relação às superstições das mulheres. Maria Desraismes funda, não sem dificuldades, a primeira Loja maçônica feminina da França; a maçonaria teve um papel notável na adoção das leis Neuwirth e Veil. O neomalthusianismo, particularmente ativo nos Estados Unidos e na Inglaterra, dividiu o feminismo. A britânica Annie Besant, as francesas Nelly Roussel, Madeleine Pelletier, Gabrielle Petit militavam pelo desenvolvimento do controle da natalidade, mas muitas evitavam abordar questões de sexualidade.

Existe também um feminismo católico, que irrigava o sindicalismo cristão, e o pensamento de Cécile de Corlieu e Léontine Xanta, modelo fugidio da jovem Simone de Beauvoir. "A mulher também é uma pessoa", é um título da revista *Esprit* em 1936, revista de Emmanuel Mounier, que, em 1949, fez uma resenha favorável do *Deuxième sexe*. A doutrina da Igreja, tanto sobre o poder e o celibato do clero quanto sobre a contracepção e a função das mulheres, não a tornava acessível, entretanto, às reivindicações do feminismo.

De maneira geral, há aliança entre feminismo e modernidade, entre feminismo e democracia.

O feminismo age como uma sucessão de ondas. No século XIX, luta pela igualdade dos sexos, noção relativamente nova, enunciada pelos cartesianos no século XVII, refinada e reiterada em seguida, mais do que por uma diferença que corre o risco de confinar as mulheres na inferioridade. Com diferenças reais segundo os países e as culturas políticas. A cultura do gênero é mais forte nos países anglo-saxões, inclusive em sua variante "maternalista", cuja principal partidária é a sueca Ellen Key. Ela encontra uma ressonância particular na Alemanha e entre pacifistas como a francesa Madeleine Vernet.

Na segunda metade do século XX, mais nitidamente após 1970, o feminismo luta pela "liberação" das mulheres – *Women's Lib,* MLF – e eventualmente pela igualdade na diferença. As mulheres redescobrem seu corpo, seu sexo, o prazer, a amizade e o amor entre as mulheres, a fraternidade, a homossexualidade. Um lesbianismo que se afirma como uma força autônoma e que renova o pensamento do gênero.

As grandes reivindicações do feminismo, nós as encontramos a cada capítulo desta narrativa. Elas tecem essa história, com uma temporalidade variável de acordo com os países.

O *direito ao saber*, não somente à educação, mas à instrução, é certamente a mais antiga, a mais constante, a mais largamente compartilhada das reivindicações. Porque ele comanda tudo: a emancipação, a promoção, o trabalho, a criação, o prazer. Essa reivindicação se acompanha de um imenso esforço de apropriação: leitura, escrita, acesso à instrução. Com procedimentos um pouco diferentes. O universalismo francês privilegia o acesso aos graus comuns: o exame final do curso secundário para Julie Daubié, por exemplo. Nos países anglo-saxões, mais diferencialistas, as feministas se apoiam em estabelecimentos distintos: Emily Davies abre uma faculdade só para mulheres em Hitchin, depois em Girton (o famoso Girton College) perto de Cambridge, a célebre universidade que só aceitou as estudantes, e com reservas, em 1948.[42] Malwida von Meysenbug, por sua vez, também abre, em 1848-1850, em Hamburgo, uma faculdade só para mulheres. O feminismo alemão foi pedagogo e educativo. Nada a ver, entretanto, com a envergadura das universidades femininas americanas (como Wellesley), que formaram até nossos dias uma elite feminina na qual se inclui Hillary Clinton.

O *direito ao trabalho, ao salário*, aos ofícios e às profissões comporta dimensões que são, ao mesmo tempo, econômicas, jurídicas e simbólicas, com diferenças sociais evidentes. As classes populares necessitam do salário das mulheres, mesmo quando o consideram somente um "trocado". A burguesia delega o lazer, o *otium* aristocrático, a suas mulheres, vitrines do sucesso e do luxo dos maridos. "Viver nobremente é viver sem nada fazer", dizia-se no Antigo Regime. O que não é mais viável no capitalismo. As mulheres, pelo menos, guardarão ainda esse perfume da corte, esse estilo de vida mundano que cria a distinção. É por isso que seu eventual "trabalho" é recriminado; ele é sentido como um desconforto, a marca da decadência da família, uma vergonha social. As mulheres dessa classe tiveram de se esgueirar no mercado de trabalho, exclusivamente através dos serviços, ocupações adequadas à feminilidade.

A obtenção dos *direitos civis* constituiu uma terceira frente, cujo obstáculo era o Direito, que não era mais favorável na Inglaterra do que na França. A *Common Law* punha as mulheres casadas na dependência total do marido, que detinha a gestão absoluta de seus bens, inclusive das rendas e salários delas. Com pouca diferença nesse ponto, o Código Napoleônico (1804), o "infame Código Civil", foi exportado quase para toda a Europa e para o mundo. Na Inglaterra, como na França, as mulheres tiveram de lutar pela gestão de seus próprios bens, pelo direito ao divórcio, ao trabalho, pela igualdade no regime de comunhão de bens, pelo reconhecimento da autoridade parental conjunta etc. Mais tarde, pela escolha da residência e, hoje, pelo sobrenome. A cada vez foram batalhas jurídicas épicas.

Uma das primeiras batalhas travadas e ganhas foi aquela empreendida pela britânica Caroline Norton, ultrajada ao ver seu marido se apoderar de seus direitos autorais, e por Barbara Leigh Smith Bodichon, para obter a independência econômica das mulheres casadas. Com o apoio de abaixo-assinados que continham milhares de assinaturas, dentre as quais as de numerosas operárias, elas conseguiram fazer pressão sobre os parlamentares. O *Married Women's Property Bill* (1857) foi uma primeira etapa, completada dez anos depois pelo *Matrimonial Causes Act* (1867), reconhecendo o direito ao divórcio. Na França, foi obtido na Terceira República (Lei Naquet, 1884). E foi necessário esperar mais alguns anos para a reforma da gestão dos bens. A obtenção dos direitos civis é particularmente difícil nos países católicos em virtude do papel sacramental do casamento e de uma concepção patriarcal da família, que se perpetua na laicidade. Entretanto, a igualdade civil é a chave do estatuto individual da mulher. É por isso que George Sand fazia dessa igualdade um pré-requisito absoluto para a reivindicação da igualdade política.

Os *direitos políticos* comportam três facetas: o sufrágio, a representação, o governo. Em todos os domínios, a Europa do Norte se adianta com relação à do Sul. A Finlândia foi a primeira, em 1901, a conceder o direito de voto às mulheres. Ela é, desde 2000, presidida por uma mulher, Tarja Halonen, notória por sua simplicidade. Governar não é mais do que a administração das coisas. À guisa de explicação, os finlandeses evocam uma tradição matriarcal, enraizada em estruturas antropológicas antigas. O feminismo protestante foi mais ativamente sufragista do que seu homólogo católico e latino, muitas vezes em nome da diferença, em nome daquilo que as mulheres podiam trazer à gestão desse "grande lar" que é o Estado. Nos países da Europa do Norte, as mulheres votaram mais cedo e chegaram mais cedo ao poder. Esses países não hesitaram em adotar medidas incitativas. Os países latinos, mais machistas, veneram a mãe, mas em casa.

A França acumula obstáculos culturais, políticos e históricos. A altura das barreiras desencadeou um certo desânimo por parte das mulheres – a política, é uma coisa séria? – e do feminismo. Em 1970, o MLF demonstra um certo desdém pelo Parlamento: o privado também não é político? Entretanto, o recurso à lei é uma constante. A lei francesa sobre a paridade na política nasceu no seio europeu. É a mais radical. Dividiu o feminismo em três correntes: favoráveis em nome da igualdade ou em nome da diferença; e hostil em nome do universalismo republicano.[43] Seus resultados efetivos são ainda limitados no momento, seu alcance simbólico é mais forte. Entretanto, há uma aculturação das mulheres à política, ainda mais que elas têm exercido funções de responsabilidade em todos os níveis do governo: ministras, na Justiça e nas forças armadas, bastiões masculinos, e mesmo como primeira-ministra. A opinião pública acharia normal, e mesmo desejável, que uma mulher acedesse à suprema magistratura. Marianne desceu dos altares para entrar na arena.

A reivindicação e a conquista dos *direitos do corpo* caracterizam o feminismo contemporâneo. *Our Bodies, Ourselves*,[44] o livro do grupo de Boston pela saúde das mulheres, com centenas de milhares de exemplares vendidos, é emblemático dos novos tempos. Em toda parte há movimentos de liberação das mulheres que puseram em primeiro plano a liberdade de contracepção e o direito à interrupção voluntária de gravidez, defendido por Gisèle Halimi, fundadora do movimento *Choisir* (1971), no memorável processo de Bobigny (1972).[45] Na França, a Lei Veil (1975) o reconhece. E é uma forma de revolução. "Um filho se eu quiser, quando eu quiser, como eu quiser." Esse *habeas corpus* das mulheres (Yvonne Knibiehler) constitui uma total inversão dos papéis e o fermento de uma reviravolta decisiva nas relações entre os sexos. Ao mesmo tempo, nos anos 1980, na França e em quase todo o mundo ocidental, desenvolvem-se as lutas pela penalização do estupro, do assédio sexual no trabalho, do incesto, imprescritível, das lutas pela proteção das mulheres submetidas a maus-tratos físicos. Numerosas leis foram votadas, aumentando as acusações na justiça. A ponto de se falar em feminismo de Estado e de "vitimização" das mulheres, causa de controvérsias entre feministas.[46] O direito tornou-se então um terreno essencial, sinal da democratização das relações entre os sexos.

Enfim, através desse movimento de emancipação de longa duração, com a ajuda de livros importantes, que deveriam figurar numa antologia – de Christine de Pisan a Virginia Woolf, de Marie de Gournay, Mary Wollstonecraft a Lou Andreas-Salomé, Simone de Beauvoir, Monica Wittig,

Judith Butler, Françoise Collin etc. –, esboça-se um *pensamento feminista*, crítico de um universo mais virtual do que real, e que coloca a questão da identidade, da diferença e da hierarquia dos sexos. Esse pensamento se interroga sobre o *gênero* e suas relações com o sexo: qual dos dois vem primeiro? Qual dos dois define o outro? Fala de homossexualidade, de lesbianismo, não somente como direito pessoal, mas como nova maneira de estar no mundo. O pensamento *queer* embaralha as pistas e as fronteiras.[47]

O feminismo suscita um antifeminismo mais ou menos virulento,[48] que vai da caricatura misógina à crítica política mais radical (antifeminismo de Vichy).

Não é fácil medir seus efeitos. Meio de pressão a serviço das mulheres mais privilegiadas? Pode ser. Mas deve-se, como Pierre Bourdieu o faz,[49] reduzi-lo a esse *lobby*? No jogo de interações que tecem a sociedade, pode-se reconhecer no mínimo o seu papel na modernização das relações entre os sexos que marca a história contemporânea.

Foi o feminismo que constituiu as mulheres como atrizes na cena pública, que deu forma a suas aspirações, voz a seu desejo. Foi um agente decisivo de igualdade e de liberdade. Logo, de democracia.

"Toda a história das mulheres foi feita pelos homens," dizia Simone de Beauvoir. "O feminismo nunca foi um movimento autônomo."

A esse respeito, pode-se pensar de outra forma.

Notas

[1] Bernard Edelman, *La Maison de Kant*, Paris, Payot, 1984.

[2] Sylvain Venayre, *La Gloire de l'aventure. Genèse d'une mystique moderne, 1850-1940*, Paris, Aubier, 2002.

[3] Jeanne Bouvier, *Mes Mémoires ou Cinquante-neuf années d'activité industrielle, sociale et intellectuelle d'une ouvrière (1876-1935)*, 1936, nova edição por Daniel Armogathe e Maïté Albistur, Paris, Maspero, 1983; Adélaïde Popp, *Journal d'une ouvrière*, Paris, Maspero, 1979.

[4] *Épopée d'une anarchiste, New York 1886 – Moscou 1920*, Paris, Hachette, 1979.

[5] Natalie Z. Davis, *Juive, catholique, protestante, op. cit.*

[6] Suzanne Voilquin, *Mémoires d'une saint-simonienne en Russie, 1839-1846*, Paris, Des femmes, 1977.

[7] Flora Tristan, *Pérégrinations d'une paria* (1837), Paris, Maspero, 1979; *Promenades dans Londres* (1840), Paris, Maspero, edição de François Bédarida, 1978; *Le Tour de France*, Paris, Maspero, edição de Stéphane Michaud, 1980. Sua contemporânea, Bettina Brentano von Arnim, fazia pesquisas nos bairros pobres de Berlim. *Die Buch gehört dem König (Ce livre appartient au Roi)* foi publicado em 1843.

[8] Marguerite Yourcenar, *Quoi? L'Éternité*, Paris, Gallimard, 1988.

[9] Edmonde Charles-Roux, *Un désir d'Orient. Jeunesse d'Isabelle Eberhardt*, Paris, Grasset, 1988.

[10] Alexandra David-Neel, *Correspondance avec son mari, édition intégrale, 1904-1941*, Paris, Plon, 2000.

[11] Dea Birkett, *Spinsters Abroad: Victorian Ladies Explorers*, Oxford, Blackwell, 1989; Barbara Hogdson, *Les Aventurières. Récits de femmes voyageuses*. Paris, Seuil 2002.

[12] Élisabeth Roudinesco, "Les premières femmes psychanalistes", *Mil-neuf-cent*, n. 16, 1998, p. 27-42.

[13] Marc Martin, *Les Grands Reporters. Les débuts du journalisme moderne*, Paris, Louis Audibert, 2005; ver p. 292-298, "Des femmes grands reporters"; Andrée Viollis é mencionada cerca de trinta vezes.

[14] Michel Foucault, *Moi, Pierre Rivière, ayant égorgé ma mère, ma sœur et mon frère...Un cas de parricide au XIXe siècle présenté par Michel Foucault*, Paris, Flammarion, 1973.

[15] Jean-Yves Le Naour, *Misères et tourments de la chair durant la Grande Guerre. Les mœurs sexuelles des Français*, 1914-1918, Paris, Aubier, 2002.

[16] Gisela Bock, "Le nazisme. Politiques sexuées et vies des femmes en Allemagne", em *Histoire des femmes en Occident*, op. cit., t. 5, p. 143-167.

[17] Rita Thalmann, *Être femme sous le IIIe Reich*, Paris, Tierce, 1982; (dir.), *Femmes et fascismes*, Paris, Tierce, 1986.

[18] Liliane Kandel (dir.), *Féminismes et nazisme*, prefácio de Élisabeth de Fontenay, Paris, Odile Jacob, 2004.

[19] É o argumento do filme de Claude Chabrol, *Une affaire de femmes (1988)*.

[20] Francine Muel-Dreyfus, *Vichy et l'Éternel féminin. Contribution à une sociologie politique de l'ordre des corps*, Paris, Seuil, 1996.

[21] Cf. Françoise Thébaud (dir.), "Résistance et libérations (France, 1940-1945)", *Clio. Histoire, femmes et sociétés*, n. 1, 1995; uma atualização historiográfica.

[22] Jean Nicolas, *La Rébellion française. Mouvements populaires et conscience sociale, 1661-1789*, op. cit.; Nicolas Bourguinat, *Les Grains du désordre. L'État face aux violences frumentaires dans la première moitié du XIXe siècle*, Paris, Ehess, 2002.

[23] Arlette Farge, "Évidences émeutières", em *Histoire des femmes en Occident*, op. cit., t. 3, p. 481-496.

[24] Michelle Zancarini-Fournel (dir.), "Métiers, corporations, syndicalisme", *Clio. Histoire, femmes et sociétés*, n. 3, 1996.

[25] Slava Liszek, Marie Guillot. *De l'émancipation des femmes à celle du syndicalisme*, Paris, L'Harmattan, coll. "Chemins de la mémoire", 1994.

[26] Cf. Évelyne Diébolt, *Les Femmes dans l'action sanitaire, sociale et culturelle (1801-2001)*, publicado pela associação "Mulheres e associações", 2001; Sylvie Fayet-Scribe, *Associations féminines et catholicisme. De la charité à l'action sociale, XIXe –XXe siècles*, Paris, Éditions ouvrières, 1990.

[27] Nicole Loraux, *Les Enfants d'Athéna*, Paris, Maspero, 1981; *Les Expériences de Tirésias. Le féminin et l'homme grec*, Paris, Gallimard, 1989; "La cité, l'historien, les femmes", Pallas, 1985, p. 7-39.

[28] Georges Duby, *Mâle Moyen Age. De l'amour et autres essais*, Paris, Flammarion, 1988; *Le Chevalier, la Femme et le Prêtre. Le mariage dans la France féodale*, op. cit.

[29] Denis Crouzet, *Le Haut Cœur de Catherine de Médicis. Une raison politique au temps de la Saint-Barthélemy*, Paris, Albin Michel, 2005; Thierry Wanegffelen, *Catherine de Médicis. Le pouvoir au féminin*, Paris, Payot, 2005.

[30] Mona Ozouf, *Les Mots des femmes. Essai sur la singularité française*, op. cit.

[31] Fanny Cosandey, *La Reine de France. Symbole et pouvoir, XVe- XVIIIe siècles*, Paris, Gallimard, 2000.

[32] Natalie Z.-Davis, "La femme au politique", em *Histoire des femmes en Occident*, op. cit., t. 3, XVIe - XVIIIe siècles, p. 175-194.

[33] Anne Verjus, *Le Cens de la famille. Les femmes et le vote, 1789-1848*, Paris, Belin, 2002.

[34] Pierre Rosanvallon, *Le Sacre du citoyen. Essai sur le suffrage universel en France*, Paris, Gallimard, 1992; *Le Moment Guizot*, Paris, Gallimard, 1985.

[35] Christine Fauré (dir.), *Encyclopédie politique et historique des femmes*, Paris, PUF, 1997; Éliane Gubin, Catherine Jacques, Florence Rochefort, Brigitte Studer, Françoise Thébaud, Michelle Zancarini-Fournel (dir.), *Le siècle des féminismes*, Paris, L'Atelier, 2004.

[36] Citado por Françoise Barret-Ducrocq, *Le Mouvement féministe anglais d'hier à d'aujourd'hui*, Paris, Ellipses, 2000, p. 7. Sheila Rowbotham é uma pioneira da história das mulheres inglesas. Citemos, entre outros, *Hidden from History*, Londres, Pluto Press, 1973.

[37] *Ibid.*

[38] Guyonne Leduc, *L'Éducation des Anglaises au XVIIIe siècle*, Paris, L'Harmattan, 1999.

[39] Eleni Varikas dedicou sua tese, inédita em francês, a esse *Journal des dames* (Universidade de Paris-VII, 1989).

[40] Alfred e Lucie Dreyfus, *Écris-moi souvent, écris-moi longuement... Correspondance de l'île du Diable* – edição de Vincent Duclert, apresentação de Michelle Perrot, Paris, Mille e Une Nuits, Fayard, 2005.

[41] Nicole Racine e Michel Trebitsch (dir.), *Intellectuelles. Du genre en histoire des intellectuels*, Bruxelles, Complexe, 2004; *Clio. Histoire, femmes et sociétés*, n. 13, 2001, "Intellectuelles", dirigido por Mathilde Dubesset e Florence Rochefort.

[42] Françoise Barret-Ducrocq, *Le Mouvement féministe anglais d'hier à aujourd'hui, op. cit.*

[43] O livro pioneiro foi o de Françoise Gaspard, Anne Le Gall e Claude Servan-Schreiber, *Au pouvoir, citoyennes! Liberté, égalité, parité*, Paris, Seuil, 1992. Para uma abordagem histórica, cf. Joan W. Scott, *Parité! L'universel et la différence des sexes*, Paris, Albin Michel, 2005.

[44] Em 1973, traduzido em francês em 1977, publicado pela editora Albin Michel sob o título *Notre corps, nous-mêmes*.

[45] *Choisir la cause des femmes, Le Procès de Bobigny*, transcrição integral dos debates do tribunal de Bobigny (8 de novembro de 1972), Paris, Gallimard, 1973, prefácio de Simone de Beauvoir; nova edição em 2006, apresentação inédita de Gisèle Halimi; posfácio de Marie-Claire, a acusada de Bobigny, "Je me souviens de tout" (agosto de 2005).

[46] Élisabeth Badinter, *Fausse route*, Paris, Odile Jacob, 2003.

[47] Marie-Hélène Bourcier, *Queer Zones. Politiques des identités sexuelles, des représentations et des savoirs*, Paris, Balland, 2001.

[48] Christine Bard (dir.), *Un siècle d'antiféminisme*, Paris, Fayard, 1999.

[49] Pierre Bourdieu, *La Domination masculine, Paris, Seuil, 1998.*

E agora?

o longo desses cinco capítulos, através da história das mulheres, seguimos muitos caminhos, traçamos algumas diagonais: fontes e representações; o corpo; a alma (religião, educação, criação); o trabalho e a profissão; mulheres na Cidade...: são os temas que abordamos. Com uma interrogação constante: quais são, quais foram, ao longo dessas fronteiras, as mudanças nas relações entre os sexos? Como evoluiu a diferença dos sexos? Segundo que ritmo, em torno de quais acontecimentos? Como se modificaram as partilhas entre os homens e as mulheres, suas identidades e sua hierarquia?

O que chama a atenção, principalmente, ao término desse percurso, é a imensidão do que eu não disse ou não abordei, correndo o risco de acentuar, ao esclarecer pontos particulares, a sombra que, justamente, quis dissipar. No que concerne à saúde das mulheres, eu poderia ter falado da loucura,[1] que por muito tempo lhe foi atribuída como o simétrico da violência para os homens: as mulheres são loucas e os homens criminosos. O que é uma forma de reduzir a mulher a seu corpo e à sua suposta irresponsabilidade.

Em matéria de delinquência e de criminalidade, existe, com efeito, e há muito tempo (o que se acentuou nos últimos anos) uma perturbadora assimetria. Na França, as prisões são povoadas de homens, em 96%. Os 4% de mulheres encarceradas sendo, aliás, as mais abandonadas, as mais marginalizadas de todas, como se o pior nelas fosse a contravenção à norma do feminino. Em outros tempos, Saint-Lazare foi um epicentro de solidariedade feminina; também não é mais o caso de Rennes, a única central sindical só para mulheres na França de hoje. Essa dissimetria carcerária seria a expressão de uma exasperação da violência dos homens? Ou de uma vitimização exacerbada das mulheres, denunciada por alguns advogados? Um pouco de cada, sem dúvida. Mas isso constitui um problema. Sintoma, mas do quê?

Não falei das mulheres com deficiências físicas. A alteridade radical, que a deficiência acarreta, acusa ou anula a diferença entre os sexos?[2]

Não falei das mulheres na escravidão. Qual foi a parte e a posição das mulheres no tráfico negreiro, que mudaram a vida da África e da América? O que elas faziam? Como eram utilizadas suas qualidades domésticas e sua função materna? Foram elementos de adaptação, de resistência, de memória? De que fontes dispõe-se para estudá-las?[3] Pensamos nos livros de Toni Morrison (*Beloved*).

Não falei das mulheres na Shoah. Na deportação e exterminação dos judeus, importava a diferença dos sexos? O fato de que a judeidade se transmite pelas mulheres tinha alguma consequência?[4] Em alguns conflitos étnicos, que não se pretende comparar com a Shoah, como as guerras na ex-Iugoslávia, o corpo das mulheres foi um objeto visado, e, em Srebenica, o estupro foi sistematicamente utilizado como arma de guerra.[5]

Em todos esses casos, trata-se, sobretudo, das mulheres às voltas com a violência, a guerra, e com formas de dominação masculina, das quais também os homens são vítimas. Entretanto, isso não esgota as relações entre os homens e as mulheres, do mesmo modo que o *status* de vítima não resume o papel das mulheres na história, que sabem resistir, existir, construir seus poderes. A história não tende ou para a desgraça das mulheres ou para sua felicidade. As mulheres são atrizes da história: espero tê-lo sugerido e mostrado, recusando qualquer perspectiva maniqueísta dos sexos em branco e preto. As mulheres nem sempre são oprimidas, e pode acontecer de exercer um poder, e até uma opressão. Elas não têm sempre razão. Pode acontecer de serem felizes, e apaixonadas. Escrever sua história não é um meio de reparação, mas desejo de compreensão, de inteligibilidade global.

Se olho o caminho percorrido, outros limites me surpreendem *no tempo e no espaço*. Abordei principalmente a história moderna e contemporânea, que é mais familiar para mim e que dispõe de fontes mais do que abundantes. A contribuição da história antiga e medieval, no entanto, é considerável. Menos presos às fontes do que nós, nossos colegas imaginam e pensam mais do que nós, escravas da referência. Os volumes que Christiane Klapisch-Zuber e Pauline Schmitt Pantel dirigiram na *Histoire des femmes en Occident* estão irrigados pelo olhar antropológico e pela respiração mítica, ou mística. É verdadeiro no domínio das representações, das religiões, mas também do direito, das relações familiares, na vida cotidiana, e mesmo na ação política. Bem recentemente, Anne Brenon descreve o engajamento das mulheres cátaras na Ocitânia medieval, com a mesma atração pelas contra-condutas assinalada a respeito das beguinas.[6]

Até a pré-história é revisitada pela diferença dos sexos. Claudine Cohen[7] mostra como o olhar sobre a *mulher das origens* mudou, principalmente sob a influência da pesquisa americana. Androcêntrica no início, a pesquisa da pré-história interpretava os vestígios da mulher num sentido religioso, erótico ou místico (a Grande Deusa). Ela tende, atualmente, a restituir a essa mulher das origens seu lugar na diversidade dos papéis sociais e sexuais, e na vida cotidiana. Isso permitirá, talvez, sair de uma visão estereotipada dos papéis dos sexos, sem, contudo, recair nas teses desacreditadas de um matriarcado original.

Isso nos convida a ampliar as fronteiras temporais. Mas também as fronteiras espaciais. Sair do mundo ocidental, ainda mais pelo fato de que a história das mulheres e do gênero se desenvolveu muito no Extremo Oriente, pelo menos na Índia e no Japão, na América Latina, particularmente no Brasil (com centros de estudos muito ativos em Campinas, Rio e Florianópolis), e mesmo na África, onde não é fácil escapar de representações etnológicas um tanto engessadas. Entretanto, as mulheres participam do desenvolvimento e da expansão urbana.[8]

A história das mulheres, tornando-se mundial, põe em questão a diversidade das experiências e os valores universais. Principalmente no que diz respeito ao islã, cujo papel é conhecido no choque das civilizações. Ora, a diferença dos sexos é central no islã, e mais complexa do que se pode acreditar. Há um livro de Habiba Fathi[9] sobre as mulheres com autoridade na Ásia Central contemporânea. Baseia-se numa pesquisa de campo, realizada entre 1995 e 1999. Nos países que constituem a Ásia Central pós-soviética (Usbequistão, Turquemenistão) há mulheres que conquistam a funções de autoridade. São chamadas de *otin*: "Um homem de Deus no mundo das mulheres". Preservaram uma cultura religiosa tradicional e é principalmente a elas que se deve o fato de que esses países tenham permanecido muçulmanos. Mas hoje em dia elas entram em choque com o neo-*wahhabismo*, que procura impor um outro islã, muito mais fundamentalista e machista. Assim, nessa Ásia Central muçulmana, as mulheres se encontram no centro da questão do poder do Estado e da identidade nacional. A história das mulheres, nesse caso, é central, e Olivier Roy, em seu prefácio, a incita a pensar como tal e a sair de sua marginalidade. O que ele diz é válido para toda essa história, atingida pela tentação da clausura. O mergulho nas práticas, nos lugares, nas vidas das mulheres é atraente. Há um prazer do quarto, do jardim fechado, do reservado, do segredo, do recolhimento num mundo interior mais doce. Mas esse prazer não deve impedir que se desenrole o novelo no qual se confundem as relações entre os sexos. Duplamente sedutor, o trabalho de Habiba Fathi tem valor geral e incidência particular. Ela relativiza a diferença cultural e religiosa e convida a analisá-la em seu funcionamento interno.

Isso poderia ser aplicado ao *véu*. Vindo das margens do Mediterrâneo, instituído, de início pelo cristianismo, como sinal da dependência das mulheres, e que basicamente assim permanece, o véu pode revestir-se de um outro sentido no uso que as mulheres fazem dele, no Magreb e mesmo na França: uma proteção, um viático, uma peça de vestuário, um meio mais seguro de circular num bairro ou numa cidade hostis, escapando ao olhar do outro. É o que sugere Assia Djebar em seus romances – *Femmes d'Alger dans leur appartement*; *L'Amour, la Fantasia*; *La Femme sans sépulture*, e tantos outros – cheios de uma cultura feminina argelina, da qual é oriunda e que ela transcende sem a renegar. É claro que esse relativismo tem limites: os limites de um universal, que não pode ser dado, imanente, mas a ser conquistado, construído pouco a pouco, e que passa pela igualdade dos sexos, a integridade do corpo, a autonomia dos indivíduos. Um universal em devir, inacabado, talvez inacabável. Termo inacessível de uma história sem fim.

E hoje? Em que pé está a história das mulheres? Como relato, ela existe em diferentes graus espalhada pelo mundo, principalmente no mundo ocidental. Constituiu uma forma de tomada de consciência identitária, uma tentativa de memória, e mais ainda de releitura dos acontecimentos e das evoluções, de medida da diferença dos sexos, isto é, do *gênero*. Seguindo seus passos, desenvolve-se uma história dos homens e da masculinidade.[10] Na França, é um campo ativo, produtivo, com grupos, revistas, mais reconhecido pelo público do que pela própria universidade, que permanece tímida em incorporar novos campos, ou campos recentes, principalmente quando suspeita que haja risco de comunitarismo.

E as mulheres na história? É um balanço impossível, que oscila ao sabor dos dias e dos acontecimentos, entre o otimismo da conquista ("Ganhamos") e o ceticismo do sentimento da ilusão. No *mundo ocidental*, a igualdade dos sexos, identificada tardiamente, tornou-se um princípio reconhecido, até pela Constituição europeia. As mulheres tiveram acesso a muitos domínios do saber e do poder que lhe eram proibidos, inclusive militares e políticos. Conquistaram muitas liberdades. Principalmente a liberdade da contracepção, que é o ponto central da revolução sexual. Seu prazer não será contrariado.

Entretanto, entre teoria e prática, muitos desvios subsistem. Assim no acesso às responsabilidades, às profissões, à igualdade salarial etc. Há zonas que resistem: o religioso, o econômico, o político, mais acentuadamente na França, o doméstico, que é pouco compartilhado. A criação que se esquiva. Com frequência, as fronteiras se deslocam, mas os terrenos de excelência masculina se reconstituem. De tanto que a hierarquia dos sexos está longe de ser dissolvida. As aquisições são frágeis, reversíveis. Recuos são sempre possíveis. Os integralismos políticos e religiosos fazem da ordem dos sexos e da dependência das mulheres um de seus pilares. Efeitos perversos, inesperados, se produzem: solidão, confronto, violência, conjugal ou de outro tipo, talvez mais visível ou realmente agravada pela angústia identitária, marcam as relações entre os sexos, quase sempre tensas.

Na escala planetária, a globalização, pelo menos num primeiro momento, fragiliza os mais fracos, dentre os quais as mulheres, expostas à pauperização, à fome, às guerras nacionais e étnicas que atingem mais de perto os civis, à aids galopante, mais grave na África, à prostituição cujas redes se estendem, contradizendo a visão triunfante de uma sexualidade liberada. A história das mulheres é tão trágica quanto a dos homens.

Assim, a revolução sexual, que tentamos medir, está inacabada. Em verdade, é interminável. Nesse ponto, como em todos os outros, não existe "fim da história". É impossível, então, concluir o relato. Pode-se dizer "era uma vez". Invocar começos obscuros. Dizer o princípio. Mas não o "fim".

História a continuar. História a se fazer, também.

Notas

[1] Yannick Ripa, *La Ronde des folles. Femmes, folie et enfermement au XIXe siècle*, Paris, Aubier, 1986.
[2] É essa a indagação de Maudy Piot e de sua associação, a FDFA (Femmes pour le Dire, Femmes pour Agir – Mulheres para dizer, Mulheres para agir). Cf. o importante livro de Henri-Jacques Stiker, *Corps infirmes et sociétés. Essais d'anthropologie historique* (1982), 3. ed., Paris, Dunod, 2005.
[3] Hannah Crafts, edição estabelecida por Henry Louis Gate Jr., 2002; *Autobiographie d'une esclave*, Paris, Payot, 2005. Essa biografia romanceada seria o primeiro livro escrito por uma negra antes da Guerra de Secessão.
[4] Jacques Fijalkow (dir.), *Juives et non-juives. Souffrances et résistances*, Paris, Max Chaleil, 2004 (Colóquio de Lacaune).
[5] Véronique Nahoum-Grappe, "Guerre et différence des sexes: les viols systématiques (ex-Yougoslavie, 1991-1995)", em Cécile Dauphin e Arlette Farge (dir.), *De la violence et des femmes*, Paris, Albin Michel, 1997.
[6] Anne Brenon, *Les Femmes cathares*, Paris, Perrin, 1992, reed. 2005.
[7] Claudine Cohen, *La Femme des origines. Images de la femme dans la pré-histoire occidentale*, op. cit.
[8] Catherine Coquery-Vidrovitch, *Les Africaines. Histoire des femmes d'Afrique noire du XIXe au XXe siècle*, Paris, Desjonquères, 1994.
[9] Habiba Fathi, *Femmes d'autorité dans l'Asie centrale contemporaine. Quête des ancêtres et recompositions identitaires dans l'islam postsoviétique*, prefácio de Olivier Roy, Paris, Maisonneuve e Larose, 2004.
[10] Anne-Marie Sohn e Françoise Thélamon (dir.), "Vers une histoire de la masculinité", em *L'histoire sans les femmes est-elle possible?*, Paris, Perrin, 1998, p. 251-312; cf. os trabalhos de André Rauch e os de Daniel Welzer-Lang (*Les Hommes violents*, Paris, Pierre et Coudrier, 1991).

Bibliografia[*]

LIVROS GERAIS

Introdutórios

BEAUVOIR, Simone de, *Le Deuxième Sexe*, Paris, Gallimard, 1949.
BOURDIEU, Pierre, *La Domination masculine*, Paris, Seuil, 1998.
BUTLER, Judith, *Trouble dans le genre. Pour un féminisme de la subversion*, Paris, La Découverte, 2005 (trad. de l'américain, 1990).
GOFFMAN, Erving, *L'Arrangement des sexes*, Paris, La Dispute, 2002 (trad. de l'américain, 1977), présenté par Claude Zaidman.
HÉRITIER, Françoise, *Masculin/Féminin. I, La Pensée de la différence*, Paris, Odile Jacob, 1996; *II, Dissoudre la hiérarchie*, Paris, Odile Jacob, 2002.
LAUFER, Jacqueline, MARRY, Catherine et MARUANI, Margaret, *Le Travail du genre. Les sciences sociales du travail à l'épreuve des différences de sexe*, Paris, La Découverte/MAGE, 2003.
MARUANI, Margaret (dir.), *Femmes, genre et sociétés. L'état des savoirs*, Paris, La Découverte, 2005.
MEAD, Margaret, *Sex and Temperament in Three Primitive Societies*, 1935, trad. fr., *Mœurs et sexualité en Océanie*, Paris, Plon, 1963.
–, *L'Un et l'Autre Sexe*, Paris, Denoël-Gonthier, 1966 (trad. de l'américain, 1949).

[*] Esta bibliografia não é exaustiva. Com destaque para os títulos em francês, ela faz referência a livros citados ou muito utilizados, dos quais, alguns, indicados em notas, não são contemplados aqui.

SCOTT, Joan W., *Gender and the Politics of History*, Columbia University Press, 1988.
TILLION, Germaine, *Le Harem et les Cousins* (1966), Paris, Seuil, coll. «Points», 2000 (un classique sans cesse réédité sur la condition des femmes dans le pourtour méditerranéen).

Historiografia, fontes, métodos

DUBY, Georges et PERROT, Michelle (dir.), *Femmes et histoire*, Paris, Plon, 1992.
FRAISSE, Geneviève, *Les Femmes et leur histoire*, Paris, Gallimard, coll. «Folio», 1998.
LEDUC, Guyonne (dir.), *Nouvelles sources et nouvelles méthodologies de recherche dans les études sur les femmes*, Paris, L'Harmattan, 2004.
PERROT, Michelle, *Les Femmes ou les Silences de l'histoire*, Paris, Flammarion (1998); en poche, Flammarion, coll. «Champs», 2001.
SOHN, Anne-Marie et THÉLAMON, Françoise (dir.), *Une histoire sans les femmes est-elle possible?*, actes du colloque de Rouen, Paris, Perrin, 1998.
THÉBAUD, Françoise, *Écrire l'histoire des femmes*, ENS-Fontenay, 1998 (la meilleure mise au point historiographique; importante bibliographie).

História geral

DUBY, Georges et PERROT, Michelle (dir.), *Histoire des femmes en Occident*, 5 vol., Paris, Plon, 1991-1992; en poche, Perrin, coll. «Tempus», 2001: 1, *L'Antiquité*, Pauline Schmitt Pantel (dir.); 2, *Le Moyen Âge*, Christiane Klapisch-Zuber (dir.); 3, *Temps modernes*, Arlette Farge et Natalie Z.-Davis (dir.); 4, *Le XIXe siècle*, Geneviève Fraisse et Michelle Perrot (dir.); 5, *Le XXe siècle*, Françoise Thébaud (dir.).
FAURÉ, Christine (dir.), *Encyclopédie politique et historique des femmes*, Paris, PUF, 1997.

COLLIN, Françoise, PISIER, Évelyne et VARIKAS, Eleni, *Les Femmes de Platon à Derrida. Anthologie critique*, Paris, Plon, 2000 (recueil de textes philosophiques commentés).

Os manuais

BARD, Christine, *Les Femmes dans la société française au XXe siècle*, Paris, Armand Colin, 2000.
BEAUVALET-BOUTOUYRIE, Scarlett, *Les Femmes à l'époque moderne (XVIe-XVIIIe siècles)*, Paris, Belin, coll. «Belin sup/histoire», 2003.
GODINEAU, Dominique, *Les Femmes dans la société française, XVIe-XVIIIe siècle*, Paris, Armand Colin, 2003.
HUFTON, Olwen, *A History of Women in Western Europe. I, 1500-1800*, Londres, HarperCollins Publishers, 1995.
RIPA, Yannick, *Les Femmes dans l'histoire, France, 1789-1945*, Paris, SEDES, 1999.
ZANCARINI-FOURNEL, Michelle, *Histoire des femmes en France, XIXe-XXe siècles*, Rennes, Presses universitaires, 2005.

BIBLIOGRAFIA POR TEMA

Discurso e imagens

AGULHON, Maurice, *Marianne au combat*, Paris, Flammarion, 1979.
–, *Marianne au pouvoir*, Paris, Flammarion, 1989.
–, *Les Métamorphoses de Marianne*, Paris, Flammarion, 2001.
BASCH, Françoise, *Les Femmes victoriennes: roman et société*, Paris, Payot, 1979.
BONNET, Marie-Jo, *Les Femmes dans l'art*, Paris, La Martinière, 2004.
COHEN, Claudine, *La Femme des origines. Images de la femme dans la préhistoire occidentale*, Paris, Belin-Herscher, 2003.

DUBY, Georges (dir.), *Images de femmes*, Paris, Plon, 1992.
HEINICH, Nathalie, *États de femme. L'identité féminine dans la fiction occidentale*, Paris, Gallimard, 1992.
MICHAUD, Stéphane, *Muse et madone. Visages de la femme de la Révolution française aux apparitions de Lourdes*, Paris, Seuil, 1985.
SCHMITT, Jean-Claude (dir.), *Ève et Pandora. La création de la première femme*, Paris, Gallimard, coll. «Le temps des images», 2001.
SELLIER, Geneviève, *La Drôle de guerre des sexes du cinéma français, 1930-1956*, Paris, Nathan, 1996.
–, *La Nouvelle Vague. Un cinéma au masculin singulier*, Paris, CNRS éditions, 2005.
VEYNE, Paul, LISSARAGUE, François et FRONTISI-DUCROUX, Françoise, *Les Mystères du gynécée*, Paris, Gallimard, coll. «Le temps des images», 1998.

As mulheres nos arquivos (públicos e privados)

FARGE, Arlette, *Vivre dans la rue à Paris au XVIIIe siècle*, Paris, Gallimard, coll. «Archives», 1979.
–, *La Vie fragile. Violence, pouvoirs et solidarités à Paris au XVIIIe siècle*, Paris, Hachette, 1986.
LEJEUNE, Philippe, *Le Moi des demoiselles. Enquête sur le journal de jeune fille*, Paris, Seuil, 1993.
PLANTÉ, Christine, *L'Épistolaire, un genre féminin?*, Paris, Honoré Champion, 1998.
ROCHE, Anne et TARANGER, Marie-Claude, *Celles qui n'ont pas écrit. Récits de femmes dans la région marseillaise, 1914-1945*, Aix-en-Provence, Édisud, 1995, préface de Philippe Lejeune (un très bon exemple d'histoire orale).
SOHN, Anne-Marie, *Chrysalides. Femmes dans la vie privée, XIXe-XXe siècles*, Paris, Publications de la Sorbonne, 1996 (d'après les archives judiciaires).

Vozes de mulheres nas bibliotecas

ADLER, Laure, *À l'aube du féminisme. Les premières femmes journalistes (1830-1850)*, Paris, Payot, 1979.

THÉBAUD, Françoise (dir.), *Pas d'histoire sans elles*, Centre régional de documentation pédagogique Orléans-Tours, 2004 (édité à l'occasion des *Rendez-vous de l'histoire* de Blois, 2004, consacrés aux femmes dans l'histoire).

THIESSE, Anne-Marie, *Le Roman du quotidien. Lectures et lecteurs à la Belle Époque*, Paris, Le Chemin vert, 1983.

TILLIER, Annick, *Des sources pour l'histoire des femmes: guide*, Paris, Bibliothèque nationale de France, 2004.

–, (dir.), numéro spécial «Femmes» de la *Revue de la Bibliothèque nationale de France*, n° 17, 2004.

O corpo

ALBERT, Nicole G., *Saphisme et décadence dans Paris fin-de-siècle*, Paris, La Martinière, 2005.

BADINTER, Élisabeth, *L'Amour en plus. Histoire du sentiment maternel, XVIIe- XXe siècle*, Paris, Flammarion, 1980.

–, *L'un est l'autre: des relations entre hommes et femmes*, Paris, Odile Jacob, 1986.

BARD, Christine, *Les Garçonnes. Modes et fantasmes des Années folles*, Paris, Flammarion, 1998.

BARRET-DUCROCQ, Françoise, *L'Amour sous Victoria. Sexualité et classes populaires à Londres au XIXe siècle*, Paris, Plon, 1989.

BASCH, Françoise, *Rebelles américaines au XIXe siècle: mariage, amour libre et politique*, Paris, Klincksieck, 1990.

BEAUVALET-BOUTOUYRIE, Scarlett, *Naître à l'hôpital au XIXe siècle*, Paris, Belin, 1998.

–, *Être veuve sous l'Ancien Régime*, Paris, Belin, 2001.

BOLTANSKI, Luc, *La Condition fœtale. Une sociologie de l'engendrement et de l'avortement*, Paris, Gallimard, 2004.

BONNET, Marie-Jo, *Un choix sans équivoque. Recherches historiques sur les relations amoureuses entre les femmes*, Paris, Denoël, 1981.

–, *Les Relations entre les femmes*, Paris, Odile Jacob, 1995 (édition revue et augmentée).

BOUREAU, Alain, *Le Droit de cuissage. La fabrication d'un mythe*, Paris, Albin Michel, 1995.

BROSSAT, Alain, *Les Tondues. Un carnaval moche*, Paris, Manya, 1992.

BRUIT, Louise, HOUBRE, Gabrielle, KLAPISCH-ZUBER, Christiane et SCHMITT PANTEL, Pauline (dir.), *Le Corps des jeunes filles de l'Antiquité à nos jours*, Paris, Perrin, 2001.

CAMPORESI, Pierre, *Les Baumes de l'amour*, Paris, Hachette, 1990.

CORBIN, Alain, *Les Filles de noce. Misère sexuelle et prostitution au XIXe siècle*, Paris, Aubier, 1978.

–, COURTINE, Jean-Jacques et VIGARELLO, Georges (dir.), *Histoire du corps*, 3 vol., Paris, Seuil, 2005-2006.

DAUMAS, Maurice, *La Vie conjugale au XVIIIe siècle*, Paris, Perrin, 2004.

DAUPHIN, Cécile et FARGE, Arlette (dir.), *De la violence et des femmes*, Paris, Albin Michel, 1997.

–, *Séduction et sociétés. Approches historiques*, Paris, Albin Michel, 2001.

DUBY, Georges, *Mâle Moyen Âge. De l'amour et autres essais*, Paris, Flammarion, 1988.

–, *Le Chevalier, la Femme et le Prêtre. Le mariage dans la France féodale*, Paris, Hachette, 1981.

EDELMAN, Nicole, *Les Métamorphoses de l'hystérique au XIXe siècle*, Paris, La Découverte, 2003.

FOUCAULT, Michel, *La Volonté de savoir*, t. 1 de *Histoire de la sexualité*, Paris, Gallimard, 1976.

–, *Herculine Barbin dite Alexina B*, Paris, Gallimard, coll. «Les vies parallèles», présenté par Michel Foucault, 1978.

GAUTHIER, Xavière, *Naissance d'une liberté. Contraception, avortement : le grand combat des femmes au XXe siècle*, Paris, Robert Laffont, 2002.

GÉLIS, Jacques, *L'Arbre et le Fruit. La naissance dans l'Occident moderne, XVIe-XIXe siècles*, Paris, Fayard, 1984.

HENRIOT, Christian, *Belles de Shanghai. Prostitution et sexualité en Chine aux XIXe-XXe siècles*, Paris, CNRS éditions, 1997.

HOUBRE, Gabrielle, *La Discipline de l'amour. L'éducation sentimentale des filles et des garçons au XIXe siècle*, Paris, Plon, 1997.

– (dir.), « Le temps des jeunes filles », *Clio. Histoire, femmes et sociétés*, n° 4, 1996.

KNIBIEHLER, Yvonne, *La Révolution maternelle depuis 1945. Femmes, maternité, citoyenneté*, Paris, Perrin, 1997.

– et MARAND-FOUQUET, Catherine, *Histoire des mères du Moyen Âge à nos jours*, Paris, Montalba, 1980 ; rééd. Paris, Hachette, coll. « Pluriel », 1982.

LAMBIN, Rosine, *Le Voile des femmes. Un inventaire historique, social et psychologique*, Berne, Peter Lang, 1999.

LAQUEUR, Thomas, *La Fabrique du sexe. Essai sur le corps et le genre en Occident*, Paris, Gallimard, 1992 (trad. de l'américain, 1990).

LE NAOUR, Jean-Yves et VALENTI, Catherine, *Histoire de l'avortement, XIXe-XXe siècle*, Paris, Seuil, 2003.

LOUIS, Marie-Victoire, *Le Droit de cuissage, France, 1860-1930*, Paris, L'Atelier, 1994.

MOSSUZ-LAVAU, Janine, *Les Lois de l'amour : les politiques de la sexualité en France de 1950 à nos jours*, Paris, Payot, 1991.

MURARO, Luisa, *L'Ordre symbolique de la mère*, Paris, L'Harmattan, 2003 (trad. de l'italien, 1991).

PIGEOT, Jacqueline, *Femmes galantes, femmes artistes dans le Japon ancien (XIe-XIIIe siècle)*, Paris, Gallimard, 2003.

RIPA, Yannick, *La Ronde des folles. Femmes, folie et enfermement au XIXe siècle*, Paris, Aubier, 1986.

SÈVEGRAND, Martine, *Les Enfants du Bon Dieu. Les catholiques français et la procréation (1919-1969)*, Paris, Albin Michel, 1995.

SMITH, Bonnie, *Les Bourgeoises du nord de la France*, Paris, Perrin, 1989 (trad. de l'américain, 1981).

SOHN, Anne-Marie, *Du premier baiser à l'alcôve. La sexualité des Français au quotidien, 1850-1950*, Paris, Aubier, 1996.
STEINBERG, Sylvie, *La Confusion des sexes. Le travestissement, de la Renaissance à la Révolution*, Paris, Fayard, 2001.
TAMAGNE, Florence, *Histoire de l'homosexualité en Europe. Berlin, Londres, Paris, 1919-1939*, Paris, Seuil, coll. «L'univers historique», 2000.
TARAUD, Christelle, *La Prostitution coloniale. Algérie, Tunisie, Maroc, 1830-1962*, Paris, Payot, 2003.
TERRET, Thierry (dir.), *Sport et genre*, 4 vol., Paris, L'Harmattan, 2006.
TILLIER, Annick, *Des criminelles au village. Femmes infanticides en Bretagne (XIXe siècle)*, Rennes, Presses universitaires, 2002.
VERDIER, Yvonne, *Façons de dire, façons de faire. La laveuse, la couturière, la cuisinière, la femme qui aide*, Paris, Gallimard, 1979.
VIGARELLO, Georges, *Histoire du viol, XVIe- XXe siècle*, Paris, Seuil, 1998.
–, *Histoire de la beauté. Le corps et l'art d'embellir de la Renaissance à nos jours*, Paris, Seuil, 2004.
VIRGILI, Fabrice, *La France «virile». Des femmes tondues à la Libération*, Paris, Payot, 2000.

A alma

AGACINSKI, Sylviane, *Métaphysique des sexes. Masculin/Féminin aux sources du christianisme*, Paris, Seuil, 2005.
BASHKIRTSEFF, Marie, *Journal (1877-1879)*, Lausanne, L'Âge d'homme, 1999 (dans le cadre du projet de publication intégrale, par Lucile Le Roy).
BECHTEL, Guy, *La Sorcière et l'Occident*, Paris, Plon, 1997.
–, *Les Quatre Femmes de Dieu. La putain, la sorcière, la sainte et Bécassine*, Paris, Plon, 2000.
Berthe Morisot, Catalogue de l'exposition de Lille (2002), Paris, Réunion des Musées nationaux, 2002.

BONNET, Marie-Jo, *Les Deux Amies. Essai sur le couple de femmes dans l'art*, Paris, éditions Blanche, 2000.

–, en préparation : *Guide des femmes artistes dans les musées de France.*

BREDIN, Jean-Denis, *Une singulière famille (les Necker)*, Paris, Fayard, 1999.

CERCOR (collectif), *Les Religieuses dans le cloître et dans le monde* (colloque, Poitiers, 1988), université de Saint-Étienne, 1994.

CHOLVY, Gérard (dir.), *La Religion et les Femmes (colloque de Bordeaux, 2001)*, Montpellier, université Paul-Valéry, 2002.

COHEN, Esther, *Le Corps du diable. Philosophes et sorcières à la Renaissance*, Paris, Léo Scheer, 2004 (trad. de l'espagnol, 2003).

COSNIER, Colette, *Marie Bashkirtseff. Un portrait sans retouches*, Paris, Horay, 1985.

DAVIS, Natalie Z., *Juive, catholique, protestante. Trois femmes en marge au XVIIe siècle*, Paris, Seuil, coll. « La Librairie du XXe et du XXIe siècle », trad. de l'américain, 1997.

DELUMEAU, Jean (dir.), *La Religion de ma mère. Le rôle des femmes dans la transmission de la foi*, Paris, Cerf, 1992.

DUQUESNE, Jacques, *Marie*, Paris, Plon, 2004.

FAVRET-SAADA, Jeanne, *Les Mots, la Mort, les Sorts*, Paris, Gallimard, 1985.

FRAISSE, Geneviève, MÉNARD-DAVID, Monique et TORT, Michel, *L'Exercice du savoir et la Différence des sexes*, Paris, L'Harmattan, 1991.

FRIANG, Michèle, *Augusta Holmès ou la Gloire interdite. Une femme compositeur au XIXe siècle*, Paris, Autrement, 2003.

GOULD, Steven G., *La Mal-Mesure de l'homme*, Paris, Odile Jacob, 1997.

HECQUET, Michèle (dir.), *L'Éducation des filles au temps de George Sand*, Arras, Presses universitaires d'Artois, 1998.

HIGONNET, Anne, *Berthe Morisot, une biographie, 1841-1895*, Paris, Adam Biro, 1989 (trad. de l'américain, 1988).

HOOCK-DEMARLE, Marie-Claire, *La Femme au temps de Goethe*, Paris, Stock, 1987.

KRISTEVA, Julia, *Le Génie féminin. La vie, la folie, les mots. Hannah Arendt, Melanie Klein, Colette*, Paris, Fayard, 3 vol., 1999-2001.

LANGLOIS, Claude, *Le Catholicisme au féminin. Les congrégations françaises à supérieure générale au XIXe siècle*, Paris, Cerf, 1984.

LE DOEUFF, Michèle, *Le Sexe du savoir*, Paris, Aubier, 1998.

LEDUC, Guyonne, *L'Éducation des Anglaises au XVIIIe siècle. La conception de Henry Fielding*, Paris, L'Harmattan, 1999.

– (dir.), *L'Éducation des femmes en Europe et en Amérique du Nord. De la Renaissance à 1848*, Paris, L'Harmattan, 1997.

MAÎTRE, Jacques, *Mystique et féminité. Essai de psychanalyse socio-historique*, Paris, Cerf, 1997.

MAYEUR, Françoise, *L'Éducation des filles en France au XIXe siècle*, Paris, Hachette, 1979.

NOËL, Denise, «Les femmes peintres dans la seconde moitié du XIXe siècle», *Clio. Histoire, femmes et sociétés*, «Femmes et images», n° 19, 2004, p. 85-103.

OZOUF, Mona, *Les Mots des femmes. Essai sur la singularité française*, Paris, Fayard, 1995.

PLANTÉ, Christine, *La Petite Sœur de Balzac. Essai sur la femme auteur*, Paris, Seuil, 1989.

REID, Martine, *Signer Sand. L'œuvre et le nom*, Paris, Belin, coll. «L'extrême contemporain», 2003.

ROGERS, Rebecca (dir.), *La Mixité dans l'éducation. Enjeux passés et présents*, Paris, ENS éditions, 2004, préface de Geneviève Fraisse.

SALLMANN, Jean-Michel, *Les Sorcières, fiancées de Satan*, Paris, Gallimard, coll. «Découvertes», 1989.

SCHMITT PANTEL, Pauline, «La création de la femme: un enjeu pour l'histoire des femmes?», *in* Jean-Claude Schmitt (dir.), *Ève et Pandora. La création de la femme*, Paris, Gallimard, coll. «Le temps des images», p. 211-232.

VIDAL, Catherine et BENOIST-BROWAEYS, Dorothée, *Cerveau, sexe et pouvoir*, Paris, Belin, 2005.

WEIBEL, Nadine B., *Par-delà le voile. Femmes d'Islam en Europe*, Bruxelles, Complexe, 2000.

O trabalho das mulheres

AUDOUX, Marguerite, *Marie-Claire* (1910), Paris, Grasset, coll. «Les cahiers rouges», 1987.

–, *L'Atelier de Marie-Claire* (1920), Paris, Grasset, coll. «Les cahiers rouges», 1987.

CLARK, Linda L., *The Rise of Professional Women in France. Gender and Public Administration since 1830*, Cambridge University Press, 2000.

CLAVERIE, Élisabeth, et LAMAISON, Pierre, *L'Impossible Mariage. Violence et parenté en Gévaudan*, Paris, Hachette, 1982.

DOWNS, Laura Lee, *L'Inégalité à la chaîne. La division sexuée du travail dans l'industrie métallurgique en France et en Angleterre*, Paris, Albin Michel, 2002.

FOURCAUT, Annie, *Femmes à l'usine dans l'entre-deux guerres*, Paris, Maspero, 1982.

GARDEY, Delphine, *La Dactylographe et l'Expéditionnaire. Histoire des employés de bureau (1890-1930)*, Paris, Belin, 2001.

GUILBERT, Madeleine, *Les Fonctions des femmes dans l'industrie*, Paris, Mouton, 1966.

KAUFMANN, Jean-Claude, *La Trame conjugale. Analyse du couple par son linge*, Paris, Nathan, 1992, Pocket, 1997.

–, *Le Cœur à l'ouvrage. Théorie de l'action ménagère*, Paris, Nathan, 1997, Pocket, 2000.

–, *Casseroles, amour et crises. Ce que cuisiner veut dire*, Paris, Armand Colin, 2005.

KERGOAT, Danièle, *Les Ouvrières*, Paris, Syros, 1982.

MAGLOIRE, Franck, *Ouvrière*, La Tour-d'Aigues, L'Aube, 2003.

MARTIN-FUGIER, Anne, *La Place des bonnes. La domesticité féminine à Paris en 1900*, Paris, Grasset, 1979, 1985.

–, *La Bourgeoise. Femme au temps de Paul Bourget*, Paris, Grasset, 1983, 1988.

–, *Comédienne. De Mlle Mars à Sarah Bernhardt*, Paris, Seuil, 2001.

MARUANI, Margaret, *Les Syndicats à l'épreuve du féminisme*, Paris, Syros, 1979.

–, *Travail et emploi des femmes*, Paris, La Découverte, coll. «Repères», 2000.

OMNÈS, Catherine, *Ouvrières parisiennes. Marchés du travail et trajectoires professionnelles au XXe siècle*, Paris, EHESS, 1977.

OZOUF, Jacques et Mona, *La République des instituteurs*, Paris, Gallimard, 1992.

PINTO, Josiane, «Une relation enchantée: la secrétaire et son patron», *Actes de la recherche en sciences sociales*, n° 84, septembre 1990, p. 32-48.

SCHWEITZER, Sylvie, *Les femmes ont toujours travaillé. Une histoire de leurs métiers, XIXe - XXe siècle*, Paris, Odile Jacob, 2002 (une synthèse claire et informée).

SEGALEN, Martine, *Mari et femme dans la société paysanne*, Paris, Flammarion, 1980.

SCOTT, Joan W. et TILLY, Louise, *Les Femmes, le Travail et la Famille*, Marseille, Rivages, 1987 (trad. de l'américain, 1978).

Mulheres na Cidade

BENSTOCK, Shari, *Femmes de la rive gauche, Paris, 1900-1940*, Paris, Des femmes, 1987.

BIRKETT, Dea, *Spinsters Abroad: Victorian Lady Explorers*, Oxford, Blackwell, 1989.

BLANC, Olivier, *Marie-Olympe de Gouges, 1748-1793. Une humaniste à la fin du XVIIIe siècle*, Paris, René Viénet, 2003.

BOUVIER, Jeanne, *Mes Mémoires ou Cinquante-neuf années d'activité industrielle, sociale et intellectuelle d'une ouvrière (1876-1935)*,

1936, nouvelle édition par Daniel Armogathe et Maïté Albistur, Paris, Maspero, 1983.

BRIVE, Marie-France (dir.), *Les Femmes et la Révolution française*, Toulouse, Presses universitaires du Mirail, 1991.

CAPDEVILA, Luc, ROUQUET, François, VIRGILI, Fabrice et VOLDMAN, Danièle, *Hommes et femmes dans la France en guerre (1914-1945)*, Paris, Payot, 2003 (une comparaison des effets des deux guerres sur les rapports de sexes).

CHARLES-ROUX, Edmonde, *Un désir d'Orient. Jeunesse d'Isabelle Eberhardt*, Paris, Grasset, 1988.

COLLIN, Françoise, *L'homme est-il devenu superflu? Hannah Arendt*, Paris, Odile Jacob, 1999.

CORBIN, Alain (dir.), LALOUETTE, Jacqueline et RIOT-SARCEY, Michèle, *Femmes dans la Cité, 1815-1871*, Grâne, Créaphis, 1997.

COSANDEY, Fanny, *La Reine de France. Symbole et pouvoir*, Paris, Gallimard, 2000.

DIÉBOLT, Évelyne, *Les Femmes dans l'action sanitaire, sociale et culturelle (1801-2001)*, publié par l'association « Femmes et associations », 2001.

FAYET-SCRIBE, Sylvie, *Associations féminines et catholicisme. De la charité à l'action sociale, XIXe- XXe siècles*, Paris, Éditions ouvrières, 1990.

FRAISSE, Geneviève, *Les Deux Gouvernements: la famille et la Cité*, Paris, Gallimard, 2000.

GAUTHIER, Xavière, *La Vierge rouge. Biographie de Louise Michel*, Paris, Max Chaleil, 1999.

GAUTIER, Arlette, *Les Sœurs de solitude. La condition féminine aux Antilles françaises pendant l'esclavage*, Paris, Éditions caribéennes, 1985.

GODINEAU, Dominique, *Citoyennes tricoteuses. Les femmes du peuple à Paris pendant la Révolution*, Aix-en-Provence, Alinéa, 1988.

GRUBER, Helmut et GRAVES, Pamela (dir.), *Women and Socialism. Socialism and Women. Europe between the Two World Wars*, New York, Oxford, Berghahn Books, 1998.

GUÉRAICHE, William, *Les Femmes et la République. Essai sur la répartition du pouvoir de 1943 à 1979*, Paris, L'Atelier, 1999.

GUILBERT, Madeleine, *Les Femmes et l'Organisation syndicale avant 1914*, Paris, CNRS, 1966.

HOGDSON, Barbara, *Les Aventurières. Récits de femmes voyageuses*, Paris, Seuil, 2002 (trad. de l'américain).

KANDEL, Liliane (dir.), *Féminismes et nazisme*, Paris, Odile Jacob, 2004, préface d'Élisabeth de Fontenay.

KOONZ, Claudia, *Les Mères-patrie du IIIe Reich*, Paris, Lieu commun, coll. «Histoire», 1989 (trad. de l'américain, 1986).

LE BRAS-CHOPARD, Armelle et MOSSUZ-LAVAU, Janine (dir.), *Les Femmes et la Politique*, Paris, L'Harmattan, 1997.

LORAUX, Nicole, *Les Enfants d'Athéna*, Paris, Maspero, 1981.

–, «La cité, l'historien, les femmes», *Pallas*, 1985, p. 7-39.

–, *Les Expériences de Tirésias. Le féminin et l'homme grec*, Paris, Gallimard, 1989.

MARTIN-FUGIER, Anne, *Les Salons de la IIIe République. Art, littérature, politique*, Paris, Perrin, 2003.

MAUGUE, Annelise, *L'Identité masculine en crise au tournant du siècle*, Paris/Marseille, Rivages, 1987.

MICHEL, Louise, *«Je vous écris de ma nuit.» Correspondance générale, 1850-1904*, édition établie et présentée par Xavière Gauthier, Paris, Max Chaleil, 1999.

MUEL-DREYFUS, Francine, *Vichy et l'Éternel féminin. Contribution à une sociologie politique de l'ordre des corps*, Paris, Seuil, 1996.

PERROT, Michelle, *Femmes publiques*, Paris, Textuel, 1997.

RAUCH, André, *Le Premier Sexe. Mutations et crise de l'identité masculine*, Paris, Hachette Littératures, 2000.

–, *L'Identité masculine à l'ombre des femmes. De la Grande Guerre à la Gay Pride*, Paris, Hachette Littératures, 2004.

REYNOLDS, Sian F., *Women, State and Revolution: Essays on Power and Gender in Europe since 1789*, Amherst, The University of Massachusetts Press, 1987.

SOWERWINE, Charles, *Les Femmes et le Socialisme*, Paris, Presses de la Fondation nationale des sciences politiques, 1978.

THALMANN, Rita, *Être femme sous le IIIe Reich*, Paris, Tierce, 1982.

–, *Femmes et fascismes* (dir.), Paris, Tierce, 1986.

THÉBAUD, Françoise, *La Femme au temps de la guerre de 14*, Paris, Stock, 1986.

VEAUVY, Christiane et PISANO, Laura, *Paroles oubliées. Les femmes et la construction de l'État-nation en France et en Italie, 1789-1860*, Paris, Armand Colin, 1997.

VENAYRE, Sylvain, *La Gloire de l'aventure. Genèse d'une mystique moderne, 1850-1940*, Paris, Aubier, 2002.

VIENNOT, Éliane, *Marguerite de Valois: histoire d'une femme, histoire d'un mythe*, Paris, Payot, 1993; rééd., Paris, Perrin, coll. «Tempus», 2006.

– (dir.), *La Démocratie à la française ou les Femmes indésirables*, Paris, CEDREF, université Paris-VII, 1996.

ZYLBERBERG-HOCQUARD, Marie-Hélène, *Féminisme et syndicalisme avant 1914*, Paris, Anthropos, 1978.

–, *Femmes et féminisme dans le mouvement ouvrier français*, Paris, Éditions ouvrières, 1981.

SOBRE O FEMINISMO E AS FEMINISTAS

Três obras gerais com ricas bibliografias

Dictionnaire critique du féminisme, sous la direction de Helena Hirata, Françoise Laborie, Hélène Le Doaré, Danièle Senotier, Paris, PUF, 2e édition, 2001.

RIOT-SARCEY, Michèle, *Histoire du féminisme*, Paris, La Découverte, coll. «Repères», 2002.

Collectif (Éliane Gubin, Catherine Jacques, Florence Rochefort, Brigitte Studer, Françoise Thébaud, Michelle Zancarini-Fournel [dir.]), *Le Siècle des féminismes (XXe siècle)*, Paris, L'Atelier, 2004.

Na França, numerosos estudos, em particular

BARD, Christine, *Les Filles de Marianne. Histoire des féminismes, 1914-1940*, Paris, Fayard, 1995.
–, (dir.), *Un siècle d'antiféminisme*, Paris, Fayard, 1999.
CHAPERON, Sylvie, *Les Années Beauvoir, 1945-2000*, Paris, Fayard, 2000.
KLEJMAN, Laurence et ROCHEFORT, Florence, *L'Égalité en marche. Le féminisme sous la IIIe République*, Paris, Presses de la FNSP/Des femmes, 1989.
PICQ, Françoise, *Libération des femmes. Les années-mouvement*, Paris, Seuil, 1993.
RIOT-SARCEY, Michèle, *La Démocratie à l'épreuve des femmes. Trois figures critiques du pouvoir (1830-1848)*, Paris, Albin Michel, 1994.
SCOTT, Joan, *La Citoyenne paradoxale. Les féministes françaises et les droits de l'homme*, Paris, Albin Michel, 1998 (trad. de l'américain, 1996).
–, *Parité! L'universel et la différence des sexes*, Paris, Albin Michel, 2005.

Na Inglaterra

BARRET-DUCROCQ, Françoise, *Le Mouvement féministe anglais d'hier à aujourd'hui*, Paris, Ellipses, 2000.
–, *Mary Wollstonecraft*, Paris, Didier, 1999.

Na Europa

HOOCK-DEMARLE, Marie-Claire (dir.), *Femmes, nations, Europe*, Paris, université Paris-VII, 1995.
OFFEN, Karen, *European Feminism, 1700-1950*, Stanford University Press, 2000.

Revistas

Clio. Histoire, femmes et sociétés, Toulouse, Presses universitaires du Mirail (5, allée Antonio-Machado, 31058 Toulouse Cedex 9). 22 numéros parus (deux par an), 1995-2005 : numéros thématiques sur la plupart des thèmes abordés ici, avec historiographies, bibliographies et débats ; comptes rendus, informations ; un instrument de travail indispensable.

Archives du féminisme (informations sur les archives, les séminaires et les recherches en cours) : Christine.Bard@univ-angers.fr

Travail, genre et sociétés, La revue du MAGE, 15 numéros parus (avril 2006), éditée par Nathan jusqu'en 2004, par Armand Colin à partir de 2005.

Livros disponíveis em português

ADLER, Laure. *Os Bordéis franceses*: 1830-1930. Trad. Katia Maria Orberg. São Paulo: Companhia das Letras, 1992. 220p. (Vida Cotidiana).
AGACINSKI, Sylviane. *Política dos sexos*. Trad. Marcia Neves Teixeira. Rio de Janeiro: Nova Fronteira, 1999. 196p.
ANZIEU, Didier. *O eu-pele*. São Paulo: Casa do Psicólogo, 2000. 309p.
ARIÈS, Philippe. *História social da criança e da família*. Trad. Dora Flaksman. 2. ed. Rio de Janeiro: LTC, 1981.
BADINTER, Elisabeth. *Rumo equivocado*: o feminismo e alguns destinos. Rio de Janeiro: Civilização Brasileira, 2005. 176p.
_____. *O que é uma mulher?* Trad. Maria Helena F. Martins. Rio de Janeiro: Nova Fronteira, 2005. 176p.
_____. *Palavras de homens*. Rio de Janeiro: Nova Fronteira, 1991. 204p. (Mulheres).
_____. *Um e o outro*: relações entre homens e mulheres. 4. ed Rio de Janeiro: Nova Fronteira, 1986. 309p.
_____. *Um amor conquistado*: o mito do amor materno. Trad. Waltensir Dutra. 3. ed. Rio de Janeiro: Nova Fronteira, 1985. 370p.
BEAUVOIR, Simone de. *O segundo sexo*. Trad. Sérgio Milliet. Rio de Janeiro: Nova Fronteira, 2002. 500p.
BOURDIEU, Pierre. *A dominação masculina*. Trad. Maria Helena Kühner. Rio de Janeiro: Bertrand Brasil, 1999. 158p. (2. ed. em 2002).
BUTLER, Judith. *Problemas de gênero*: feminismo e subversão da identidade. Trad. Renato Aguiar. Rio de Janeiro: Civilização Brasileira, 2003.
COURTINE, Jean-Jacques; HAROCHE, Claudine. *História do rosto*: exprimir e calar as suas emoções (do século XVI ao início do século XIX). Trad. Ana Moura. Lisboa: Teorema, 1988. 235p. il.
DAUMARD, Adeline. *Os burgueses e a burguesia na França*. São Paulo: Martins Fontes, 1992. 468p.

_____. *Hierarquia e riqueza na sociedade burguesa*. São Paulo: Perspectiva, 1985. 272p.

DAVIS, Natalie Zemon. *Nas margens*: três mulheres do século XVII. São Paulo: Companhia das Letras, 1997. 348p.

DUBY, Georges; ARIÈS, Philippe (dir). *História da vida privada*. São Paulo: Companhia das Letras, 2003. 5 v., fotos, il.

DUBY, Georges; PERROT, Michelle (dir). *Imagens da mulher*. Porto: Afrontamentos, 1992. 189p.

_____; _____ (dir.) *História das mulheres no Ocidente*. Trad. Maria Helena da Cruz. Porto: Afrontamento, 1990. 5v. il.

DUBY, Georges. *Eva e os padres*: damas do século XII. Trad. Maria Lúcia Machado. São Paulo: Companhia das Letras, 2001. 176p.

_____. *Idade média, idade dos homens*: do amor e outros ensaios. Trad. Jônatas Batista Neto. São Paulo: Companhia das Letras, 2001. 214p.

_____. *A Europa na Idade Média*. Trad. Maria Assunção Santos. Lisboa: Teorema, 1989. 268p.

_____. *A sociedade cavaleiresca*. Trad. Telma Costa. Lisboa: Teorema, 1989. 211p.

_____. *O cavaleiro, a mulher e o padre*: o casamento na França feudal. Trad. G. Cascais Franco. Lisboa: Dom Quixote, 1988. 210p. (Anais; 7).

FOUCAULT, Michel (apres.) *Eu, Pierre Rivière, que degolei minha mãe, minha irmã e meu irmão*: um caso de parricídio do século XIX. Trad. Denize Lezan de Almeida. 7. ed. Rio de Janeiro: Graal, 2003. 294p. (Biblioteca de filosofia e história das ciências, 1).

_____. *História da sexualidade I*: a vontade de saber. Trad. de Thereza da Costa Albuquerque e J. A. Guilhon Albuquerque. 15. ed. Rio de Janeiro: Graal, 2003. 152p.

_____. (apres.) *Herculine Barbin*: o diario de um hermafrodite. Trad. Irley Franco. Rio de Janeiro: Francisco Alves, 1982. 175p.

GINZBURG, Carlo. *Historia noturna*: decifrando o saba. Trad. Nilson Moulin. São Paulo: Companhia das Letras, 1991. 406p.

GOFFMAN, Erving. *Manicômios, prisões e conventos*. Trad. Dante Moreira Leite. 7. ed. São Paulo: Perspectiva, 2005. 312p. (Debates, 91).

KRISTEVA, Julia. *O gênio feminino*: a vida, a loucura, as palavras – Hannah Arendt, Melanie Klein, Colette. Rio de Janeiro: Rocco, 2002. 240p.

LAQUEUR, Thomas Walter. *Inventando o sexo*: corpo e gênero dos gregos a Freud. Trad. Vera Whately. Rio de Janeiro: Relume-Dumará, 2001. 313p.

MEAD, Margaret. *Sexo e temperamento*. Trad. Rosa Krausz. 4. ed. São Paulo: Perspectiva, 2000. 316p. (Debates, 5).

PERROT, Michelle. *As mulheres ou os silêncios da história*. Bauru: Edusc, 2005. 519p.

_____. *Mulheres públicas*. Trad. Roberto Leal Ferreira. São Paulo: Unesp, 1998. 159p. (Prismas).

_____. *Os excluídos da história*: operários, mulheres e prisioneiros. Trad. Denise Bottmann. Rio de Janeiro: Paz e Terra, 1992. 332p. (Oficinas da Historia; 12).

ROSSIAUD, Jacques. *Prostituição na Idade Média*. Trad. Claudia Schilling. Rio de Janeiro: Paz e Terra, 1992. 224p.

ROWBOTHAM, Sheila. *Conscientização da mulher no mundo do homem*. Porto Alegre: Globo, 1983. 203p.

SAND, George. *A pequena Fadette*. Lisboa: Europa América, 1976. 160p.

SALLMANN, Jean-Michel. *As bruxas, noivas de Satã*. São Paulo: Objetiva, 2002. 192p.

SCHPUN, Mônica Raisa. *Beleza em jogo*: cultura física e comportamento em São Paulo nos anos 20. Prefácio de Michelle Perrot. São Paulo: Boitempo/Senac, 1999. 164p. il. fotos .

SULLEROT, Evelyne. *História e sociologia da mulher no trabalho*. Trad. António Teles. Rio de Janeiro: Expressão e Cultura, 1970. 363p. il.

VIGARELLO, Georges. *A história da beleza*: o corpo e a arte de se embelezar do Renascimento aos dias de hoje. Rio de Janeiro: Ediouro, 2006. 248p.

_____. *História do estupro*: violência sexual nos séculos XVI-XX. Trad. Lucy Magalhães. Rio de Janeiro: Jorge Zahar, 1998. 306p.

A autora

Michelle Perrot é professora emérita de História Contemporânea da Universidade Paris VII. Organizou com o historiador Georges Duby o livro *História das mulheres no Ocidente*.

GRÁFICA PAYM
Tel. (011) 4392-3344
paym@terra.com.br